# 열방을 변화시키는 하나님의 책

당신이 하나님을 더 깊이 알아가고 더 널리 알리는 사람이 되는 것, 이 책에 담겨진 예수전도단의 마음입니다. 말씀을 통해 저자가 깨닫고, 원고를 통해 저희가 누릴 수 있었던 그 감동이 책을 통해 당신에게도 전해지기 원합니다. 그리고 당신을 통해 그 기쁨과 은혜가 더 많은 이들에게 계속해서 흘러가기를 기도하겠습니다. 이 책을 통해 당신이 받은 은혜를 다른 분들에게도 나눠주십시오. 사랑하고 축복합니다.

열방을 변화시키는

# 하나님의 책

부흥을 넘어 나라를 제자 삼는 성경의 능력

로렌 커닝햄 · 제니스 로저스 지음

김성원 옮김

예수전도단

나의 사랑스러운 아내이자 가장 친한 친구,
그리고 아이들의 훌륭한 어머니인 달린에게 이 책을 바친다.
그녀 없는 삶은 상상할 수도 없다.

| 추천의 글 |

**릭 워렌** _ 새들백 교회 담임목사, 「목적이 이끄는 삶」 저자
하나님이 행하신 일과 우리가 해야 할 일들을 기록한 이 책은, 우리의 상상력에 불을 붙여 변화된 세상에 대한 새로운 소망을 품게 한다.

**브라더 앤드류** _ 오픈 도어 선교회 설립자, 「하나님의 밀수꾼」 저자
바로 내가 쓰고 싶었던 책이다. 이 시대의 불의와 폭력, 테러에 대한 최고의 해결책이 바로 성경이기 때문이다.

**조이스 마이어** _ 성경교사, 「하나님, 도대체 언제입니까?」 저자
잊고 있던 말씀의 능력을 상기하도록 도전하는 메시지다. 로렌은 전 세계적으로 영적 어둠의 세력이 커지고 있는 이때, 가장 필요한 책을 썼다.

**잭 W. 헤이포드** _ 처치 온 더 웨이 담임목사, 킹스 칼리지 신학교 총장
이 시대의 위대한 선교 지도자 중 한 사람답게, 로렌은 사회와 나라를 변화시키는 성경의 능력을 너무나 적절하게 보여 주었다.

**밥 로버츠** _ 노스우드 교회 담임목사, 글로컬넷 설립자
로렌은 역사적 인물과 사례를 통해, 하나님나라와 지상대명령을 온전히 이해하도록 돕고 있다. 21세기 선교에 있어 가장 중요한 책이라고 생각한다.

**스티브 더글러스** _ 국제 CCC 총재
하나님의 말씀을 삶과 문화에 적용할 때, 수많은 나라 가운데 나타난 '성경의 능력'과 '변화'의 현장! 바로 당신이 있는 곳에서도 일어날 수 있다.

**딘 셔만** _ 열방대학 기독교 사역 국제학장, 「모든 그리스도인을 위한 영적 전쟁」 저자
로렌은 잃어버린 영혼에 대한 열정으로 성경을 전하고 가르치는 하나님의 사람이다. 이 책을 통해 하나님 말씀이 역사와 세상 속에서 살아 움직이는 것을 볼 수 있다.

**루이스 부시** _ 세계 변화 커넥션 국제 조정자
하나님이 열방을 바꾸기 위해 어떻게 움직이시는지 실감 나게 보여 주는 이 책은, 전 세계 그리스도인들에게 정보를 제공하고 영감을 준다.

**폴 에슐먼** _ 〈예수〉 영화 프로젝트 설립자
이 책은 성경의 진리를 실천할 때 개인, 가족, 국가에 놀라운 변화가 일어난다는 사실을 역사를 통해 생생하게 증명한다.

**대니 레만** _ YWAM 하와이 책임자, YWAM 세계 지도 모임 회원
이 책은 독자가 제자로서의 삶을 살도록 돕는 책일 뿐 아니라, 하나님 말씀이 삶에서 우선순위가 되도록 일깨우는 책이다.

**존 C. 바두** _ 스위스 로잔 연방 공대 명예총장(EPFL)
이 책에서 로렌은 다양한 문화가 하나님께 복종하고, 예수 그리스도의 말씀에 귀 기울이게 하는 방법에 대한 통찰력과 비전을 제공한다.

**하용조** _ 온누리교회 담임목사
세상을 변화시키는 성경의 능력을 탁월하게 다룬 책이다. 이 책 덕분에 한국어로 된 성경이 우리 손에 있다는 사실에 새삼 감사할 수 있었다.

**정근모** _ 국가 조찬 기도회장, 한국 해비타트 이사장, 명지대학교 총장
이 책은 믿음의 발걸음을 내디뎠던 사람들과 나라, 사회 속으로 우리를 인도하고 있다. 그리스도인이라면 누구나 일독할 것을 권한다.

**김석연** _ 세종학 연구소 소장(미국), 누리글 연구원 원장(한국), 뉴욕주립대학교 명예 교수(버팔로)
성경이 보급되는 곳에는 하나님의 놀라운 역사가 있다. 모든 사람이 성경을 읽을 수 있도록 도구를 개발하는 사람으로서, 이 책의 출간이 너무나 감사하다.

| 목차 |

이 책을 완성하기까지 시간과 수고를 쏟아 준 사람들에게 감사를 드린다. 우선, 자료를 모으고 초고를 완성하기 위해 많은 시간을 투자한 파체코 파일에게 감사의 뜻을 전한다. 수고를 아끼지 않았던 마리트 뉴턴과 워런 월시, 그리고 YWAM 출판사의 모든 직원들에게 감사를 드린다. 또한 피터 애덤스, 래리 앨런, 폴 앨런, 알 아키모프, E. H. 짐 애머만 목사, 톰 블루머, 가일 봄커, 테리 브래그, 라이언 데이비스, 캐럴 다우셋, 빌 에핑거, 캐서린 유잉, 허버트 포드, 조지 포스터, 제프 파운틴, 돈 고슬린, 린 그린, 필리스 그리스월드, 토머스 그런더, 키스와 메릴린 해밀턴 부부, 데비 힉스, 올리비아 잭슨, 토드 존슨, 워런과 게일 키프로트 부부, 에멜리 킬라, 영숙 루스, 애프릴 오티스 매캐럼, 알브 망누스, 비샬과 루스 만갈와디 부부, 콜린 밀스테인, 밥 모핏, 칼라피 모알라, 올리버 올슨, 리사 오비스, 콜린 페팃, 윙키 프라트니, 파리와 디아너 리카르드 부부, 브라우리아 히베이루, 리카르도 호드리게스, 제프 로저스, 짐 로저스, 에드 셔먼, 데비 스미스, 로널드 스미스, 짐 스타이어, 톰 휘튼에게도 감사를 드린다.

이 책을 시작하면서, 우선 내가 학자가 아님을 밝히고 싶다. 물론 나는 교육을 받은 사람이다. 남 캘리포니아 대학에서 학사와 석사 학위를 받았고, 그 밖에도 여러 개의 학위를 받았다. 하지만 평생 학문에 몰두한 분들, 특히 자신의 전문 지식과 하나님 말씀을 결합하여 구체적인 문제 또는 특정한 나라에 대해 깊이 탐구한 그리스도인들에 비하면 내 지식은 매우 부족하다.

그러나 나는 세계 모든 나라가 직면한 문제에 대해 이야기할 수 있는 위치에 서 있다고 생각한다. 나는 열세 살 때 사역으로 부르심을 받은 후 줄곧 세계에 관심을 기울여 왔다. 끊임없이 세계 여러 곳을 다녔고, 어떤 때는 한 해에 30-40여 개 국가를 방문하기도 했다. 나는 거의 모든 나라를 방문했는데, 이것은 전 세계에서 열 명 정도밖에 누리지 못한 특권이다. 이렇게 많은 나라를 여행하면서 나라들이 바뀌는 모습을 관찰했다. 그리고 그 관찰 기록과, 각 나라에 대해 하나님이 말씀하신 것을 바탕으로 이 책을 썼다.

나는 좁은 주제에 관해 깊이 있게 다루기보다는 시야를 넓혀 더 광범위한 문제들을 다루었다. 이 책을 읽고 여기서 간략하게 다룬 주제들을 좀 더 자세히 연구해 보면 좋을 것이다. 이 책이 그런 연구를 위한 출발점이 되기를 기대한다.

나는 우리가 세상을 바꿀 수 있다고 믿는다. 하나님은 선진국이든 후진국이든 상관없이 모든 나라에게 세계가 직면한 문제들을 해결할 수 있는 진리를 주셨다. 우리는 세상 모든 것을 바꿀 수 있다.

나는 세상을 바꾸기 위해 내 삶을 바쳤고, 수백만 명의 젊은이들이 나와 함께했다. 나는 당신도 그 헌신에 동참하기를 바라는 마음으로 이 책을 썼다.

그리스도의 몸인 교회는 모든 문제들에 해답을 계시할 수 있다. 우리가 이미 알고 있는 성경 말씀 속에 바로 그 해답이 있다. 우리가 사람들에게 성경을 전할 때 개인의 가치관과 행동이 바뀌고, 민족의 세계관이 바뀔 것이다.

나라를 바꾸는 방법 중 한 가지는 '이야기'다. 하나님은 창세기를 이야기로 시작하셨고, 성경의 70%는 이야기다. 이야기는 진리를 감정의 옷으로 감싼 것이다. 그래서 설득력이 강하다. 하나님의 이야기는 영원하고, 인간의 이야기는 진리를 오늘의 현실에 맞게 전달한다.

이 책에서 나라를 바꾸는 성경의 진리와 그 진리로 열방을 바꾼 사람들의 이야기를 찾아보기 바란다.

# 1부 | 우리는 모든 것을 잃을 수도 있다

# 01

# 하나님의 책을 잃어버리다

여러 해 전에, 한 선교사가 히말라야 산맥 중턱에서 설교를 하고 있었다. 그는 장터에 서서 성경을 들고 "이것은 하나님의 책입니다!"라고 외쳤다. 그리고 사람들에게 성경의 내용을 설명해 주었다.

설교가 끝나고, 모였던 사람들은 하나 둘 흩어졌다. 그런데 그 마을 전통 의상을 입은 사람이 선교사에게 다가가서 이렇게 물었다. "이 책이 정말 하나님의 책입니까?"

"물론입니다. 삶의 모든 것이 이 책 안에 있습니다."

그는 "제가 우리 부족의 이야기를 해도 되겠습니까?"라고 묻더니 마을에서 대대로 전해 내려오는 이야기를 하기 시작했다. 그 마을의 부족은 거대한 산맥에 있는 먼 서쪽에서 왔다.

"우리 조상은 늘 하나님의 책에 나오는 말씀을 따라 살았습니다. 하지만 살던 땅에서 쫓겨났고, 산을 넘어 동쪽으로 위험한 여행을 해야 했습니다. 그들은 산을 넘다가 큰 폭풍을 만났고, 그때 하나님의 책을 잃어버렸습니다."

그는 자신의 부족이 앞으로 어떻게 살아가야 할지 모르겠다고 했다.

그들은 여러 세대 동안 그 책을 찾았다고 했다.

그는 계속해서 말했다. "한 노파가 2주 전에 꿈을 꿨는데, 외국인이 마을에 들어와 하나님의 책을 들고 서 있는 모습을 보았다고 합니다. 그 노파는 장로들에게 가서 어느 특정한 날에 사람을 보내면 그 외국인을 만날 수 있을 거라고 말했습니다. 그래서 장로들이 저를 보냈습니다. 우리가 앞으로 어떻게 살아가야 하는지 가르쳐 주시겠습니까?"

나는 십대 때 히말라야 선교사에게 이 놀라운 경험에 대해 들었다. 이제 세월이 많이 지나 그 선교사의 이름은 기억하지 못하지만, 그 이야기만은 분명히 기억한다. 그가 이야기하는 것을 들으면서, 나는 그들이 히말라야 산맥을 넘는 장면을 상상했다. 그들은 험한 바람과 싸워야 했고, 심한 눈보라에 앞이 안 보였을 것이다. 나는 그들이 안전한 계곡을 발견했을 때 얼마나 기뻤을지, 그리고 하나님의 책을 잃어버렸을 때 얼마나 좌절했을지 생각해 봤다. 그들은 정말 많이 슬펐을 것이다.

그러나 역사를 보면, 어떤 사람들은 바람과 눈보라를 만나지 않아도 하나님의 책을 잊은 채로 살아간다.

### 어둠에 빠지다

성경에는 하나님의 책을 잃어버리고 어둠에 빠진 또 다른 민족에 대한 이야기가 나온다.

므낫세 왕이 통치하던 시절에 유다 왕국은 살아 계신 하나님에게서 멀어졌다(왕하 21장; 대하 33장). 백성들은 사술과 요술을 행하여 땅을 더럽혔고, 이방 신을 위한 단과 신상, 그리고 아세라 목상을 성전 안에까지 세웠다. 또 그들은 하나님을 찾는 대신 신접한 자와 박수를 의존했다.

므낫세는 하나님의 전에 우상을 세웠다. 하나님의 전은 남창들이 고객을 맞는 장소로 변해 버렸다. 심지어 몰록이라는 우상을 섬기기 위해 쇠로 만든 우상을 벌겋게 달구고, 그 속에 갓 태어난 아기를 넣어 태워 죽이기도 했다.[1] 므낫세는 그의 친자녀까지 몰록에게 제물로 바치면서 우상을 섬겼다. 그는 "무죄한 자의 피를 심히 많이 흘려 예루살렘 이 끝에서 저 끝까지 가득하게" 했다.

므낫세의 아들 아몬이 왕위에 올랐으나 그가 얼마나 악했든지 신하들은 그가 집권한 지 2년 만에 그를 암살했다. 그러자 백성들은 아몬을 죽인 자들을 죽여서 복수를 했다. 이러한 피 흘림 속에서 여덟 살짜리 소년 요시야는 아버지의 뒤를 이어 왕위에 올랐다. 이 소년이 직면했던 상황보다 더 위태로운 상황을 상상할 수 있는가? 그러나 놀랍게도, 이렇게 음모와 배신이 가득한 상황에서 어린 요시야 왕은 아버지의 악한 길을 따르지 않았다. 대신 그는 하나님의 얼굴을 구했다.

### 오래전에 잃은 보물을 찾다

요시야는 스물여섯 살에 하나님의 전을 다시 짓도록 백성들에게 명했다. 이 거대한 재건축 계획을 한창 진행하고 있던 어느 날, 제사장 힐기야는 먼지와 돌 조각 더미 속에서 가죽으로 싸인 무언가를 발견했다. 그가 그 가죽을 벗기자 노란 판 위에 조심스럽게 쓴 글씨가 드러났다. 그것은 백성에게 버려져 오랫동안 잊혀졌던 하나님의 말씀이었다. 그의 심장은 뛰기 시작했다. 힐기야는 그것을 품에 안고 서기관 사반에게 급히 달려갔다. 그는 "내가 여호와의 성전에서 율법책을 발견하였노라!"고 소리쳤다.

사반은 즉시 그 낡은 율법책을 왕에게 가져갔다. 그리고 왕의 명령에 따라 큰 소리로 율법을 읽었다. 그때 요시야에게 그동안 그와 그의 백성이 지은 죄에 대한 죄책감이 밀려들었다. 그는 눈물을 흘리며 하나님께 용서를 구했고, 율법에 나온 대로 하나님께 온전히 순종할 것을 하나님 앞에서 약속했다. 그리고 요시야는 "무론 노소하고" 모든 백성을 모아 그들 앞에서 하나님 말씀을 큰 소리로 읽었다.

곧 나라 전체에 거대한 부흥과 변화의 물결이 일어났다. 백성들은 율법에 나온 하나님의 언약에 대해 배웠고, 그 언약에 따라 살면 어떤 축복을 얻고 그렇지 않으면 어떤 대가를 치러야 하는지 깨달았다. 그들은 하나님 앞에서 회개했고, 하나님이 그들을 용서하시고 나라를 회복시켜 주시기를 간절히 기도했다.

요시야는 백성들이 우상과 악을 제거하게 했다. 백성들은 왕의 명령에 따라 이방 신상을 제거했고, 악한 풍습을 그쳤으며, 성전에서 창기를 몰아냈고, 유아를 제물로 바치던 곳을 파괴했다.

요시야는 성경 말씀을 전심으로 따랐고, 백성들도 그렇게 하도록 인도했다. 슬프게도 요시야 이후의 왕들은 하나님께 순종하지 않았고, 백성들은 다시 어둠에 빠졌다. 그러나 우리는 요시야 왕의 이야기를 통해 어떻게 나라를 치유하고 회복할 수 있는지 배울 수 있다.

### 성경이 나라를 바꾼다

하나님의 말씀을 잃어버리는 방법은 다양하지만, 그 결과는 언제나 비참하다. 그러나 하나님의 책을 다시 발견하는 나라는 언제나 축복을 받는다.

역사를 통해 명백히 알 수 있는 사실은, 민족이 성경을 읽고 '살아 있는 말씀'을 삶에 적용할 때 나라가 바뀐다는 것이다. 바로 이것이 이 책에서 말하고자 하는 핵심 주제다.

### 동전의 앞면과 뒷면

성경을 읽고 그 진리를 실천할 때 나라가 복을 받는다는 사실은 우리에게 큰 기쁨을 준다. 그러나 그 기쁨을 누리기 전에 먼저 반대 명제를 생각해 보자. 모든 나라에 적용되는 또 하나의 진리가 있다. 그것은 민족이 성경을 읽지 않고, 하나님 말씀을 거부하면 그 나라는 망한다는 것이다.

우리가 성경을 통해 누리는 축복은 영원한 유산이 아니다. 우리의 선택에 따라 이 유산을 유지할 수도 있고 잃을 수도 있다. 많은 사람들이 서구 문명이 기독교를 기반으로 한다는 사실은 잘 알고 있지만, 지금 그 기반을 상실할 위기에 처해 있다는 사실에 대해서는 깨닫지 못하고 있다.

서구 그리스도인들은 몇 가지 어려운 질문을 자신에게 던져야 한다. '우리는 돌이킬 수 없을 만큼 기독교에서 멀어졌는가?' '우리는 지금까지 당연하게 여겨 온 지위와 풍요를 잃어버릴 위험에 처해 있는가?' '만일 우리가 축복의 근원을 거부한다면 자유, 안정, 창조성, 물질적 풍요를 앞으로 얼마나 더 누릴 수 있을까?'

우리는 다음 장에서 이런 문제들을 염려해야 하는 이유와 그래도 여전히 소망을 품을 수 있는 이유에 대해 살펴볼 것이다.

# 02

## 우리에게 필요한 것은 무엇인가?

서양이 서서히 몰락하는 가운데, 중국은 세계를 주도하는 나라로 빠르게 떠오르고 있다. 이것은 내가 어느 중국인 기자와 대화하면서 다시 한번 절감한 사실이다.

새 천년의 시작을 앞두고, 나는 새로운 시작을 예배로 맞이하고자 뉴질랜드 기즈번에 갔다. 뉴질랜드 해안에 줄지어 서서 해가 떠오르기를 기다리는 사람들 중에는 언론인도 많았다. 기즈번은 전 세계에서 국제 날짜 변경선에 가장 가까운 도시라 새 천년의 새벽을 가장 먼저 맞는 곳이기 때문이다.

그 역사적인 순간에, 나는 중국의 주요 신문사에서 온 기자와 대화를 나눴다. "중국은 새 천년에 세계를 이끄는 새로운 나라가 될지도 모릅니다." 내가 이렇게 말하자 그는 놀란 표정을 지었다.

"중국이 다음 3-4세대 안에 세계를 이끄는 나라가 되기 위해서는 두 가지 조건이 맞아야 합니다."

내가 그 두 가지 조건에 대해 말했을 때, 그는 깊은 생각에 잠긴 채 소망이 담긴 듯한 묘한 표정을 지었다. 그리고 나는 미국의 상황이 얼마나 위험한지를 다시 한번 생각했다.

중국이 세계를 이끄는 나라가 되기 위한 두 가지 조건은 무엇인가? 첫 번째 조건은, 중국인들이 지금처럼 놀라운 속도로 기독교를 받아들이고 성경 말씀을 따라 사는 것이다. 그러면 중국은 머지않아 세계 초강대국이 될 것이다.

**중국 교회, 무섭게 성장하다**

중국의 상황을 이해하려면 우선 배경 지식이 필요하다.

수십 년간 중국의 공산주의자들은 도교와 불교 등 모든 전통 종교를 말살했다. 그 결과 중국에서, 특히 사회지도층 가운데서 전통 종교를 믿는 사람을 찾는 것은 매우 어려운 일이다. 그러나 공산주의자들의 노력에도, 중국인들은 종교 없는 삶을 거부했다. 기독교는 사람들의 종교적 갈망을 채우며 빠르게 성장했다. 특히 비공식적으로 존재하는 가정 교회(이른바 '지하 교회')는 무서운 속도로 성장하고 있다. 중국의 그리스도인은 연간 3-4%씩 증가하고 있으며, 중국 인구의 8.5%인 1억 1천만 명에 이른다고 한다. 중국의 그리스도인들을 모아 나라를 만든다고 했을 때, 그 나라는 세계에서 인구가 열한 번째로 많은 나라가 된다.[1]

중국인들 삶에 복음이 점차 뿌리를 내리고 있다. 흥미롭게도, 중국의 새신자들 중에는 태어날 때부터 지금까지 줄곧 신은 없다고 배워 온 젊은 세대가 많다. 수백만 명의 중국인들은 직업 선택의 기회, 자유, 심지어는 생명을 잃을지 모르는 핍박 속에서도 그리스도께 나아가고 있다. 그들은 하나님의 책인 성경을 발견했고, 그 책을 통해 그리스도를 만난 것이다. 〈타임〉 지 베이징 지국장을 지냈고 중국 전문가이기도 한 데이비드 애이크만은 이렇게 말했다.

"중국은 기독교 국가가 되고 있다. 20년 안에 중국 인구의 20-30%가 그리스도인이 될 것이다."[2]

### 어느 비밀 신학교의 졸업식

나는 최근에 중국의 대도시 외곽에 있는 공장 골방에서 중국 교회의 성장 모습을 직접 목격했다. 그곳에는 젊은 그리스도인들이 모여 있었다. 그들은 모든 창문을 검은 비닐로 가려 놓았다. 휴대전화를 든 사람들은 경찰이 들이닥치는 것을 대비해 곳곳에 숨어 망을 봤다. 긴장감 속에서, 그들은 작은 소리로 찬송가를 불렀다.

나는 비밀 신학교 졸업생들에게 설교를 하기 위해 그곳에 갔다. 그 졸업식에 연사로 참석한 것은 나에게 큰 영광이었다. 그 젊은이들은 이미 핍박을 경험했다. 그들 중에는 감옥에 갔다 온 사람도 있었고, 졸업생 중 열두 명은 이미 순교했다. 나는 그들의 조용하지만 힘 있는 찬양 소리를 들으면서, 뜨거운 열정을 보았다. 그들은 아무것도 두려워하지 않았다. 그들은 어떤 대가라도 치를 준비가 되어 있었다.

내가 그날 본 것은 교회 역사가들을 놀라게 하고, 중국 정부 지도자들의 마음에 두려움을 일으킬 만큼 크게 성장한 중국 교회의 모습이었다.[3] 중국인들이 이처럼 하나님께 소망을 두고 그분의 말씀에 순종한다면, 중국은 곧 세계를 주도할 것이다.

중국이 세계를 이끄는 나라가 되기 위한 두 번째 조건은, 서구국가들이 지금처럼 계속 하나님 말씀에서 멀어지는 것이다. 미국을 비롯한 서구국가들은 이미 세계에서 지도력을 잃고 있다.

## 미국은 후진국가인가?

The Relationship Foundation(관계재단)의 설립자이자 「관계 요인」(*The R Factor*)의 저자인 마이클 슐룬터 박사는 최근 YWAM 리더 모임에서 "미국은 후진국가인가?"라는 질문을 던졌다. 그는 남아프리카공화국 정부가 인종차별정책을 폐지한 후 그곳에서 화해 운동을 이끄는 데 결정적인 역할을 한 사람이다.

슐룬터 박사가 예상치 못한 질문을 던졌을 때, 우리는 조금 당황했다. 그는 하나님이 나라를 평가하실 때 그 나라의 경제 수준을 보고 평가하시는 것이 아니라 성경 말씀에 얼마나 잘 순종하는지, 특히 하나님을 사랑하고 이웃을 사랑하라는 하나님의 계명을 얼마나 잘 지키는지에 따라 평가하신다고 말했다(마 22:37:-40; 막 12:28-31). 그리고 미국은 하나님께 아주 낮은 점수를 받을 것이라고 했다.

미국의 이혼율은 세계에서 가장 높다. 초혼의 43%가 15년 안에 별거나 이혼을 한다.[4] 미국인들 중 교도소에 수감된 경험이 있는 사람은 200만 명 이상으로, 세계에서 가장 높은 비율을 보이고 있다.[5] 술, 마약, 도박, 포르노 중독자들도 걷잡을 수 없이 증가하고 있다.[6]

미국인의 84%가 스스로 그리스도인이라고 인정하는데,[7] 왜 미국 사회는 이렇게 엉망인가? 답은 분명하다. 많은 사람들이 거듭났다고 말하고, 미국인의 70%가 매주 교회에 나가지만,[8] 그들은 하나님 말씀에 따라 살지 않는다. 캘리포니아 주 벤투라에 있는 바나 그룹에서 실시한 2002년도 설문조사에 따르면, 18-35세 성인 중 7%, 35세 이상 성인 중 18%만이 성경 말씀에 기초하여 도덕적 선택을 내린다. 그리고 그 외의 사람들은 대부분 '감정'이나 자신에게 '유익한 결과'를 주는 것에 근거하여 선택한다.

## 유럽, 기독교 유산을 포기하다

서유럽 국가들은 미국보다 더 빠르게 하나님과 성경에서 멀어지고 있다. 교회와 신앙생활을 시대에 뒤떨어지고, 현실에 도움이 안 되며, 진보를 방해하는 것으로 보는 유럽인들이 점차 늘어나고 있다.

유럽인의 가치관에 대한 장기간에 걸친 조사는 유럽인들이 기독교 유산에서 얼마나 멀어졌는지를 잘 보여 준다.[9] 유럽인 중 21%만이 종교가 매우 중요하다고 답했고, 15%만이 매주 예배에 참석한다고 답했다.[10] 천국, 지옥, 죄 등에 대해 믿는 사람은 극히 적었다.[11] 다른 조사에서도 유럽의 심각한 상황이 드러난다. 영국은 한 달에 단 한 번이라도 교회에 나가는 사람이 11%밖에 안 된다. 영국에서 이혼, 문맹, 자살, 약물중독, 폭력 문제가 갈수록 심각해지는 것은 어떻게 보면 당연한 결과다.

노르웨이에서는 결혼을 하지 않고 동거하는 것이 점차 일반화되면서, 미혼 여성이 낳는 아이가 전체 출산의 절반 정도를 차지하고 있다.[12] 종교개혁의 고향 독일에서는 인구의 8%만이 정기적으로 교회에 출석한다. 대부분의 유럽 국가들은 교회와 조금이라도 연관되어 있으면 매우 적대적인 태도를 보인다.[13] 대신 뉴에이지, 이방 종교, 신비 종교가 점차 인기를 끌면서 사회의 주류가 되고 있다.[14]

유럽이 직면한 또 다른 문제는 이슬람의 성장이다. 무슬림의 출산율은 비무슬림의 출산율보다 훨씬 높다. 유럽의 출산율은 너무 낮아서 인구를 유지하지도 못할 지경이다.[15] 그래서 유럽 국가들은 중동 지역과 북아프리카에서 수백만 명의 외국인 노동자를 불러 왔다.[16] 만일 이런 추세가 계속된다면 유럽은 21세기가 끝나기 전에 이슬람이 지배하는 대륙이 될지도 모른다.

서구국가들은 이슬람의 성장을 두려워하면서도 기독교 신앙의 상실이라는 더 큰 문제의 심각성에 대해서는 깨닫지 못하고 있다. 서구국가가 더 이상 하나님을 필요로 하지 않고 심지어 그분의 존재를 믿지 않는다면, 그리고 성경이 말하는 절대 진리에 등을 돌린다면, 머지않아 세계에서 지도력을 잃고 말 것이다. 쾌락주의, 물질주의, 부정부패, 폭력 등에 빠져서 결국 므낫세 왕 시대의 유다처럼 몰락할 것이다. 그리고 세계의 주도권은 교회가 계속 성장하고 있는 중국으로 넘어갈 것이다.

그러나 나는 서구국가의 몰락을 믿지 않는다. 모든 나라는 하나님이 주신 잠재력을 다 발휘할 때까지 성장할 수 있다. 서구국가와 중국이 함께 하나님을 섬기며 평화 가운데 살아갈 수도 있다. 우리는 모든 나라가 변화되고, 기초가 회복되는 모습을 볼 수 있다. 그 기초는 바로 하나님의 책, 성경이다.

우리가 하나님께 소망을 두고, 성령의 능력으로 열방을 제자 삼으며, 성경의 계시를 열방에 가르칠 때 모든 나라는 바뀔 수 있다. 당신은 이것을 믿고, 이대로 행동할 마음이 있는가?

# 03

## 우리는 흐름을 바꿀 수 있다

지역이나 도시, 국가를 바꾸는 것은 가능할까? 예수님은 가능하다고 말씀하셨다. 예수님은 하나님나라가 임하고 하나님 뜻이 하늘에서처럼 땅에서도 이루어지도록 기도하라고 말씀하셨다(마 6:10). 또한 모든 나라를 제자 삼아 그분이 우리에게 명하신 모든 일을 가르쳐 지키게 하라고 말씀하셨다(마 28:19-20).

하나님 뜻이 땅에서 이루어질 수 없고, 열방이 하나님의 지혜로운 계명을 배울 수 없다면, 예수님이 과연 이런 명령을 내리셨을까? 그럴 리 없다. 예수님은 의로우시고 사랑이 많으신 분이기 때문에 우리가 할 수 없는 일을 명령하실 리가 없다. 예수님은 우리가 가만히 앉아 현실을 그냥 받아들이는 것을 원하지 않으셨다.

이 땅에 악이 퍼지는 것을 막으려는 노력은 헛될 뿐이라고 말하는 사람도 있다. 예수님이 다시 오실 때까지 상황은 계속 나빠질 수밖에 없다는 것이다. 나도 세상에 악이 팽배해 가고 있다는 것을 안다. 하지만 예수님은 운명론자가 아니었고, 나 또한 마찬가지다. 우리는 나라를 바꿀 수 있다. 성경은 "죄가 더한 곳에 은혜가 더욱 넘쳤나니"(롬 5:20)라고 말한다. 예수님은 우리가 죄로 가득한 세상을 보면서 절망에 빠지는 것을 원하지 않으신다.

당신은 미래에 대한 소망이 있는가? 열방을 제자 삼고 가르치라는 예수님의 명령은 두 가지 소망을 근거로 한 말씀이었다. 하나는 예수님이 모든 권세를 지니셨다는 것이고, 또 하나는 그분이 우리와 언제까지나 함께하신다는 것이다.

> 예수께서 나아와 말씀하여 이르시되 하늘과 땅의 모든 권세를 내게 주셨으니 그러므로 너희는 가서 모든 민족을 제자로 삼아 아버지와 아들과 성령의 이름으로 세례를 베풀고 내가 너희에게 분부한 모든 것을 가르쳐 지키게 하라 볼지어다 내가 세상 끝 날까지 너희와 항상 함께 있으리라 하시니라(마 28:18-20).

예수님은 우리 힘으로 열방을 바꾸라고 말씀하지 않으신다. 우리의 능력으로 그 일을 이룰 것을 기대하지 않으신다. 알파요 오메가이신 예수님은 우리가 예수님의 권위 아래서 예수님과 함께 일하도록 우리를 초청하신다. 우리는 예수님이 모든 것을 창조하셨고, 보이는 것이든 보이지 않는 것이든 모든 것을 붙들고 계심을 알고 있다(골 1:16-17). 예수님은 세상이 어떻게 돌아가든 상관하지 않고 편안히 앉아 계신 분이 아니다. 예수님은 열방과 만민이 하나님과 화목할 수 있도록 그분의 능력과 권위를 사용하신다(골 1:19-20). 그리고 역사상 가장 위대한 전쟁 가운데로 우리를 부르신다(요 20:21).

### 우리 안에 계신 이가 가장 크다

만일 당신이 절망이나 무관심 속에서 살아가고 있다면, 그 이유는 당신이 진리를 모르기 때문이다. 우리는 오직 예수님 안에서만 존재 이유와 소명을 알 수 있다.

나는 세계 각국의 집회를 다니면서 사람들에게 이렇게 말한다. "구원받은 사람, 손들어 보세요." 그러면 많은 사람들이 손을 든다. 다음에는 "완벽한 사람, 손들어 보세요"라고 말한다. 그러면 아무도 손을 들지 않는다. 그때 "그리스도인이 되고 나서 전보다 훨씬 좋은 사람이 되었다고 생각하는 분, 손들어 보세요"라고 말하면 모두 손을 든다.

하나님은 우리 개인의 삶을 바꾸시는 것처럼 나라를 바꾸신다. 사도 요한은 "너희 안에 계신 이가 세상에 있는 자보다 크다"(요일 4:4)라고 말했다. 바울은 그리스도가 모든 능력과 권세를 지니셨다고 말했다(골 2:10). 우리가 그 진리에 따라 세상을 바라보면, 죄와 멸망이 승리할 이유가 전혀 없다. 우리는 악이 승리하지 못하도록 일어나 맞서 싸워야 한다.

### 세상이 악할 필요는 없다

내가 현실성이 부족하고, 이상만 추구하는 사람이라고 말하는 사람도 있을 것이다. 그러나 나는 이상주의자가 아니다. 예수님이 재림하셔서 새 예루살렘을 세우실 때까지 완벽한 나라는 존재하지 않을 것이다. 그렇다고 해서 세상이 이렇게까지 악할 필요는 없다. 죄는 어둠을 몰고 오지만, 그럴 때 빛은 더욱 밝아진다. 성경은 어둠이 빛을 이기지 못한다고 말한다. 예수님은 자신이 세상의 빛이며, 예수님을 따르는 우리도 세상의 빛이라고 말씀하셨다(요 8:12; 마 5:14).

## 빛의 사람들이 모인 곳, 아타푸 섬

나는 어둠의 사람들보다 빛의 사람들이 많은 곳에 가면 힘이 난다. 토켈라우 제도에 속한 아타푸 섬이 바로 그런 곳이다.

나는 동역자들과 함께 YWAM 마린 리치(Marine Reach) 소속 배를 타고 태평양 중앙부에 있는 나라들을 방문했다. 우리는 그곳에서 간단한 인형극으로 전도를 하고, 사람들을 가르치고, 의료 봉사를 했다.

우리가 아타푸 섬을 방문했을 때, 우리는 그 섬 주민 275명 모두가 그리스도인이라는 놀라운 이야기를 들었다. 그들은 우리를 따뜻하게 맞아 주었다. 우리는 시장에서 인형극을 했는데, 많은 사람들이 모였다. 우리 팀이 인형을 움직이면서 즐겁게 복음을 전했을 때, 어른들도 아이들만큼이나 환하게 웃는 모습을 보았다. 그곳은 스트레스가 없는 정말 행복한 곳이었다!

그곳에는 목사님이 딱 한 분 계셨는데, 그 목사님은 나에게 자신의 걱정거리를 말해 주었다. 교인 중 한 명이 가끔 코코넛 액을 발효해 술을 만들어서 마시고는 취해 버린다는 것이다. 그리고 때때로 거짓말을 하는 사람들이 있어서 속이 상한다고 했다. 나는 그를 위로했지만, 속으로는 다른 나라 목사들이 직면하고 있는 치열한 문제들을 생각했다. 그에 비하면 아타푸 섬의 목사님이 고민하고 있는 문제는 정말 작은 일이 아닌가!

우리는 밤새 배를 타고 토켈라우 제도에 속해 있는 또 다른 섬으로 갔다. 그곳에 도착하니 아타푸 섬과 하늘과 땅만큼 차이가 났다. 그들은 이름만 그리스도인이었다. 그들은 공손했지만, 마음속으로는 우리를 좋아하지 않았다. 그들은 긴장했고 불안해했으며 분노로 가득했다. 우리가 도착하기 얼마 전에 강간 사건이 발생했다고 했는데, 그런 일은 아타푸 섬에서는 들어보지 못한 것이었다.

### 등불은 말 아래나 평상 아래 두지 않는다

아타푸 섬처럼 우리가 사는 지역에도 복음의 빛을 비추려면 어떻게 해야 할까? 세상의 빛이 세상의 어둠을 몰아내기 위해서는 우리의 적극적인 노력이 필요하다. 예수님은 우리가 세상의 빛이라고 말씀하셨지만, 가만히 있는다고 저절로 세상의 빛이 되는 것은 아니다. 예수님은 등불을 켜서 말(bowl, 그릇, *NIV*) 아래나 평상(bed, 침대, *NIV*) 아래 두지 않는다고 말씀하셨다(막 4:21). 이것은 무슨 뜻일까?

말은 물질적 공급을 뜻한다. 우리가 자신의 필요와 가정의 필요를 위해서만 산다면, 우리는 빛을 말 아래 두는 것이다. 우리가 물질주의에 따라 산다면, 우리는 세상에서 빛을 발할 수 없다.

예수님은 등불을 평상 아래 두지 말라고 말씀하셨다. 평상은 편안한 삶을 뜻한다. 우리가 안락한 삶만 추구하고 힘든 상황을 요리조리 피해 간다면, 등불을 평상 아래 두는 것이다.

예수님은 온 세계에 빛을 비추사 깊은 어둠 가운데 살던 사람들도 그 빛을 보기를 원하신다(사 9:2). 그러나 이것은 우리가 예수님께 순종하고, 예수님 말씀에 따르기 위해 적극적으로 노력하며, 세상에서 빛을 발할 수 있도록 늘 기도하고 소망할 때만 가능하다.

### 복음 전도와 제자 삼기

나라를 바꾸기 위해서는 먼저 그 나라의 민족이 예수 그리스도를 구주로 영접해야 한다. 예수님은 우리에게 땅 끝까지 복음을 전하라고 명령하셨다(막 16:15). 우리는 이제 그 출발점에 있다. 아직도 이 지구상에는 복음을 한 번도 들어 보지 못한 사람이 15억 명이나 있다. 이것은 세계 인구의 4분의 1이다.[1] 우리는 그들에게 복음의 빛을 전해야 한다. 우리가 그들에게 복음을 전할 때, 그들은 바울처럼 어둠에서 빛으로 옮겨 갈 수 있다(골 1:13-14). 이것이 바로 구원이고, 하늘의 시민권을 얻는 일이다.

그러나 우리가 모든 사람에게 복음을 전하는 것만으로는 충분하지 않다. 구원은 대사명의 절반이다. 예수님은 나머지 절반인 제자 삼는 일에 대해서도 말씀하셨다(마 28:19-20).

예수님은 우리에게 개인적으로 복음을 전할 것을 명령하셨다(막 16:15). 그리고 나라를 단위로 생각하는 새로운 개념도 함께 주셨다(마 28:19-20).

**예수님의 방법으로 제자 삼기**

"제자로 삼아."

제자를 삼는다는 말은 무슨 뜻인가? 이것은 성경의 기준에 따라 사람을 바꾸는 과정을 뜻한다. 바울은 사람이 바뀌려면 먼저 생각이 바뀌어야 한다고 말했다(롬 12:2). 하나님께 순종하고, 그분의 음성을 듣고, 그분의 말씀을 읽을 때 우리의 생각은 새로워진다.

우리는 예수님이 보여 주신 모범을 따라 사람들을 제자로 삼아야 한다. 예수님은 제자들 앞에서 행동하셨고, 그들에게 그 행동의 의미를 가르쳐 주셨다. 예수님은 제자들에게 직접 행동할 기회를 주셨고, 그들이 예수님의 행동을 따라할 때 옆에서 조언해 주셨다. 그리고 예수님은 제자들이 혼자서 사역하도록 파송하셨다. 제자들은 사역을 마치고 예수님께 돌아와 결과를 보고했다(눅 10장). 이것이 바로 제자 삼는 과정이다.

우리는 어떻게 개인의 제자화에서 열방의 제자화로 나아갈 수 있는가? 앞으로 이 책에서 많은 예를 보겠지만, 짧게 답하면, 우리는 예수님의 방법을 따라 개인에서 시작해서 열방을 제자화해야 한다. 먼저 개인에게 복음을 전하면, 그는 하나님 말씀을 그의 삶과 그가 속해 있는 사회에 적용할 것이고, 그 영향은 다른 사람들에게도 미칠 것이다. 그리고 그렇게 영향을 받은 사람은 다시 다른 사람들에게 영향을 미칠 것이다. 그러면 언젠가는 나라를 바꿀 수 있을 만큼 많은 사람들을 제자로 만들 수 있다. 예수님은 누룩의 비유를 통해 적은 양으로 전체에 영향을 미치는 과정을 설명해 주셨다(마 13:33). 예수님의 비유처럼 제자된 개인이 모여 나라 전체를 바꾸는 것이다.

### 예외는 없다

"모든 민족을 제자로 삼아."

모든 민족(나라)이라고 할 때는 어느 민족도 빠질 수 없다. 예수님은 사역하기에 쉬운 나라나 전도가 합법인 나라로만 가라고 말씀하지 않으셨다. 예수님은 우리에게 모든 나라로 가라고 말씀하셨다. 그 나라가 너무 힘들어서, 너무 위험해서, 소망이 없어서, 너무 익숙하거나 낯설어서 피하면 안 된다. 복음과 그에 따르는 축복은 모든 나라를 위한 것이다. 존 웨슬리는 "세계가 나의 교구다"[2]라고 말했다. 하나님은 모든 사람과 모든 나라를 사랑하시기 때문에 우리는 세계 열방을 향해 나아가야 한다.

### 나라를 바꿀 소수의 무리

"아버지와 아들과 성령의 이름으로 세례를 베풀고."

삼위일체의 개념이 열방의 제자화에서 중요한 이유에 대해서는 뒤에 가서 살펴볼 것이다.

세례를 주라는 말은 무슨 뜻인가? 어떻게 나라 전체에 세례를 줄 수 있는가? 물론 개인에게 세례를 주듯 나라 전체에 세례를 줄 수는 없다. 그러나 사람들에게 세례를 주고, 그들에게 성경과 살아 계신 말씀인 예수님을 소개할 때 나라를 바꿀 소수의 무리가 형성될 것이다. 바로 이것이 나라가 성경적 세계관을 형성하고, 그것을 통해 새로운 생명을 얻고, 사회의 변화를 이루는 과정이다.

### 성경, 열방을 가르치는 교과서

"내가 너희에게 분부한 모든 것을 가르쳐 지키게 하라."

성경은 열방을 가르치기 위한 교과서다. 우리는 지식만 전해서는 안 된다. 예수님은 모든 것을 가르쳐 "지키게 하라"고 말씀하셨다.

예수님이 우리에게 맡기신 일은 매우 큰 사명이지만, 우리는 감당할 수 있다. 우리는 예수님이 주시는 힘과 능력으로 예수님이 우리에게 맡기신 모든 일을 할 수 있다(빌 4:13).

예수님은 성경 말씀을 삶으로 보여 주셨다. 예수님은 우리에게 진리를 보여 주시기 위해 이 땅에 내려오셨다. 그리고 우리에게 사람들을 가르치라고 명령하시면서 우리와 세상 끝 날까지 함께하실 것을 약속하셨다.

예수님이 우리에게 주신 가장 중요한 계명은, 하나님을 마음과 목숨과 뜻을 다하여 사랑하는 것과 이웃을 자기 몸같이 사랑하는 것이다(마 22:34-40). 이것은 우리가 세상에 전해야 할 메시지이며, 우리가 열방에 가르쳐야 할 원칙이다.

차갑고 비인격적인 원칙은 사람과 나라를 바꾸지 못한다. 우리는 하나님의 원칙을 따라 살기로 선택할 때만 하나님나라를 확장할 수 있다. 우리는 하나님의 아들을 믿는 믿음을 통해 용서를 받는다. 성령님은 우리 안에 거하시며 하나님 말씀이 살아 움직이도록 역사하신다. 그리고 우리는 성경에서 살아 계신 하나님 말씀을 발견한다. 예수님은 그분의 원칙이 우리 성품의 한 부분이 되도록 역사하신다. 우리의 성품은 말과 행동을 통해 나타나는데, 이것은 우리가 속한 사회에서 누룩같이 역사하여 사회를 의롭게 바꾼다. 그때 하나님나라가 임하고, 하나님 뜻이 하늘에서처럼 땅에서도 이루어진다.

## 04

## 부흥인가, 변화인가?

우리는 이 시대에 부흥이 필요하다는 말을 자주 듣는다. 그러나 부흥만으로는 충분하지 않다. 열방은 변화(transformation)가 필요하다. 그렇다면 부흥과 변화는 어떻게 다른가?

부흥이 임하면 많은 사람들이 하나님의 능력을 경험한다. 수천 명의 사람들이 예수님을 구주로 영접하고, 때로는 지역 주민의 절반 이상이 예수님께 나아가기도 한다. 사람들이 주님 앞에서 회개하고, 하나님의 능력으로 병든 자가 나으며, 기사와 이적이 일어난다. 사람들은 하나님의 역사하심을 보고 흥분하고, 하나님이 또 어떤 일을 하실지 간절히 기다린다.

교회사를 공부한 사람이라면 부흥에 대해 잘 알고 있을 것이다. 몇 가지 예를 들면, 조지 휫필드와 웨슬리 형제 시대의 영국과 조나단 에드워즈, 이후 찰스 피니 시대의 미국에서 큰 부흥이 있었다. 웨일스는 20세기 초에 부흥을 경험했고,[1] 1950년대에는 스코틀랜드의 헤브리디스 섬을 휩쓴 부흥이 있었다.[2] 1960-70년대에는 남 캘리포니아에 '지저스 피플'(Jesus People) 운동이 일어났고, 1990년대에는 플로리다 펜서콜라에 있는 브라운스빌 하나님의 성회 교회에서 5년 동안 수

십만 명의 사람들이 그리스도를 영접한 일이 있었다.[3]

우리에게는 부흥이 필요하다. 그러나 나라가 바뀌려면 다음 단계인 변화로 나아가야 한다. 변화는 우리가 성경을 연구하고 하나님의 원칙을 발견할 때, 즉 바울이 말한 '생각을 새롭게 하는' 과정을 통과할 때 일어난다(롬 12:2).

실제로 두 세기 전 영국에서 부흥이 변화를 일으킨 사건이 있었다. 그것은 진정 혁명이었다.

### 어둠의 시대

자신이 살고 있는 시대가 가장 악하다고 생각하는 것은 인간의 본성이다. 그러나 여러 면에서 볼 때, 존 웨슬리(John Wesley)는 분명 지금보다 훨씬 더 악한 시대에 살았고, 매우 힘든 도전에 직면해야 했다.[4] 18세기 영국은 우리가 상상하기 힘들 만큼 잔악한 사회였다. 당시 산업혁명이 일어나 수많은 사람들이 더 나은 삶을 찾아 도시로 쏟아져 들어왔지만, 그들은 위험한 공장에서 비인격적인 대우를 받으며 일했다. 인간이 공장 소모품으로 전락해 버린, 짙은 어둠의 시대였다.

### 교회가 이웃의 고통을 외면하다

노동자들은 적은 임금으로 열악한 환경의 공장과 탄광에서 하루 종일 위험한 작업을 했다. 아무도 그들을 보호하지 않았다. 그들은 늘 가난했고, 참담한 현실을 잊기 위해 술에 빠졌다. 제대로 된 화장실도 없는 빈민가에 사는 사람들은 결핵, 디프테리아, 콜레라 같은 질병에 쉽게 감염되었다.

가난한 집 아이들은 학교에 갈 수 없었다. 그 아이들은 학교 대신 공장이나 탄광으로 내몰렸고, 하루에 열두 시간 이상 일했다. 아이들은 섬유공장에서 작동 중인 기계 안으로 들어가 끊어진 실을 잇거나, 기계 밑에 매달린 실밥을 주워 오는 일을 했다. 어쩌다 머리카락이 기계에 걸리기라도 하면 두피가 떨어져 나갔고, 손이 기계에 끼면 바로 으스러졌다. 기계에서 떨어져 죽는 아이들도 있었다. 기계공장에서 일하는 아이들은 인광성 물질을 호흡하다가 이가 다 썩었고, 죽는 아이도 있었다. 탄광에서는 아이들이 석탄차를 끌거나 커다란 석탄 바구니를 등에 지고 운반했다. 또 어른이 들어갈 수 없는 좁은 공간으로 기어 들어가 작업을 하기도 했다.

교회는 가난한 자들을 외면했고, 부유한 사람들을 위한 쉼터가 되었다. 이런 참혹한 현실 속에서, 시계 제작자가 시계의 작동에 관여하지 않듯 하나님은 인간의 일상에 관심을 기울이지 않는다는 이신론(Deism)이 등장했다. 이신론은 당시 신학을 지배하던 큰 흐름이었다. 여기에 칼뱅주의를 운명론으로 해석한 관점이 결합하여 아무도 현실을 바꾸려는 열의를 보이지 않았다.[5]

### 웨슬리, 마음이 뜨거워지다

하지만 감사하게도, 하나님은 나라를 바꿀 사람을 준비해 놓으셨다. 웨슬리는 영국 국교회에서 안수를 받았고, 늘 올바르게 살기를 원했지만 그의 인생은 성공적이지 못했다. 그는 옥스퍼드 대학에 다닐 때 동생 찰스와 함께 The Holy Club(성결모임)이라는 모임에 참석했다. 그들은 규칙적으로 기도하고 성경을 읽었는데, 다른 학생들은 그들의 열심을 조롱하기 위해 그들을 '방법론자'(methodists)라고 불렀다. 하지만 웨슬리는 자신이 구원을 받았는지 확신할 수 없었다. 그는 식민지였던 아메리카 조지아에 선교사로 나갔다가 사역에 실패하고, 패배감에 젖어 영국으로 돌아오면서 사역을 그만둘 생각까지 했다. 그러나 그때 그의 마음을 근본적으로 바꾸어 놓는 일이 발생했다.

1738년 5월 24일, 그는 런던의 올더스게이트에서 열린 모라비아 교도의 성경공부 모임에 우연히 참석했다. 설교자는 루터의 「로마서 강해」 서론을 읽어 주었다. 그의 삶을 바꾸어 놓은 그 경험에 대해 웨슬리는 이렇게 적고 있다.

> 9시 15분 전쯤, 설교자가 하나님이 그리스도를 믿는 우리의 믿음을 통해 마음에 일으키시는 변화에 대해 묘사할 때, 나는 마음이 이상하게 뜨거워지는 것을 느꼈다. 그 순간 나는 내가 구원에 대해 오직 그리스도만을 믿는다고 느꼈다. 그분이 내 죄를 사하셨고, 나를 죄와 사망의 법에서 구원하셨다는 확신이 들었다.[6]

그 경험은 웨슬리의 모든 것을 바꾸어 놓았다. 하나님의 사랑이 웨슬리의 마음을 채웠고, 그는 하나님이 자신의 죄를 진정 용서하셨음을 확신했다. 그는 즉시 동생 찰스와 함께 사람들에게 복음을 전하기 위해서 나섰다.

웨슬리와 찰스는 영국 국교회를 바꿀 수 있다고 믿었다. 그러나 영국 국교회는 매우 보수적이었고, 그들의 감정적인 설교와 찬양을 환영하지 않았다. 많은 교회가 문을 걸어 잠갔다. 웨슬리 형제는 교회 밖에서 말씀을 전했다. 이는 당시로서는 매우 파격적인 방법이었지만, 대학에서 그들과 성결 모임을 같이 했던 조지 휫필드가 이미 사용한 방법이었다. 웨슬리 형제와 휫필드는 가난한 자들에게 말씀을 전했고,

바로 그때 역사상 가장 위대한 사회운동이 불붙었다.

웨슬리가 말씀을 전한 새신자 중에는 상류층 출신도 있었지만, 그의 설교를 듣고자 모인 사람들은 대부분 하층민이었다. 수천 명의 가난한 노동자들이 복음을 듣고 소망을 찾았다.

## 소모임, 개혁을 건설하는 벽돌

웨슬리는 새신자들을 훈련하느라 바빠졌다. 그 세련되지 않은 새신자들을 환영하는 교회가 없었기에, 웨슬리는 그들을 위해 주간 소모임을 시작했다.

웨슬리는 말을 타고 끊임없이 여행했는데, 평생 이동한 거리가 25만 마일에 이르렀다고 한다. 그는 그렇게 여행하면서 전도를 했고, 평신도 지도자들을 훈련시켰으며, 새신자를 모아 제자훈련 모임을 조직했다. 그가 훈련시킨 소모임 지도자는 만 명에 이르렀다.[7] 그들이 '학급'(classes)이라고 부른 소모임은 개혁을 건설하는 벽돌이었다. 그 모임에서 새신자들은 책임감, 정직, 경건, 지도력, 협동정신을 배웠다.

1798년에 감리교도는 10만 명에 이르렀다.[8] 그들은 하나님이 "나라, 특히 교회를 개혁하고 성경의 성결을 온 땅에 전파하기 위해" 그들을 불렀다고 믿었다.[9] 웨슬리의 메시지는 복음의 '온전함'을 강조하는 것이었다. 그는 사람의 영혼만 구원하는 것으로는 충분하지 않고 생각과 육체, 환경도 복음으로 바뀌어야 한다고 믿었다.[10]

## 웨슬리의 개혁이 영국 사회를 바꾸다

존 웨슬리는 영국 사회에 큰 영향을 미쳤다. 그는 진료소, 서점, 무상

학교, 과부를 위한 쉼터를 세웠다. 그는 노예제도 폐지 운동에 앞장섰던 윌리엄 윌버포스가 태어나기도 전에 먼저 노예제도를 비판했다. 웨슬리는 시민의 자유와 종교의 자유를 지지했고, 가난한 자를 착취하지 않도록 국민의 양심에 호소했다. 그는 방적 편물 작업장을 세웠고, 직접 가난한 자들을 돕고자 의학을 공부했다.[11]

웨슬리의 노력으로 노동자의 권리는 보호받았고, 공장은 안전해졌다. 전 영국 수상 로이드 조지는 백 년 이상 노조운동 지도자들의 대부분이 감리교도였다고 말했다.[12]

사업가 새뮤얼 플림솔은 경건한 종교개혁가였다. 그는 상인들이 사람들의 안전은 생각하지 않고 배에 지나치게 많은 물건을 싣는 것은 잘못된 일이라고 생각했다. 당시 상인들은 배가 무게를 못 견뎌 파선해도 보험회사에서 보상금을 받으면 그만이라고 생각했다. 플림솔은 오늘날 플림솔 마크(Plimsoll Mark)라고 부르는 안전 적재수준 표시를 제안했다. 이 양심적인 기독교 사업가가 발명한 표시 덕분에 수천 명의 생명을 구할 수 있었다.[13]

또 다른 복음주의자 로버트 레이크스는 일하는 아이들에게 교육의 기회를 주기 위해 주일학교를 제안했다.[14] 웨슬리의 부흥을 경험한 사람들은 고아원, 정신병자 수용소, 병원, 교도소 등을 세웠다. 플로렌스 나이팅게일은 간호사 제도를 발전시켰고, 엘리자베스 프라이는 교도소를 개혁했다.[15]

웨슬리는 여성해방운동에도 큰 발자취를 남겼다. 그는 여성을 남성과 영적으로 동등하게 대했다. 조세핀 버틀러, 수전 B. 안토니, 찰스 피니 등은 여성도 고등교육을 받을 권리가 있으며, 사역을 포함한 다양한 직업을 선택할 수 있어야 한다고 주장했다.[16] 감리교 출신 윌리엄 부스와 그의 아내 캐서린은 웨슬리의 유업을 이었고, 구세군을 통해 수천 명의 여성들에게 사역의 기회를 주었다.

영국의 지도 계층은 프랑스 대혁명을 보면서 그 혁명이 귀족과 성직자를 죽이는 대학살을 낳지 않을까 두려워했다. 그런 일이 영국에서도 일어날지 모르는 일이었다. 그러나 역사학자 J. 웨슬리 브레디의 말대로 웨슬리의 갱신운동이 그 비극을 막았다.[17]

웨슬리에게서 시작된 부흥은 영국을 크게 바꾸어 놓았고, 그로 인해 수많은 사람들이 가난에서 벗어나 안정된 중산층으로 탈바꿈했다.

## 작은 시작이 큰 결실을 맺다

웨슬리의 영향력은 영국에만 제한되지 않았다. 웨슬리의 갱신운동은 유럽 각국과 아메리카 대륙으로 퍼졌다. 웨슬리의 뜻을 따른 사람들은 나라의 기틀을 갖춰 가던 미국으로 떠났다. 그들은 그곳에서 설교를 하고 교회를 세웠다. 얼마 지나지 않아 거의 모든 교통의 중심지에 감리교 모임이 생겼다. 그들이 전한 인간의 자유 의지와 하나님의 은혜라는 메시지는 미국인의 낙관주의와 소명 의식을 낳았다.

웨슬리는 나라를 제자 삼으려 했던 개혁의 끝은 보지 못했지만, 그의 작은 시작은 수많은 변화의 출발점이 되었다. 소모임에서 성경을 공부하고 그것을 자신의 삶에 적용한 사람들이 없었다면, 오늘날의 세계는 지금과 전혀 다른 모습이었을 것이다. 이런 큰 변화는 한 사람이 마음이 뜨거워지는 경험을 한 후, 하나님과 하나님 말씀에 순종하고 하나님의 방법대로 사는 것을 사람들에게 가르쳤기 때문에 가능했다. 하나님은 지금 또다시 이런 일이 일어나기를 원하신다.

# 05

# 꿈을 꾸는 용기가 필요하다

한 나라의 방향이 과연 바뀔 수 있을까? 더 많은 사람들이 성경 말씀을 삶에 적용한다면 그 나라는 어떤 모습으로 변할까?

당신은 국민의 과반수가 성경 말씀을 따라 사는 나라를 상상하기 어려울지도 모른다. 그러나 나는 요즘 젊은이들보다는 좀 더 쉽게 이런 모습을 상상할 수 있다.

나는 로스앤젤레스의 다인종 구역에서 자랐다. 당시 사회는 밤에 문을 잠그지 않아도 될 만큼 안전했다. 내가 자전거를 타고 시내 곳곳을 돌아다녀도 부모님은 걱정하지 않으셨다. 그때 나는 마리화나, 코카인 같은 마약에 대해 들어 보지 못했다. 담배를 피우거나 술을 마시는 청소년들이 조금 있을 뿐이었다. 사람들은 결혼을 해야 성 관계를 가질 수 있다고 생각했다. 만일 젊은 남녀가 어쩌다 아이라도 갖게 되면, 서둘러 결혼하거나 아이를 입양시켰다. 사람들은 성적인 타락에 대해 언급하지 않았고, 대부분의 사람들은 그런 일에 대해 들어 보지도 못했다. 부모와 함께 살지 않는 집은 찾기도 어려웠다.

모든 나라와 모든 민족이 하나님 말씀을 따라 산다면 어떤 모습일까? 우리는 과거의 좋았던 때를 회상할 것이 아니라, 하나님이 우리 시대에 이루실 위대한 일들을 꿈꿔야 한다.

이제, 다음과 같이 용감하게 꿈꿔 보자.

- 국민의 과반수 이상이 하나님을 믿고, 서로를 존귀하게 여기며, 늘 감사하는 마음으로 살아간다.
- 어머니는 뱃속의 아이를 귀하게 여기고, 아버지는 아이에게 안정감을 준다.
- 모든 인종과 종족은 하나가 된다.
- 폭력이나 절도가 없다.
- 갱단은 들어가려는 사람이 없어 해체된다. 젊은이들은 그리스도의 몸 안에서 공동체 생활을 즐기고, 삶의 목적을 찾는다.
- 거리는 깨끗하다. 어느 곳에 가든 낙서가 없다.
- 모든 시민들은 하나님이 만드신 아름다운 자연을 잘 보존하기 위해 힘쓴다.
- 아동 학대와 배우자 학대가 사라진다.
- 이혼하는 사람이 거의 없다.
- 사람들이 주님 앞에서 회개하고, 서로 용서하는 가운데 관계가 회복된다.
- 불법적인 기업 활동이 사라진다.
- 기업들은 더 많은 재정을 가난한 사람들을 돕는 데 쓰기 위해 서로 경쟁한다.
- 정치인들은 진정으로 국민을 섬긴다.
- 부정부패, 사기, 탈세가 없기 때문에 공공복지 예산이 수십 억 달러 이상 증가한다.

- 마약, 술, 포르노 중독이 줄어든다.
- 사람들이 비전과 목표를 세우고 일해서 노동생산성이 향상된다.
- 교도소는 죄수가 없어서 문을 닫는다.
- 그리스도인들은 해외로 나가 사람들을 돕고, 그들에게 복음을 전한다.
- 사람들은 사랑 안에서 진리를 말한다. 욕을 하는 사람은 찾기 힘들다.
- 도로에서 운전자들끼리 싸우는 일은 역사학자들이 연구할 만한 희귀한 일이다.

또 어떤 일이 일어날까? 당신의 나라는 어떤 모습으로 바뀔까? 용감하게 꿈꿔라! 믿음이 있다면, 꿈은 현실이 된다.

### 모든 나라는 바뀔 수 있다

어떤 나라가 부와 자유를 누리고 있다면, 우리는 그 이유를 과거에서 찾아야 한다. 그러면 우리는 존 웨슬리처럼 늘 하나님의 얼굴을 구하고, 성경 속에서 나라를 제자 삼을 방법을 찾았던 하나님의 사람을 만날 수 있다.

지금 하나님은 사람을 찾고 계신다. 열방을 바꾸는 하나님의 책을 진지하게 연구할 사람을 찾고 계시는 것이다. 당신도 하나님이 찾는 사람일 수 있다. 만일 당신이 하나님의 임재 안에서 성경을 읽는다면 삶의 모든 부분이 바뀔 것이다. 그때 당신은 주변 사람들에게 영향을 미칠 것이다. 그리고 많은 사람들이 그렇게 한다면, 나라 전체가 바뀔 것이다. 당신의 나라도 이렇게 바뀔 수 있다!

말로만 하나님을 섬기면 개인도 국가도 바뀔 수 없다. 성경이 있지만 읽지 않으면 삶은 바뀌지 않는다. 변화는, 성령의 능력으로 성경을 읽고 하나님께 순종할 때만 일어난다. 우리가 하나님과 하나님 말씀에 순종할 때, 우리의 인격은 성숙한다. 하나님 말씀은 우리 인격의 일부분이 되고, 삶의 기준으로 자리 잡는다. 우리가 바뀌면 나라도 바뀐다.

### 누가 나라를 세우는가?

최근 정치 지도자들과 전문가들은 나라를 바로 세우는 것에 대해 자주 이야기한다. 이것은 방송이나 인터넷, 신문에서 쉽게 접하는 주제가 되었다. 그러나 그들 중 누구도 분명한 해결책을 제시하지 못한다. 누가 나라를 세우는가? 군대인가? 평화유지군인가? 정부 지도자인가? UN인가? 비정부기구인가? 이 질문에 답하기 위해서는, 먼저 용어부터 다시 정의해야 한다. 우선 나라의 의미를 살펴보자.

우리가 '나라'라고 말할 때 우리는 보통 국가, 즉 정치조직이나 정부를 떠올린다. 그리고 국경과 여권, 국기를 생각한다. 그러나 성경은 나라에 대해 다르게 말한다. 창세기에서 가정은 부족이 되고 부족은 나라가 되며, 나라는 언어로 구분되고 지상에 퍼진다. 이렇게 볼 때 나라는 가정 또는 부족의 모임이다. 그들은 전통, 언어, 신념, 그리고 '문화'라고 부르는 행동방식을 공유한다. 신약에서 '나라'를 뜻하는 헬라어는 '에트네'(*ethné*)인데, 이것은 영어 '민족'(ethnic group)과 비슷한 뜻이다. 나는 하나님이 문화와 언어를 공유하는 가정과 부족이 모여 민족을 이루는 것을 '나라'로 보신다고 믿는다.

나라를 세우기 위해서는 먼저 사람을 세워야 한다. 이것이 바로 예수님이 마태복음 28장 19절에서 우리에게 맡기신 임무다. 예수님은 자신을 따르는 자들이 나라를 세우는 자가 될 것이라고 말씀하셨다. 그렇다면 우리는 어떻게 그 일을 해야 하는가? 어디서부터 출발해야 하는가?

### 일곱 가지 출발점

1975년, 나는 미국을 비롯한 여러 나라들이 가고 있는 방향이 염려스러웠다. '어떻게 하면 나라의 방향을 바꿀 수 있을까? 어떻게 하면 도덕성과 선의의 기초를 회복할 수 있을까?'

그해 여름 나는 콜로라도에 있는 친구 별장에서 가족과 함께 여름 휴가를 즐겼다. 아침 일찍 불을 지피지 않은 벽난로 옆에 앉았을 때, 하나님은 내게 열방을 제자화하기 위한 일곱 가지 영역에 대해 말씀하셨다. 나는 즉시 그것을 종이에 적었다.

가족
종교(교회와 선교회)
교육
문화(예술, 연예, 운동)
대중매체(언론)
경제(사업, 과학, 기술)
정부

나는 그 종이를 조심스레 접어 호주머니에 넣으면서 참 흥미롭다고 생각했다.

그날 오후, 산림감시원이 오토바이를 타고 흙먼지를 일으키면서 우리가 묵고 있는 별장에 나타났다. 그리고 이렇게 말했다. "로렌, 우리 사무실에 당신을 찾는 전화가 왔습니다."

전화 내용은 대학생선교회(Campus Crusade for Christ) 설립자 빌 브라이트와 그의 아내 보넷이 지금 볼더에 와 있는데, 우리 부부를 만나고 싶다는 것이었다.

다음 날 우리 가족은 친구의 도움으로 세스나 센추리온 비행기를 타고 로키산맥을 넘어 브라이트 부부를 만나러 갔다. 내가 호주머니에서 종이를 꺼내 빌에게 보여 주려는 순간, 빌이 내게 말했다. "로렌, 주님은 우리가 나라를 바꿀 수 있는 몇 가지 방법에 대해 내게 말씀하셨다네."

그는 종이를 꺼내 펼쳤다. 거기에 적힌 내용은 내가 적은 내용과 거의 똑같았다! 나는 그에게 내가 메모한 종이를 보여 주었다.

나는 이 계시가 나 자신이나 YWAM만을 위한 것이 아님을 알았다. 그것은 그리스도의 몸 전체를 위한 것이었다. 며칠 후, 나는 독일 함부르크에서 대성당에 가득 모인 청년들에게 그 일곱 가지 영역에 대해 설명해 주었다.

몇 주 후에, 아내 달린은 프랜시스 쉐퍼 박사가 대담하는 TV 프로그램을 보았다. 그 프로그램에서 쉐퍼 박사는 그리스도인들이 집중해야 할 영역에 대해 말했는데, 그 내용은 내가 종이에 기록한 것과 동일했다.

하나님이 기독교계의 세 가지 다른 영역에서 일하는 세 사람에게 같은 말씀을 하셨다면, 그것은 그분이 자신의 백성에게 중요한 말씀을 하기 원하신다는 표시가 아니겠는가? 나는 하나님의 사람들이 이미 수백 년 전부터 그 일곱 가지 영역에서 변화를 주기 위해 노력해 왔다는 사실을 그때 깨달았다.

이제 우리는 나라를 바꾸기 위해 노력했던 그리스도인들의 이야기를 살펴볼 것이다. 그들은 진정한 영웅이었고, 진정 나라를 세우는 자들이었다.

# 2부 | 위대한 변화의 모습

# 06

# 나라를 세운 진정한 영웅 -윌리엄 캐리

## 인도, 윌리엄 캐리를 만나다

1793년 윌리엄 캐리(William Carey)가 인도에 갔을 때, 그가 배에서 내리면서 본 모습을 상상하기란 쉽지 않다. 구두제조공이자 목사이고, 독학으로 언어학을 공부했던 그는 인도 사회의 모든 영역에서 개혁이 절실히 필요하다는 것을 발견했다. 루스와 비샬 망갈와디는 「윌리엄 캐리의 유산: 문화 변혁의 모델」(*The Legacy of William Carey: A Model for Transforming a Culture*)에서 그 시대의 모습을 설명하고 있다.[1]

당시 인도는 큰 혼란과 거짓된 영에 사로잡혀 있었다. 힌두교는 오직 소수의 사회지도층에게만 부와 교육의 혜택을 허용했다. 남은 사람들은 모두 카스트 제도의 영원한 노예였다. 하지만 인도인들은 그런 사회구조에 불만이 없었고, 하층민은 전생에 죄를 지었기 때문에 고통받는 것이 마땅하다고 생각했다. 힌두교 지도자들은 인간이 신과 동등한 존재라고 가르쳤다. 인간은 육체적으로 신과 분리되었을 뿐, 결국 인간의 모든 행동은 거룩하다는 것이다. 그 결과 종교는 도덕을

무시했고, 종교적인 사람조차도 매우 잔혹했다.[2]

캐리가 인도에 도착했을 때, 인도 사회는 거의 3천 년간 인도를 지배해 온 힌두교 때문에 큰 혼란과 어둠 가운데 있었다. 교육제도가 무너져 일반인은 거의 교육을 받지 못했다.[3] 뇌물수수가 만연해 이자는 36%에서 100%로 높아졌고, 투자는 거의 불가능했다.[4]

인권은 존재하지도 않았으며 여성들은 무시당했다. 힌두교는 여아 살해, 아동 결혼, 일부다처, 과부 화장(suttee), 안락사를 허용했다. 여자는 남편을 잘 섬겨서 다음 생애에 남자로 태어나기만을 바랐다.[5]

사람들은 나병환자를 발견하면 다음 생애에 더 좋은 사람으로 태어나라며 산 채로 묻거나 불태웠다.[6] 아기가 병이 들면 돌봐 주는 대신 바구니에 넣어 천장에 매달아 놓고는 아기가 '악한 영'을 이겨 낼 수 있는지 사흘간 지켜보았다. 겨울마다 훌리 강 하구에서는 여자들이 자신의 아이를 강에 던졌다. 아이들은 물에 빠져 죽거나 악어 밥이 되었다. 이렇게 아이를 강에 던지고 나면 갠지스 여신을 위해 아이를 바친 훌륭한 어머니라고 존경을 받았다.[7]

캐리가 인도의 상황을 돌아보면서 몇 명에게만 복음을 전했어도 우리는 그를 존경했을 것이다. 하지만 그는 전도(마가복음 16장 15절에 나온 대사명의 절반)에서 멈추지 않았다. 그는 다른 절반(마태복음 28장 19절에 나온 대사명의 나머지 절반)을 위해서도 헌신했다. 캐리는 인도를 제자화하는 거대한 작업에 착수했다. 나는 이 위대한 인물이 행한 모든 일을 기록하기에는 공간이 부족하다. 그에 대해서 알고 싶다면 망갈와디 부부가 쓴 훌륭한 책들을 읽어 보기 바란다.

윌리엄 캐리가 인도 사회의 일곱 영역에 미친 영향을 살펴보자.

• 가정

윌리엄 캐리는 인도 가정을 개혁하는 일에 뛰어들었다. 그는 여자를 억압하는 나라에는 자유가 없다는 사실을 깨달았다. 그는 원치 않는 아기를 살해하는 풍습을 금지하는 법안이 통과되도록 애썼고, 1804년에 법안이 통과되었다.[8] 과부를 산 채로 태우는 풍습을 금지하는 것은 더 힘들었다. 하지만 1829년에 그 끔찍한 풍습을 금지하는 법안이 통과되었다.[9]

• 종교

캐리와 그의 동료들은 인도 땅에 예수 그리스도의 교회를 많이 세웠다. 그들은 인도에 침례교회를 세웠고, 그 교회들은 오늘날까지 성장하고 있다. 캐리는 세람포르 대학을 세웠고, 그곳에서 최초의 인도 목사들이 배출되었다. 캐리는 성경을 40개 언어로 번역하는 일을 감독했고, 그 결과 인도인들은 성경을 모국어로 읽을 수 있었다.[10]

• 교육

캐리는 어린이와 여성을 위해 수십 개의 학교를 세웠다. 앞서 언급한 세람포르 대학은 아시아 최초로 현지어로 인문학을 가르친 대학이다.[11] 그는 학자들을 위해 최초의 산스크리트 어 사전을 편찬했고, 인도 최초의 대출도서관을 세웠다.

• 문화(예술)

지칠 줄 모르는 선교사 캐리는 인도의 예술 발달에도 기여를 했다. 그는 위대한 인도 고전문학을 번역하고 출간하여 문학을 진흥시켰다. 그리고 사람들이 '귀신과 여자에게나 어울리는 언어'라고 여기던 벵골 어를 인도에서 가장 중요한 문학 언어로 격상시켰다. 그는 곡조가 들어간 낭송을 좋아하는 인도인의 기호를 고려하여 벵골 어 노래로 복음을 전했다.[12]

• 대중매체

캐리는 인도에 대중매체를 소개했고, 최초의 인쇄소를 설립해 인쇄술과 제지술을 가르쳤다. 그는 아시아 언어로 된 신문을 최초로 발간했다. 그는 "기독교는 어떤 철학이나 종교보다 더 자유로운 토론을 추구한다"고 생각했다. 그가 발간한 영어 신문은 19세기 초 인도에 개혁의 바람을 일으켰다.[13]

• 경제

캐리는 저축은행의 개념을 도입하고, 합리적인 이율 정립과 외국인의 투자 촉진을 위해 노력했다. 그러나 그가 인도 경제를 위해 한 일은 이것이 전부가 아니었다.

기술 영역에서, 그는 인도에 증기기관을 소개했다. 의학 영역에서는 나병환자에 대한 인도적 대우를 위해 노력했고, 개인을 존중하는 성경 원칙을 실천했다.[14] 과학 영역에서, 그는 농업원예학회를 세우고 농업을 체계적으로 조사했으며[15] 현대 천문학을 들여와 사람들을 점성술에서 해방시켜 주었다.[16] 또한 인도 최초로 과학과 자연사에 관한 책을 출판하기도 했다.[17]

물질 세계는 환상이기 때문에 부정해야 한다는 힌두교의 가르침과는 달리, 성경은 하나님이 세상을 보고 기뻐하셨다고 말한다(창 1장; 딤전 4:4). 캐리는 "주께서 지으신 모든 것들이 주께 감사한다"는 사실을 기억했다(시 145:10). 하나님은 인간이 자연을 다스릴 권위가 있다고 말씀하셨기 때문에(창 1:28) 캐리는 정부가 산림보존정책을 실행하기 50년 전에 이미 그 정책을 지지하는 글을 발표했다.[18]

• 정부

캐리는 거대한 장애물인 정부의 영역에서도 대단한 성공을 거두었다. 사실 그가 선교사로 인도에 간 것은 불법 행위였다. 영국 동인도회사는 국왕과 결탁해 인도에서의 모든 선교활동을 불법으로 규정했기 때문이다.

인도의 개혁이 영국 식민정부의 주도로 이루어졌다고 생각하는 사람들도 있지만, 이는 사실과 다르다. 영국은 1600년대부터 인도에 진출했으나 인도 사회를 개혁하는 데 실패했다.[19] 영국 정부는 인도인들을 더 쉽게 다루려면 인도의 전통 종교를 유지해야 한다고 믿었다. 캐리와 그의 동역자들이 도착하기까지, 영국 정부는 인도인들을 착취하기만 했을 뿐 그들을 돕지 않았다.[20]

그러나 그리스도인들이 인도 사회를 바꾸었다. 국회의원 윌리엄 윌버포스를 비롯한 영국의 그리스도인들은 캐리와 힘을 합해 인도를 도왔다. 마침내 그들은 영국인의 양심에 호소하여 식민지에서 더 '호의적인 정책'을 채택하고 개혁하도록 했다.[21]

## 아직 남아 있는 한 가지 숙제

캐리가 평생 싸웠던 거대한 전쟁은 아직 끝나지 않았다. 카스트 제도는 여전히 존재하고, 수억 명의 사람들을 탈출구 없는 가난 속에 가둬 두고 있다.

세계 지도자들은 인도의 빠른 경제 성장을 긍정적으로 평가하고 있다. 현재 인도는 민간 경제가 살아나고 있고, 새로운 건물이 세워지고 있으며, 새로운 사업이 생겨나고, 중산층이 증가했다. 그러나 그들은 1억 6천만 명의 인도인들이 경제 활동에 전혀 참여할 수 없다는 사실에 대해서는 깨닫지 못하는 것 같다.

불가촉천민으로 불리는 달리트는 전체 인구의 17%를 차지하고 있다.[22] 불가촉천민이라는 말은 카스트의 다른 계급에 속한 사람이 그들을 만지면 정결의식을 치러야 하기 때문에 생긴 명칭이다. 힌두교 관습에 따르면 달리트 아이들은 학교에 가서도 안 된다. 카스트 제도 때문에 그들은 공중화장실 청소 같은 일밖에 못한다. 그들은 끔찍한 빈민촌이나 도시의 도로변에서 굶어 죽지 않기만을 바라며, 짧고 비참한 인생을 살아간다.[23] 인도의 새로운 경제 성장에 참여하는 사람들은 거리에 사는 달리트를 피해 서둘러 출근한다.

그러나 나는 커다란 변화가 일어나는 것을 보면서 용기를 얻는다. 인도 교회는 세계에서 가장 빠르게 성장하고 있다. 매일 수천 명의 인도인들이 예수님을 영접한다. 인도 교회 성장에 관해 연구하는 J. N. 마노카란 박사가 조사한 바에 따르면, 인도에는 6천만 명의 그리스도인들이 있고, 40만 개의 교회와 가정 교회가 존재한다. 30만 명의 목사, 선교사, 전도자들이 풍성한 열매를 맺고 있고, 인도를 제자화하기 위해 노력하고 있다.

돈 선교회(Dawn Ministries)의 조슈아 필라이는 인도인 목사들이 매해 5만 개의 교회를 개척한다고 보고한다. 매일 41개의 교회가 탄생하는 셈이다![24] 수만 명의 인도 선교사들은 인도의 다른 문화 안으로 들어갈 뿐 아니라 국경 너머 해외로까지 나간다.[25] 국내 선교사까지 포함하면 인도가 세계에서 두 번째로 선교사를 많이 보내는 나라라고 말하는 사람들도 있다.

캐리는 인도에 튼튼한 기초를 세워 놓았다. 그러나 이 거대한 나라 곳곳에서, 수억 명의 사람들이 여전히 생각을 바꾸지 않고 있다. 그들은 과거의 방식에 집착하고 있다. 인도에는 윌리엄 캐리가 시작한 일을 이어 나갈 수 있는 '나라를 세우는 자'가 더 많이 필요하다.

# 07

# 당신이 만나야 할 사람 –아브라함 카이퍼

## 나라를 세운 또 한 사람

나라를 세운 또 다른 인물 아브라함 카이퍼(Abraham Kuyper)에 대해서 아는 사람은 많지 않다. 이 장에서는 목사 출신으로 후에 네덜란드 수상이 된 사람을 소개하고 싶다. 우리는 그의 삶을 통해 어떻게 다원주의 사회에서 충성스럽게 그리스도를 전할 수 있는지 배울 수 있다. 19세기 중반 유럽으로 돌아가서, 이 놀라운 인물을 만나 보자.[1]

당시 유럽은 대학살을 몰고 온 프랑스 대혁명과 나폴레옹 전쟁의 거대한 소용돌이를 막 지나가고 있었다. 그 어지러운 시기에 두 개의 사상이 등장했으니, 곧 마르크스의 사회주의와 낭만주의 시대의 자유주의 신학이었다. 유럽의 주요 대학은 인간이 스스로 진리를 찾을 수 있고 하나님 없이 문제를 해결할 수 있다고 믿는 합리주의와 인본주의에 빠져 들었다. 합리주의와 인본주의는 신학교에도 만연했다. 아브라함 카이퍼가 목회자가 되기로 결심했을 때, 그는 예수는 인간일 뿐이고 성경은 신화의 모음집일 뿐이라고 가르치는 네덜란드 신학교에 갈 수밖에 없었다.

## 목사 카이퍼, 평신도의 신앙을 부러워하다

카이퍼는 신학 공부를 마치고 처음으로 교회에서 사역할 때, 인격적이고 살아 계신 하나님에 대한 믿음이 거의 없었다. 그는 평범한 성도들의 신앙이 부러웠다. 결국 그는 같은 교회 교인의 전도로 그리스도를 구주로 영접했다.

카이퍼는 그의 지성과 초인적인 체력을 발휘해서 교회가 성경의 기초로 돌아가야 한다고 주장하기 시작했다. 그는 1867년에 위트레흐트에 있는 큰 교회의 목사직을 맡았다. 그는 교회에서 전임사역자로 일하면서 신문에 정치, 종교 칼럼을 썼다. 결국 그는 주간지와 일간지의 편집장으로 40년간 일했다. 그는 교육자이자 학급 교사였고, 정치활동가였으며, 국회의원이었고, 나중에는 네덜란드의 수상이 되었다. 그는 수상직을 제외한 모든 활동을 수십 년간 계속했다.

## 주님은 모든 영역의 주인이시다

카이퍼는 국회의원에 당선된 지 1년 후인 1875년에 완전히 지쳐 버렸다. 그는 건강을 회복하기 위해 스위스로 가서 2년간 요양했다. 그는 스위스에 머무는 동안 성경을 연구했고, 그때 하나님은 그에게 매우 중요한 깨달음을 주셨다. 하나님이 나와 빌 브라이트 박사에게 말씀하시기 정확히 100년 전에, 아브라함 카이퍼에게도 같은 말씀을 주신 것이다. 브라이트 박사가 1975년에 아브라함 카이퍼에 대해 알고 있었는지는 모르지만, 나는 당시 카이퍼에 대해 알지 못했다.

카이퍼는 '영역 주권'(The Sphere of Sovereignty)이라는 개념을 도입했다. 그 개념은 그리스도인이 어떻게 예수님의 주권을 유럽 현대

국가의 모든 영역으로 가져올 수 있는지를 보여 주었다.

카이퍼는 존 칼뱅의 사상을 연구하면서 하나님은 '종교'의 범주에 갇혀 주일에만 활동하시는 분이 아니라는 사실을 깨달았다. 하나님은, 우리가 주일마다 "나라가 임하시고 뜻이 하늘에서 이룬 것같이 땅에서도 이루어지이다"라고 기도하듯이, 삶의 모든 영역에서 하나님이 되신다. 예레미야 27장 5절은 하나님은 땅과 그에 속한 모든 것을 창조하셨으며, 그분이 원하는 자에게 땅을 주신다고 말한다. 이처럼 하나님은 모든 영역의 주인이시다.

### 교회가 사회를 다스리면 안 된다

카이퍼는 칼뱅의 영향을 받아 사회 전체가 하나님께 속해 있지만, 교회라는 기관이 다른 영역을 다스려서는 안 된다고 주장했다. 카이퍼는 신정 통치(개인이나 기관이 신의 이름으로 국가를 다스리는 정치 형태-역자 주)는 옳지 못하다고 믿었다. 하나님은 인간의 자유의지를 존중하시고, 권력의 분립을 존중하시기 때문이다. 따라서 신앙을 강요해서는 안 된다.

그러나 인본주의 사회주의자들처럼 정부가 사회를 지배해서도 안 된다. 또 극단적인 자유방임주의자나 무정부주의자의 주장처럼 개인이 원하는 대로만 살게 해서도 안 된다. 사회는 인간의 죄성을 극복하고 사랑과 온전함에 이르기 위해 그리스도의 가르침을 따라야 한다.

카이퍼는 각 '영역'이 제한된 권위를 지닌 채 서로 협력하는 것이 하나님의 계획임을 이해했다(이것은 고대 이스라엘에서 제사장, 선지자, 왕의 관계, 그리고 현대 국가의 입법부, 사법부, 행정부의 관계와 같다). 카이퍼는 사회를 다섯 가지 영역으로 나누었다.

- 개인 영역 - 개인은 하나님께 책임을 진다.
- 가정 영역 - 부모는 자녀의 교육과 훈련에 일차적인 책임이 있다.
- 교회 영역 - 교회의 업무와 치리를 감독하고 지도한다.
- 정부 영역 - 타락한 인간의 영향력을 제한하기 위해 '칼'을 차도록 하나님이 명령하신다.
- 사회 영역 - 동아리, 사업, 모임, 조직 등 자발적으로 생겨난 단체를 말한다.[2]

### 각 영역은 다른 영역을 침범할 수 없다

카이퍼는 사회의 모든 영역이 하나님 말씀에서 나온 원칙에 기초해야 한다고 주장했다. 예수님은 모든 영역의 주인이시며, 각 영역은 하나님 앞에서 책임을 진다. 어떤 영역도 하나님이 주신 권위의 영역을 넘어서서 다른 영역을 침범하면 안 된다. 개인은 자신이 일하는 영역에서 하나님의 영향력을 행사하고 하나님 말씀을 실천해야 한다.

카이퍼는 사회의 각 영역들이 서로 관계가 있지만 동시에 각 영역의 권위는 제한적이라는 것을 이해했다. 교회가 정부를 침범할 때, 그것은 종교적인 독재가 된다. 교회가 가정 영역을 침범할 때, 그것은 사이비 종교가 된다. 우리는 하나님이 정하신 영역별로 권력을 나누고 사회 질서를 유지하며, 동시에 개인이 자유를 누리도록 해야 한다.

### 네덜란드 사회의 기초가 세워지다

요양을 마친 후, 카이퍼는 네덜란드로 돌아와 전보다 더 활발하게 활동했다. 그는 언론, 정치, 학교, 교회, 가정에 복음의 영향을 미치기 위해 노력했다. 그는 주간지와 일간지 편집자로 복귀했고, 사람들이 성경의 진리를 삶의 모든 영역에 적용하도록 가르쳤다. 그는 정당을 재조직했고, 점차 증가하는 하위 중산층 시민들이 성경의 가르침에 따라 개혁을 진행하도록 활기를 불어넣었다. 그들은 '학교 선택의 자유'를 위해 싸웠는데, 이것은 부모가 선택한 세계관에 따라 자녀들을 공립학교(성경을 가르치는 학교도 여기 포함된다)에 보낼 권리를 얻기 위한 싸움이었다. 이런 흐름은 오늘날까지 이어져 네덜란드에는 다양한 세계관을 반영하는 신문, 노조, 정당, 방송국이 있다.

1880년, 카이퍼는 암스테르담에 기독교학문교육협회라는 대학을 세우고 초대 총장으로 취임했다. 그 대학은 예수 그리스도의 주권에 기초한 대학으로, 학생들이 마음뿐 아니라 머리로도 예수님을 사랑하고 그분의 진리를 나라의 모든 영역에 전하도록 교육했다. 그리고 네 명의 교수와 다섯 명의 학생으로 시작해서 오늘날 자유 대학이라 불리며 세계에서 가장 큰 규모의 대학이 되었다. 많은 네덜란드의 지도자들이 이 대학에서 공부했거나 가르쳤으며, 수많은 역사적 변화를 거치면서도 여전히 신앙을 기초로 하는 대학으로 인정받고 있다. 그리고 기독교의 기준과 가치관, 특히 그리스도인들의 사회 참여를 강조하고 있다.[3]

### 미래를 위해 일하다

카이퍼는 1894년에 새로운 열정으로 의회에 돌아가 활발하게 활동했다. 1901년에 네덜란드 여왕은 카이퍼에게 수상직을 맡아 달라고 요청했다. 그는 취임 연설에서 나라를 기독교 원리에 따라 세울 것을 분명히 밝혔다. 그는 정치인으로 활동하면서 사회를 개혁했고, 가난한

자와 소외된 자, 노동자의 권리를 보호했다. 그는 남아프리카에서 서로 전쟁 중이던 영국인과 보어 인 사이에서 중재를 맡아 평화를 이루어 냈고, 그 결과 세계적으로 그 영향력을 키워 나갔다. 영국의 웨슬리나 인도의 캐리처럼, 아브라함 카이퍼도 미래를 위해 일했다. 그는 자신의 열정과 지혜만으로는 나라 전체를 개혁할 수 없다는 것을 잘 알았다. 그는 한 신문 칼럼에 이렇게 썼다.

> 우리는 먼 미래를 위해 일한다. 우리는 눈에 보이는 승리의 순간을 목표로 하지 않고, 우리 대의가 궁극적으로 승리하기를 바란다. 중요한 것은 우리가 지금 어떤 영향력을 행사하느냐가 아니라, 반세기가 지난 후 어떤 권력을 행사할 수 있느냐이다. 그리고 미래에 몇 명의 젊은이가 우리의 대의를 위해 일어설 것인지가 중요하다.[4]

#### 단기적인 사고는 장기적인 실패를 낳는다

물론 모든 사람이 다음 세대를 생각하는 것은 아니다. 성경에는 히스기야 왕에 대한 이야기가 나온다. 그는 좋은 왕이었고, 뛰어난 통치자였다. 그러나 그는 하나님 앞에서 큰 잘못을 저질렀다. 선지자는 그에게 이렇게 말했다. "당신의 세대는 안전하겠지만 당신의 자녀 세대는 당신과 당신 백성이 저지른 잘못의 대가를 치를 것이다"(왕하 20:12-19).

히스기야는 선지자의 말을 듣고 자신이 하나님의 심판을 받지 않아도 된다는 사실 때문에 기뻐했다. 그러나 그는 마땅히 다음 세대의 고통을 생각하며 울어야 했다!

우리 시대에도 많은 사람들이 근시안적으로 지금 누릴 수 있는 것만 생각한다. 그들은 "나는 지금 무엇을 얻을 수 있나?"에 대해서만 생각한다. 우리는 웨슬리, 캐리, 카이퍼처럼 다음 3-4세대를 생각해야 한다. 우리의 자녀의 자녀까지 복을 누릴 수 있도록, 미래를 위해 살아야 한다는 말이다. 논란을 일으키고 싶지는 않지만, 나는 말세에 대한 예언에 지나치게 집착하는 것 역시 근시안적인 태도를 낳는다고 믿는다.

몇 년 전 나는 비행기에서 세계적인 환경운동 지도자를 만나 대화를 나눈 적이 있다. 나는 그에게 공해방지운동이 잘 진행되고 있는지 물었다. 그는 이렇게 대답했다. "복음주의 기독교인들을 제외한 거의 모든 사람들을 설득했습니다."

복음주의자들은 예수님이 언제라도 오실 수 있기 때문에 공해를 없애고 깨끗한 환경을 만드는 데 관심이 없다는 것이다. "우리가 그들을 설득할 수만 있다면 상황을 바꿀 수 있을 텐데, 안타까운 일이죠."

나는 그의 말에 공감했다. 어떤 그리스도인들은 현재에만 집중한다. 그들은 미래에 대한 계획을 세우는 것이 예수님의 재림에 대한 믿음이 없는 증거라고 생각한다. "예수님은 우리 세대에 재림하실 것이고, 따라서 더 이상의 세대는 없다"라고 말한 세대도 있다. 그들은 예수님이 재림하시기 전에 사람들을 회심시키는 데만 초점을 맞췄다. 그들은 정치, 예술, 교육 등 영향력 있는 영역을 포기했고, 그 중요한 영역에서 활동하는 그리스도인은 매우 적었다. 자녀에게 미래의 지도자가 되라고 가르치기보다는 세상에 너무 깊게 관여하지 말라고 가르쳤다.

### 세상에서 도피한 그리스도인

나는 최근에 세상에서 도피한 그리스도인들에 대한 극단적인 이야기를 들었다. 풀러 신학교에서 신학과 문화를 가르치는 윌리엄 더네스 박사는 1930년대에 '20세기 폭스' 사에서 일했던 한 프로듀서에 대해 이야기했다. 그 프로듀서는 여러 기독교 대학에 편지를 보내 건전하고 아름다운 시나리오를 쓸 수 있는 졸업생들을 할리우드로 보내달라고 요청했다고 한다. 그리스도인들이 그 황금 같은 기회를 잘 활용했는가? 아니다. 어느 대학 총장은 답장에 "졸업생을 할리우드로 보내느니 차라리 지옥으로 보내겠다"라고 썼다고 한다.[5]

우리는 사회의 중요 영역에서 지도력을 발휘해야 한다. 우리는 예언과 말세에 관한 믿음 때문에 모든 나라의 제자화를 게을리해서는 안 된다. 예수님은 우리에게 그분이 돌아오실 때까지 장사하라고 명령하셨다(눅 19:13). 수동적으로 살지 말고 능동적으로 살라고 말씀하신 것이다. 예수님은 이 땅에 돌아오실 때, 우리가 사회의 모든 영역을 그분의 주권 아래 복종시키기 위해 열심히 활동하는 모습을 보기 원하신다.

# 08

# 성경을 들고 스키를 타다
# –한스 닐센 헤우게

**가장 가난한 나라에서 가장 부요한 나라로**

농장에서 평범하게 자란 한 사람이 노르웨이라는 나라를 세우는 위대한 일을 했다. 많은 사람들이 노르웨이는 북해 유전 때문에 부유해졌다고 생각한다. 그러나 노르웨이의 발전 과정은 그렇게 단순하지 않다. 산유국이지만 가난한 나라도 많다. 특히 독재자가 국민에게 자유를 주지 않고 억압하는 나라는 더욱 그렇다. 그러나 노르웨이는 그런 나라가 아니다. 이 나라는 국민성 때문에 축복을 받고 있다. 그리고 그 국민성은 19세기에 하나님 말씀을 가르친 한 사람에게서 시작됐다.

나는 1995년에 노르웨이에서 국왕 하랄 5세를 만났다. 십대 때부터 내 설교를 들어 왔다는 왕실 의전 비서가 만남을 주선해 주었다. 그는 내가 쓴 책을 전부 읽었고 국왕에게 그 책들을 전해 주었다. 나는 노르웨이 YWAM의 책임자 알브 망누스와 함께 왕실에 찾아갔다. 국왕을 만나러 들어가기 전에 나는 의전 비서에게 우리가 국왕과 이야기할 수 있는 시간이 얼마나 되는지 물었다. 그는 “아, 끝날 시간이 되면 폐하께서 알려 주실 것입니다"라고만 대답했다.

큰 문이 열리면서 고급 목재와 금빛 액자로 장식된 넓은 회의실이 드러났다. 창밖으로는 넓고 경사진 뜰이 보였고, 정문 밖 멀리 오슬로 시가 보였다. 국왕은 우리를 따뜻하게 맞이해 주었고, 자신의 양쪽 옆에 앉도록 했다. 나는 이 기회를 최대한 활용하기 위해 어떤 말을 할지 미리 생각해 갔다. 나는 간략한 소개를 마친 후, 이렇게 말했다. "폐하, 폐하의 할아버지가 어렸을 때 노르웨이는 유럽에서 가장 가난한 나라였습니다."

국왕은 이 말에 동의했다. 노르웨이는 가난했을 뿐 아니라 교육 수준이 가장 낮았고, 국민은 거의 자유를 누리지 못했다.

"하지만 지금 노르웨이는 1인당 국민 소득이 세계에서 가장 높은 국가입니다. 노르웨이의 훌륭한 교육 체계로 인해 문맹률은 0%이고 국민은 많은 자유를 누리고 있습니다. 노르웨이가 이렇게 빨리 성장한 것에 대해 어떻게 설명하시겠습니까?"

하랄 국왕은 내 팔에 손을 대며 말했다. "로렌, 사실 잘 모르겠습니다. 나는 각국 대사들에게 늘 이런 질문을 받는데, 늘 '모르겠다'고 대답할 뿐입니다."

나는 국왕에게 제안했다. "그렇다면 노르웨이를 바꾼 사람에 대해 들어 보시겠습니까?"

이 이야기는 200년 이상 거슬러 올라가, 노르웨이 밖에서는 거의 알려지지 않은 한스 닐센 헤우게(Hans Nielsen Hauge)라는 젊은이로부터 시작된다. 노르웨이 사람들은 대부분 그를 전설 속 영웅으로만 알고 있고, 하랄 국왕도 그랬다. 그러나 그의 삶이 노르웨이에 미친 영향력은 대단하다. 나와 함께 국왕을 방문한 알브 망누스는 헤우게에 대한 논문을 썼다. 알브와 나는 국왕에게 어떻게 한 명의 젊은이가 나라 전체에 그렇게 큰 영향을 미쳤는지를 설명했다.[1]

우리는 한참이나 이야기를 나눴다. 떠날 시간이 되었다는 말을 듣고 밖으로 나왔을 때, 대기실에는 왕을 만나기 위해 기다리고 있던 대사들과 관료들이 꽤 많았다. 국왕은 그 이야기가 너무도 흥미로워서 대사들을 기다리게 했던 것이다.

### 먹을 것조차 부족했던 나라

헤우게는 농부의 아들이었고, 성경을 늘 가까이하는 가정에서 자랐다. 그는 영적으로 민감했고, 자신이 구원을 얻을 만큼 선하지 않다고 느꼈다. 헤우게는 손으로 무언가 만드는 일을 잘했고, 젊을 때부터 하는 일마다 성공을 거두었다. 하지만 그는 자신이 하나님보다 세상을 더 사랑하는 것 같아 늘 마음이 아팠다.

헤우게는 25세 때 삶의 큰 전기를 맞았다. 1796년 4월 5일, 그는 들판을 걸으며 찬양하던 중 갑자기 새로운 깨달음을 얻는 경험을 했다. 그는 즉시 하나님이 자신을 받아들이셨고, 자신의 죄가 용서받았다는 것을 깨달았다. 그리고 자신이 노르웨이 전역에서 하나님 말씀을 전해야 한다고 느꼈다.[2]

헤우게가 사역을 시작할 당시, 노르웨이는 먹을 것조차 부족한 나라였다. 일부 부유한 상인과 지주를 제외하면 국민 대부분이 가난한 농부였다. YWAM 유럽 책임자 제프 파운틴 말에 따르면, 그들은 기근이 심할 때는 나무껍질로 빵을 만들어 먹었다고 한다. 길가에서 굶어 죽은 사람의 시체를 발견하는 일은 흔했다.[3] 학교는 부족했고 대학은 아예 없었다. 교육이 이러니 나라의 미래도 당연히 밝지 않았다. 수백 년간 이웃 나라의 지배를 받은 노르웨이에는 어촌과 자급 농장밖에 없었다. 국민의 자유도 보장되지 않았다. 국민은 정부의 허락 없이 공개적으로 모이거나 다른 지역으로 여행을 할 수도 없었다.

### 헤우게, 위험한 존재가 되다

헤우게는 정부의 규제를 무시했다. 그는 걷거나 스키를 타고 나라 곳곳을 방문하면서 자신이 발견한 믿음의 능력을 나누었다. 그가 사방으로 돌아다니며 전한 말씀이 너무도 파격적이어서 교회는 충격을 받았다. 당시 교회는 합리주의로 인해 무기력에 빠진 상태였다. 그러나 하나님은 헤우게를 통해 그분의 백성들에게 다가가셨고, 수많은 노르웨이 사람들의 마음을 움직여 그들을 구원하셨다.

정부는 헤우게가 교구 목사의 감독 없이 종교 모임을 이끌었다는 이유로 그를 감옥에 가뒀다. 그는 자신을 비난하는 사람들에게 자신은 성경의 가르침대로 성도들이 서로 덕을 세우는 모임을 인도했을 뿐이라고 대답했다. 1796년에서 1804년 사이에 헤우게는 마을 곳곳을 방문하면서 성경책을 보급했고, 나라 전체에 하나님 말씀의 씨앗을 심어 놓았다.

가난한 노르웨이에 흥분과 새 소망이 생겨났다. 헤우게가 국민이 80만 명밖에 안 되는 노르웨이의 국교회 안에서 천 개가 넘는 가정 모임을 시작하는 데는 30년이 채 안 걸렸다.[4] 성도들은 가정에 모여 기도하고 성경 공부를 하면서 하나님과 서로에게 더욱 가까워졌다. 조지프 쇼가 「야외 강단」(*Pulpit Unter the Sky*)에서 말했듯이, "하나님은 그들을 새로운 사람으로 만드셨고, 그들의 마을을 새로운 장소로 바꾸셨다."[5]

헤우게의 사역과 그에 따른 부흥 때문에 정부 관리, 성직자, 지배 계층은 불안감을 느꼈다. 그들은 헤우게의 설교가 마음에 들지 않았다. 농부가 설교를 한다는 사실 자체가 혁명적이었고, 그들로서는 받아들이기 힘들었다. 특히 그가 농부들에게 '일터'를 떠나 자신과 같이 살도록 격려한다는 사실은 그들에게 매우 위험해 보였다.

### 정직한 부의 창출을 독려하다

헤우게는 감옥에 갇혀 있을 때나 나왔을 때나 늘 하나님을 섬기고 나라를 제자화했다. 그는 더 많은 사람들에게 복음을 전하고자 책을 썼다. 그는 신앙에 관한 책뿐 아니라 자녀 교육, 정직한 사업을 통한 부의 창출 등 하나님 말씀에서 발견한 다양한 주제에 대해 책을 썼다.

헤우게는 하나님 말씀을 연구하면서 세상에 대한 현실적인 해답을 얻었다. 그는 인류가 직면한 모든 문제를 해결할 수 있는 원칙이 성경에 있다는 사실을 발견했다. 그는 하나님 말씀이 "우리가 이 세상에서 가진 모든 것보다 더 귀중하고 거룩한 보물"이라고 가르쳤다.[6]

헤우게는 우리가 가진 모든 것은 하나님에게서 왔다고 말했다. 그리고 하나님은 우리가 하나님께 받은 것들을 잘 지키는 청지기가 되기를 원하신다고 했다(마 25:14-30; 눅 19:12-26; 고전 10:31; 골 3:17, 23). 그는 사람들에게 인간은 창조주의 형상을 따라 창조되었고, 따라서 정직하게 일해 부를 창출해야 한다고 가르쳤다. 또한 가난한 사람들이 경제적으로 자립할 수 있도록 도움을 주었고, 자신을 따르는 사람들에게 노르웨이에 경건한 영향을 미치도록 촉구했다.[7]

헤우게는 성경을 가르치는 데서 멈추지 않고 많은 사업을 시작했다. 그는 제지공장, 쇄광공장(광석을 부수는 공장-역자 주), 비료공장, 제분

소, 제혁공장, 주물공장을 세웠다. 그리고 성도들이 영향력을 미칠 수 있는 지역으로 가서 그들이 직업을 얻도록 도왔다.

설교자이자 사업가였던 헤우게는 국가 경제 전체를 개선했다.

### 헤우게의 책을 읽기 위해 글을 배우다

헤우게는 복음을 전하고 그리스도인들을 가르치는 데 인쇄술이 유용할 것이라고 생각했다. 그래서 그는 인쇄 기술과 제본 기술을 배웠다. 그는 다양한 종류의 책을 쓰고 펴냈는데, 평생 서른세 권의 책을 완성했다. 그의 책이 인기를 끌자 그 책을 읽기 위해 글을 배우는 사람들이 늘어났다.[8] 헤우게는 사역을 시작한 지 8년 만에 가장 많은 책을 펴내는 출판업자가 되었다. 그가 출판한 20만 권 이상의 책은 노르웨이 곳곳으로 퍼졌다. 당시 노르웨이 인구가 80만 명밖에 안 된다는 사실을 생각할 때, 이는 실로 놀라운 숫자다.[9]

### 농부들이 지도자로 세워지다

부흥은 노르웨이를 바꿔 놓았다. 그러나 조지프 쇼가 말했듯이, "그들은 그 사실을 잘 깨닫지 못했다. … 헤우게를 비롯한 순박한 평신도 설교자들은 자신들의 행동에 어떤 의미가 있는지도 알지 못한 채 사회 전체에 도전하고 있었다."[10]

헤우게는 농부들 중에서 설교자를 모집했는데, 그 설교자들을 통해 사회개혁운동이 빠르게 퍼졌다. 그들은 서로 가르치고 격려하면서 의사전달 기술을 개발했고, 지도자로서의 재능을 키웠다. 자기 마을 안에서만 살아 온 농부들은 같은 운동을 하는 다른 지역의 사람들과도

관계를 맺었다. 그리고 그들간에 참된 민족의식이 싹텄다.[11] 농부들은 도시로 이주해 수공업자가 되었다. 그들 중에는 돈을 모아 직물공장, 인쇄소, 제지공장 같은 새로운 사업을 시작한 사람들도 있었다. 그들은 서로 편지를 주고받으면서 진보한 영농법 같은 새로운 지식과 기술을 배워 나갔다.[12]

그들은 정부에도 영향을 미치기 시작했다. 그들은 성경에서 말하는 나라의 모습에 대해 깨닫기 시작했고, 직접 정부조직에 참여하기를 원했다. 결국 헤우게는 그동안 모임에서 익힌 지도력을 활용해 국회의원에 당선되었다. 노르웨이의 성도들은 삶을 통해 그리스도의 성품을 드러냈고 가정, 직업 등 사회 각 영역에 영향을 미쳤다. 그들은 사회를 제자화했고, 노르웨이는 점차 변하기 시작했다.

### 감옥에서 가장 힘든 시기를 보내다

사회 지도계층은 변화에 위협을 느꼈다. 1804년에 정부는 헤우게가 허가 없이 설교했다는 이유로 다시 그를 감옥에 가뒀다. 결국 헤우게는 10년간 감옥 생활을 했다. 그는 정치적 위협을 가할 뜻이 없었다. 단지 모든 영역에서 성경의 진리에 기초한 나라를 세우고 싶었던 것이다. 하지만 정부는 그를 위험 인물로 보았다.

정부는 그의 몸을 쇠사슬로 매어 두었지만, 그가 시작한 변화는 매어 둘 수 없었다. 그가 감옥에 있을 때도 노르웨이 전역에는 변화가 계속되었다.[13]

헤우게는 오랜 감옥 생활로 인해 건강이 나빠졌고, 심리적으로도 지쳤다. 그는 모두가 자신을 잊었다고 생각했다. 흥미롭게도, 정부는 장기간 독방에서 투옥 중이던 헤우게를 풀어 준 적이 있다. 해안에 소금정제공장을 짓는 데 그의 전문 지식이 필요했기 때문이다. 당시에는 나폴레옹 전쟁 때문에 소금을 수입할 수 없었고, 소금은 노르웨이에서 음식을 보존하는 데 없어서는 안 되는 것이었다. 1809년 헤우게는 소금 문제를 해결하는 동안 감옥 밖에서 생활할 수 있었다. 그러나 소금정제공장을 건설한 후에는 다시 감옥으로 돌아갔다.[14]

1814년 12월, 헤우게는 자유를 얻었다. 그러나 그는 오랜 감옥 생활로 건강이 극도로 나빠졌다. 그는 말년을 농장에서 보내면서 강의와 글쓰기에 전념했다. '하나님이 노르웨이에 보내신 선물'이라 불리던 그는 끝까지 조국을 제자화하기 위해 일하다가 53세에 숨졌다. 그는 평생 만 마일 이상을 걷거나 스키를 타고 돌아다니면서 성경책과 그가 쓴 책들을 사람들에게 전했다.[15]

### 유산을 남기다

헤우게는 노르웨이에 부와 자유의 기초를 세워 놓았다. 한 나라가 한 사람에 의해 변하기 시작한 것이다. 조지프 쇼가 말한 것처럼, 헤우게의 성경적 가르침과 활동은 "수 세기에 걸쳐 지배 계층이 경제적 독점을 통하여 국민을 억압하던 체계에 대한 최초의 도전이었다."[16] 헤우게에게 복음을 듣고 회심한 사람들 중 몇 명은 노르웨이의 독립을 위해 활동했다. 그들은 1814년 에이드스볼에서 노르웨이의 새 헌법을 제정하는 과정에 참여했으며, 노르웨이를 세계에서 가장 자유로운 나라로 바꿔 놓았다. 성경적 기초 위에서 이룩한 위대한 업적이었다.[17] 헤우게의 유산은 노르웨이의 많은 선교사들을 통해 다른 나라에까지 흘러갔다. 지금도 노르웨이는 선교사를 많이 보내는 나라 중 하나다.

헤우게는 노르웨이의 변화를 보지 못하고 죽었다. 그러나 그는 그 변화의 과정을 시작했다. 우리가 나라를 바꾸기 위해 일한다고 해도, 우리 시대에 그 일이 완성되지 않을 수 있다. 그러나 성경은 우리가 올바른 선택을 한다면, 그 결과는 다음 세대까지 이른다고 말한다. 때로 축복은 천 대까지 미치기도 한다(출 20:6). 우리는 지금 눈앞에 보이는 결과에 만족해서는 안 된다. 우리는 헤우게처럼 우리의 자녀, 손자, 그리고 그 이후의 세대에까지 영향을 미칠 수 있는 복음의 씨앗을 뿌려야 한다.

# 09

# 영적 지형이 바뀌다 –한국

## 세종대왕에서 시작되는 이야기

한국은 20세기에 역사상 가장 놀랍고 기적적인 변화를 경험했다. 그러나 나는 1443년 세종대왕 시대부터 변화의 이야기를 시작하고자 한다.

세종대왕은 백성들이 가난한 것은 그들이 무지하기 때문이라고 생각했다. 당시 한국인들은 한자를 쓰고 있었는데, 수천 자 이상 외어야 글자를 읽고 쓸 수 있었다. 그래서 가난한 사람들은 글을 읽을 수가 없었고, 오직 양반들만 교육이라는 사치를 누렸다. 그래서 세종대왕은 몇몇 학자들과 함께 '한글'이라는 쉽고 새로운 문자를 발명했다. 그는 자신이 만든 문자를 훈민정음, 즉 '백성을 가르치는 올바른 소리'라고 불렀다.[1]

그러나 그의 노력은 곧 어려움에 부딪혔다. 궁궐의 서기관들은 그 쉬운 문자가 자신들의 삶을 위협할 것이라고 느꼈다. 그래서 그들은 한글이 한자에 비해 배우기가 쉽다면서 무시했고, 한글이 여자와 어린아이에게나 맞는 문자라고 비웃었다. 결국 그들은 한글로 펴낸 책을 대부분 불태웠다.

근대에 이르기까지, 대부분의 학자와 양반은 어려운 한자를 썼다. 그들에게 한글은 낮은 계층을 위한 문자일 뿐이었다. 그러나 한글은 복음이 전해질 때까지 수 세기 동안 무시를 이겨 내고 살아남았다.

### 순교자의 피가 뿌려지다

한국은 하나님의 책을 가져온 외국인들을 배척했다. 1784년에 최초의 가톨릭 선교사들이 한국에 도착했지만, 그들은 무관심과 핍박 속에서 결국 순교했다. 1866년에는 만 명의 가톨릭 신자들이 학살되었다.[2]

1866년, 개신교 선교사 로버트 토머스는 한국 땅에 복음을 전하려다가 순교했다. 그는 순교하기 직전에, 구경하던 사람들에게 성경책 몇 권을 던졌다.[3]

### 한글 성경이 탄생하다

중국에서 그리스도를 영접한 한국인들은 성경책을 들고 고국에 돌아왔다. 그 중 한 명이 서상윤이라는 사람인데, 그는 만주에서 만난 스코틀랜드 선교사들을 통해 복음을 접했다. 그는 신약을 세종대왕이 400년 전에 만든 한글로 옮기는 일을 도왔고, 한글로 번역된 복음서를 들고 고국에 돌아왔다.[4] 19세기 후반, 개신교 선교사들은 한국에 와서 하나님 말씀을 전했고 학교, 병원, 대학 등을 세우기 시작했다. 그들이 뿌린 말씀의 씨앗은 전국으로 퍼져 갔다.

그러나 한국은 여전히 불교와 민간 신앙이 지배하는 나라였다. 20

세기 초 한국의 그리스도인은 전체 인구의 0.5%인 4만 2천7백 명이었다.[5]

## 언어와 신앙의 명맥이 유지되다

한국은 20세기 초에 최악의 시련을 겪었다. 일본의 무자비한 지배는 1910년부터 1945년까지 계속되었고, 그 기간에 한국은 민족의 정체성을 잃을 위기에 처했다. 일본은 공공장소에서 한국어를 쓰지 못하게 했다. 그때 한국어의 맥을 지킨 곳은 바로 핍박받는 교회였다. 교회는 한글 성경으로 말씀을 전했다.

일본이 2차 대전에서 패하고 한국에서 물러간 후, 북쪽에는 일본보다 더 무자비한 김일성이라는 독재자가 권력을 잡았다. 그는 수십만 명의 그리스도인들을 학살했다. 1950년 그는 한반도 전체를 공산화하기 위해 남한을 침공했는데, 그것이 바로 한국 전쟁의 시작이었다. 전쟁은 3년 만에 끝났지만 온 나라는 폐허가 되었고, 분단된 한반도는 피로 물들었다. 약 5백만 명의 한국인이 죽거나 부상당했고, 그들 중 과반수는 민간인이었다. 전쟁으로 인해 천만 명의 이산가족이 생겼으며, 십만 명의 전쟁 고아가 생겼다.[6] 나라는 황폐했고, 국민은 극도로 가난했다.

## 자전거를 위해 기도하다

내가 1971년에 한국을 처음 방문했을 때, 한국은 가난과 군사독재에 시달리는 나라였다. 나는 첫 한국 방문을 잊지 못한다. 조용기 목사가 담임목사로 있는 여의도 순복음 교회에 설교하러 갔을 때, 그곳에는

6천 명 정도의 성도가 있었다. 나는 그들 앞에 서서 이렇게 말했다. "하나님은 한국이 위대한 나라가 되어 전 세계로 선교사를 보낼 것이라고 말씀하셨습니다."

예배 후 많은 사람들이 내게 와서 감사하다고 인사했다. 하지만 그들은 내가 한 말에 대해서는 동의하지 않았다. 한국인은 너무나 가난해서 선교사로 나갈 수 없다고 생각했던 것이다. 게다가 한국 정부는 해외여행에 필요한 여권을 거의 발급해 주지 않았다.

물론 그것은 사실이었다. 한국은 정말 가난한 나라였다. 1960년대에 군사정부가 들어선 후로 한국인들은 수십 년간 고통당했다. 나는 한국에 도착한 순간부터 한국인들이 얼마나 가난에 시달리고 있는지를 보았다. 비행기가 착륙할 때 밖을 바라보니 산에 나무가 거의 없었는데, 나중에 들은 바로는 전쟁 때 연료가 부족해서 나무를 베어 땔감으로 썼기 때문이었다. 서울에는 날림으로 지은 아파트가 즐비했고, 골목에는 쓰레기가 가득했다. 만원 버스는 거리를 질주했고, 다 찌그러진 작은 택시들은 승객을 찾아 돌아다녔으며, 군용 차량도 많이 보였다. 자동차를 가진 일반인들은 극히 드물었다. 여의도 순복음 교회 근처에도 주차해 놓은 차는 한 대도 없었다. 조용기 목사는 심방을 쉽게 다닐 수 있도록 자전거 한 대만 주시기를 간절히 기도했다고 한다.

### 가난을 극복하다

나는 30년 만에 다시 여의도 순복음 교회를 찾았다. 서울에 도착한 나는 변해 버린 풍경을 보고 깜짝 놀랐다. 한국은 이제 자동차로 거리가 꽉 차서 고속도로 정체 문제가 심각했다. 사무실과 고급 아파트 건물은 하늘을 찌를 듯 높았다. 내 마음을 정말 뜨겁게 만든 것은, 어두운 저녁을 배경으로 도로 양쪽에 늘어선 네온 십자가들이었다.

여의도 순복음 교회에서 주일예배 설교를 할 시간이 되었을 때, 나는 그 교회 성도가 70만 명이 넘는다는 설명을 듣고 다시 한번 놀랐다.[7] 수십만 명의 성도들이 차를 몰고 교회에 오기 때문에 많은 사람들이 멀리 있는 주차장에 차를 대고 셔틀버스를 타고 교회에 온다고 했다. 여의도 순복음 교회는 30년 만에 세계에서 가장 큰 교회로 성장해 있었다.

내가 직접 목격한 한국의 놀라운 변화는 신문 기사와 보고서에서 많이 다루고 있다. 한국은 '아시아의 호랑이'이자 세계에서 16번째로 경제 규모가 큰 나라가 되었다.[8] 이제 한국에는 군사독재 정부가 사라지고 민주 정부가 들어섰다. 1971년에 하나님이 여의도 순복음 교회에서 말씀하셨던 믿기 힘든 예언은 어떻게 되었는가? 인구 4천8백만 명의 작은 나라 한국은 미국에 이어 선교사를 가장 많이 보내는 나라가 되었다.[9]

## 선교의 나라가 되다

한국 〈타임〉 지의 최근 기사에 따르면, 한국은 1만 2천 명의 선교사를 해외로 파송했다.[10] 이는 인구 비율로 계산할 때 미국의 두 배이며, 특히 미국인의 과반수가 그리스도인임을 감안할 때 한국 교회가 선교사를 얼마나 많이 보냈는지 알 수 있다. 22년 전 선교사를 훈련하기 위해 세워진 온누리 교회는 지금까지 천 명이 넘는 선교사를 파송했고, 지금은 전 세계 54개국에서 650여 명의 선교사가 사역하고 있다.

한국 선교사들은 세계 여러 나라에서 사역하는데, 전도가 힘든 중동에서 사역하는 선교사들도 많이 있다. 중동에 나가 있는 선교사들은 그곳에서 전도를 하려면 '작은 목소리로 지혜롭게' 해야 한다고 말한다.[11] 한국 선교사들은 중국, 심지어 북한으로도 나간다.

### 예수님 없이는 불가능하다

도대체 한국에서 무슨 일이 있었는가? 어떻게 한 나라의 상황이 30년 만에 완전히 바뀔 수 있는가? 한국의 경제 성장은 역사상 가장 빠른 교회의 성장을 바탕으로 이루어졌다.

나는 최근 인도 뭄바이를 방문했는데, 그곳에서 인도 재무부 장관이 TV에서 연설하는 모습을 보았다. 그는 연설 중에 이렇게 말했다.

"한국이 25년 만에 부유한 나라가 되었다면, 인도도 그럴 수 있습니다."

나는 TV를 보면서 이렇게 소리쳤다. "예수님 없이는 불가능하다!" 한국이 성공한 것은 바로 예수님에 대한 믿음 때문이었다.[12]

한국인의 3분의 1이 그리스도인이다.[13] 한국의 그리스도인은 100년 만에 0.5%에서 30% 이상으로 증가했다. 이렇게 빠르게 성장한 교회는 세계 어디에서도 찾아볼 수 없다.

### 영적 지형의 변화

한국 교회는 순교자의 피가 뿌려진 땅에서 열매를 맺기 시작했다. 19세기에는 수천 명, 20세기에는 수십만 명이 순교한 곳이 바로 한국이다. 나는 군인들이 마을 사람들을 교회에 가두고, 그들을 무참히 죽인 후 불을 질렀다는 이야기를 잊지 못한다. 사격을 가하고 예배당과 민가에 불을 질러 23명이 희생된 제암리 학살 사건은 숱한 사건들 중 일부에 불과하다.

한국의 그리스도인들은 핍박을 이겨내면서 강철처럼 굳건해졌다. 그들은 견고한 신앙의 뿌리를 내렸기에 열심히 기도하고 성경을 읽었다. 한국을 방문하면, 매일 새벽 다섯 시에 교회에 나가 기도하고 출근하는 수많은 그리스도인들을 볼 수 있다. 금요 철야예배와 금식 기도회에도 수많은 그리스도인들이 몰린다. 서울 근교에 있는 오산리 기도원을 방문한 적이 있는데, 수천 명의 그리스도인들이 모여 무릎을 꿇고 성경을 읽는 것을 보았다. 그 뜨거운 열정의 결과로 교회와 성도의 숫자가 배가했고, 영적 지형이 빠르게 바뀌었다.

세계 11대 교회 중 10개의 교회가 서울에 있다.[14] 세계에서 가장 큰 순복음 교회(여의도 순복음 교회), 가장 큰 장로 교회와 감리 교회, 침례 교회가 모두 서울에 있다. 나는 그 모든 교회에서 설교하는 영광을 누렸다. 그 교회들은 생명력 넘치는 그리스도인들로 가득했다. 그들은 성경 말씀을 붙잡고 살아가는 예수님의 제자들이다.

### 인터넷이 가장 발달한 나라

한국은 죄가 없는 낙원이 아니다. 그러나 기독교의 영향은 한국 사회의 모든 영역에 스며들었다. 1995년에는 두 명의 전직 대통령이 부정부패 혐의로 구속되는 일이 있었다. 그 사건이 의미 있는 이유는, 과거 한국에서는 관료들의 부정부패를 처벌하는 일이 극히 드물었기 때문이다.[15]

한국이 회복되고 있다는 또 다른 증거는 기술과 교육의 보급이다. 1971년에는 자전거도 사치에 속했지만, 이제 한국은 기술과 제조에서 앞선 나라가 되었고, 자동차와 전자제품을 많이 수출하는 나라가 되었다. 그리고 한국은 국민 1인당 인터넷 사용 비율이 가장 높다.[16] 모든 사람들이 인터넷을 쓰도록 장려하는 정책은 모든 사람에게 교육을 제공하는 정책의 일부일 뿐이다. 최근 뉴욕 대학교 언어학과 김석연 교수는 한국의 문맹률이 0.002%라고 발표했다.[17]

한국의 낮은 문맹률은 일본 강점기의 성도들이 한글로 된 성경을 읽으면서 핍박 가운데 믿음을 지켰기 때문에 가능했다. 한국을 향한 하나님의 긍휼한 마음과 믿음의 반응이 일으킨 놀라운 부흥 앞에 감사를 드린다.

# 10

# 작은 땅에서 일어난 혁명 —핏케언

작은 섬나라 핏케언

어떤 나라든지 하나님 말씀을 삶의 원칙으로 삼아 적용하면 부유해지고 축복을 얻을 수 있다. 우리는 큰 나라든 작은 나라든 이 원칙이 동일하게 적용된다는 사실을 역사를 통해 알 수 있다. 하나님이 개인이나 국가를 말씀과 성령으로 사로잡으실 때, 그 영향력은 말로 표현할 수 없을 만큼 크다.

1991년 8월의 어느 화창한 아침이었다. 우리는 YWAM 마린 리치에 속한 퍼시픽 루비 호에 올라 탔다.[1] 우리는 프랑스령 폴리네시아의 갬비어 제도에서 사흘간 배를 탄 후, 망망대해에 떠 있는 작은 섬 핏케언에 도착했다.

핏케언 사람들은 긴 보트를 타고 우리 배를 맞으러 나왔다. 당시 55명의 주민이 살고 있던 2평방 마일의 작은 섬 핏케언은 초청을 받아야만 방문할 수 있는 곳이었다. 바다 위에 우뚝 솟은 핏케언 섬은 사방이 파도가 몰아치는 절벽으로 둘러싸여 있었다. 그곳 주민들은 보트로 우리를 안내해 주었다. 그들은 거친 파도를 헤치고 암초를 피해 부두에 도착했다.

우리는 마을로 이어지는 가파른 길에서 '어려움의 언덕'을 올라 애덤스타운이라는 마을에 도착했다. 그 섬은 작지만 흥미로운 역사를 지닌 곳이다.

**반란자들의 정착지, 지옥으로 변하다**

영국 군함 바운티 호의 반란자들은 200년 전에 핏케언 섬에 정착했다. 1789년, 아홉 명의 선원들은 배에서 부당한 대우를 받다가 참지 못하고 반란을 일으켜 배를 탈취했다.[2] 그 아홉 명의 반란자들은 타히티로 도망쳤다. 그리고 여러 섬을 전전하면서 많은 폴리네시아 인들을 만났는데, 그들 중 여섯 명의 남자와 열한 명의 여자, 한 명의 아이를 납치해 배에 태웠다.[3]

어느 날 반란자들의 우두머리 플레처 크리스티안은 핏케언이라는 무인도에 대해 들었다. 그 섬은 지도에 표시된 위치에서 수백 마일 떨어져 있어서 지도로는 찾을 수 없는 곳이었다.

여러 날 항해한 끝에, 반란자들은 거대한 남태평양 한가운데에 홀로 우뚝 솟은 바위섬을 발견했다. 그들은 배에서 물건을 꺼내 가파른 언덕(이후에 '어려움의 언덕'으로 불림) 위로 끌어올린 후, 극단적인 조치를 취했다. 그들은 영국 정부가 자신들을 찾아 처형하기 위해 바다 위를 샅샅이 뒤지리라는 사실을 알았기 때문에 바운티 호를 불살라 바다에 던져 버렸고, 평생 난파자로 살았다.[4]

핏케언 섬에는 담수가 있었고, 그들은 타히티에서 가져온 동물과 식물을 길러 그것으로 양식을 삼았다. 처음에는 세상으로부터 숨은 채 살아가는 삶이 그리 나쁘지만은 않았다. 그러나 몇 년 후, 핏케언 섬은 점차 인간이 만든 지옥으로 변해 갔다. 그들은 섬에서 자생하는 티(ti)라는 식물 뿌리로 술을 만드는 법을 터득했고, 곧 그 섬의 모든 남자가 취할 만큼의 술을 만들었다. 그들은 술에 취해 싸움을 벌이곤 했는데, 보통은 여자 문제나 인종간 갈등 때문이었다. 질병으로 죽는 사람도 있었다. 절벽에서 떨어져 자살하는 사람도 있었다. 기록이 일치하지 않아서 정확히는 알 수 없지만, 최소한 두 번의 대학살이 일어났다. 단 한 명만 제외하고 모든 반란자들과 타히티 남자들이 죽었다. 살아남은 한 명의 이름은 알렉산더 스미스였고, 그는 나중에 존 애덤스로 이름을 바꿨다. 애덤스와 열 명의 여자, 그리고 반란자의 후손 23명만이 그 섬에서 살아남았다. 그리고 그들의 후손들이 그날 핏케언 섬에서 우리를 반겨 준 사람들이다.

### 성경이 지옥을 천국으로 바꾸다

핏케언 섬을 크게 바꿔 놓는 사건이 발생했다. 애덤스는 플레처 크리스티안의 소지품 상자에서 우연히 성경책을 발견했다. 애덤스는 그날부터 성경을 읽기 시작했고, 곧 성경을 지으신 하나님께 자신의 삶을 드렸다. 그 후 애덤스는 여자들과 아이들에게 성경의 진리를 가르쳤고, 핏케언 섬은 완전히 바뀌었다.

찰스 루카스는 핏케언 섬의 초기 역사에 관한 책에서 이렇게 말한다.

> 기독교 역사에는 많은 회심의 기록이 존재하지만, 존 애덤스의 회심은 매우 특별하다. 당시에 무슨 일이 일어났는지는 명확하다. 그의 동료들이 모두 섬에서 죽은 후 그가 어떻게 살았고 무엇을 했는지는 의심할 여지가 없다. 그의 곁에 남은 생존자들 중에는 아이들이 하나님을 경외하

며 자라도록 함께 교육할 인도자나 조언자가 없었다. 그는 교육을 제대로 받지 못했기 때문에 성경과 기도모음집이 그가 아이들 교육을 위해 의지할 수 있는 전부였다. 어쩌면 그는 자신의 어린 시절을 기억함으로써 도움을 얻었는지도 모른다. 어쨌든 범죄에 익숙한 뱃사람이 먼 나라에 와서 그리스도를 따르고, 다른 사람들도 그렇게 하도록 가르쳤다는 것은 오직 전능자의 역사로서만 설명이 가능하다.[5]

1808년에 미국 토파즈 호가 지도에 나오지 않은 그 섬을 우연히 발견했을 때, 그 섬에는 애덤스를 포함해 35명이 살고 있었다.[6] 토파즈 호의 선장과 선원, 그리고 그 후 그곳을 방문한 사람들은 행복하고 평화로운 섬의 모습을 보았다.

영국에서는 반란자들을 무조건 처벌해야 한다는 여론이 잠잠해지고 있었다. 후에 두 명의 영국 장교가 우연히 핏케언 섬을 방문했다. 그러나 그들은 영국으로 돌아가 핏케언 섬 주민을 처벌하지 않는 것이 좋겠다는 의견서를 조지 왕에게 제출했다. 그들은 그 의견서에 핏케언 섬의 문화가 '기독교 황금기'의 문화 같다고 적었다.[7] 애덤스가 성경을 가르치기 시작한 후부터 핏케언 섬 주민들은 질서를 지키며 평화롭게 살아갔다. 도둑은 찾아볼 수 없었다.[8]

그로부터 200년이 지난 1991년에, 우리는 그 섬을 방문했다. 그동안 많은 주민들이 보금자리를 찾아 노퍽 섬이나 뉴질랜드 등으로 이주했고, 55명의 주민만이 핏케언 섬에 남아 있었다.[9]

우리 가족은 목사님 집에서 지냈고, 나는 작은 교회에서 설교했다. 의사와 간호사들도 함께 가서 의료 봉사활동을 했다.

그곳에서 경험한 가장 큰 기쁨 중 하나는 바운티 호에서 꺼낸 성경책을 직접 본 일이었다.[10] 섬 주민들은 그 성경책을 유리로 앞을 막은 작은 나무관 안에 보관했는데, 나를 위해 그 관을 열어 주었고, 나는 조심스럽게 그 성경책을 만졌다. 가죽 표지로 된 낡은 성경책을 손에 들고, 오래전 이 성경책이 핏케언 섬을 어떻게 바꾸었는지를 생각해 보았다. 나는 창문 밖으로 아이들이 뛰노는 모습을 바라보았다. 성경이 이곳을 평화의 섬으로 바꿔 놓기 전, 술주정과 살인, 자살로 가득했던 섬의 모습은 상상하기 힘들었다. 나는 색 바랜 종이 사이를 손가락으로 훑으며, 이 책이 세상에서 가장 작은 나라에 가장 큰 변화를 이루어 냈다는 사실을 다시 한번 마음에 되새겼다.

# 11
# 역사상 가장 위대한 혁명 –마르틴 루터

**성경은 큰 나라도 변화시킨다**

핏케언처럼 작은 나라는 변화의 속도가 빠르다. 작은 나라는 변화를 연구하기 위한 실험실 같아서, 작은 변화라도 일어나면 그 결과가 눈에 띄게 드러난다. 그러면 큰 나라는 어떤가? 큰 나라도 성경으로 변할 수 있는가? 물론 그렇다. 1500년대 독일로 돌아가 보자.

독일 작센에 있는 비텐베르크에 마르틴 루터(Martin Luther)라는 한 젊은이가 있었다. 그는 죄 사함을 받고 영혼의 구원을 얻고자 아우구스티누스 수도회에 들어갔다. 그는 모든 종교적인 행동 규범을 엄격하게 따랐지만, 자신이 구원받지 못했음을 절실히 느꼈다. 그는 선행을 통해 구원을 얻고자 열심히 노력했지만, 그의 마음은 죄책감에서 벗어날 수 없었다. 그는 하나님이 자신을 정죄하신다고 느꼈다. 수도회 지도자 존 슈타우피츠는 루터를 격려하면서 하나님이 그를 크게 쓰실 거라고 말했다. 그는 루터에게 '성경 공부를 가장 큰 즐거움으로 삼으라'고 가르쳤다.[1]

수도회에 들어간 지 2년이 되었을 때, 루터는 수도회 도서관에서 성경을 연구하기 시작했다.[2] 수도원장이 그에게 임무를 맡겨 바티칸으로 보냈을 때, 루터는 이 기회에 '천국의 대문'으로 불리는 로마에서 더 많은 고행을 해야겠다고 다짐했다. 그는 신앙심 깊은 순례자답게 무릎으로 로마의 거룩한 계단을 올라갔는데, 이렇게 고행을 하면 연옥에서 머무는 기간이 15년 단축된다는 속설을 믿었기 때문이다. 그런데 어느 순간 성령님이 그의 마음을 움직이셨고, 그는 자리에서 일어났다. 그는 하나님이 직접 그에게 "의인은 믿음으로 살리라"(롬 1:17)고 말씀하시는 것 같았다.[3] 그리스도는 그에게 연옥에서 보내는 시간을 15년 단축하겠다고 약속하지 않으셨다. 그분은 영원토록 온전하고, 값없이 주어지는 구원을 약속하셨다. 그것은 루터에게 강렬한 체험이었다. 그러나 루터는 여전히 그의 영혼이 구원되었다는 확신이 없었다.

루터는 성적 문란과 탐욕이 가득한 로마의 모습을 보고 큰 충격을 받았다. 루터는 자신의 종교적 임무에 대해 냉소적인 시선을 보내는 사제들과 논쟁했다.[4] '천국의 대문'이 얼마나 타락했는지 목격한 것은 그가 나중에 교회 개혁에 앞장서는 데 발단이 되었다.

그러나 그는 먼저 자신을 개혁해야 했다. 그는 1507년에 사제로 서품을 받았고, 비텐베르크 대학의 교수가 되었다. 그는 성채 교회에서 사제와 고해 신부로 섬겼다. 그는 여전히 개인적으로 갈등을 겪었지만 성경 연구에 열심이었고, 설교자와 교사로서 인기가 높았다.

1513년, 설교를 준비하던 그는 '하나님의 의'에 대한 말씀인 시편 31편 1절을 읽었다. 그는 하나님의 의에 대해 생각하면 늘 마음이 괴로웠다. 하지만 루터는 하나님의 의와 모든 믿는 자를 구원하시는 하나님의 능력에 대한 말씀인 로마서 1장 17절을 기억했다. 그가 거룩한 계단을 무릎으로 올라갈 때 분명히 들었던 "의인은 믿음으로 살리라"는 말씀이 다시 생각났다. 그는 의로움이 예수 그리스도가 자신을 위해 죽으셨음을 믿는 자에게 값없이 주어지는 선물이라는 진리를 깨달았다. 나중에 그는 이렇게 고백했다.

"이 사실을 깨달았을 때, 나는 완전히 새로 태어난 것 같았다. 천국의 문이 활짝 열렸고, 나는 그 문으로 들어갔다. 바로 그때부터 성경이 완전히 새롭게 느껴졌다."[5]

말씀의 능력과 성령의 역사가 그의 마음과 생각에 임하자 그는 변했다. 그는 주변 사람들에게 구원이 예수 그리스도를 믿는 자에게 값없이 주어지는 하나님의 선물이며, 돈이나 선행으로 살 수 없는 것이라고 설교하기 시작했다. 그리고 바로 그때부터 교회와 유럽, 그리고 전 세계가 분열하는 대결의 장이 마련되었다.

### 면죄부 판매에 이의를 제기하다

루터는 사제와 고해 신부로 섬기면서 현실에 눈을 떴다. 그는 일반인들이 사는 모습을 살펴보았다. 특히 교회가 성도들에게 면죄부를 판매하는 모습을 보면서 화가 치솟았다.

교회는 '면죄부'를 사면 죽은 후에 죄의 처벌을 면할 수 있다고 약속했다. 사람들은 자신을 위해서 그리고 이미 죽어서 연옥에 간 사람들을 위해서 면죄부를 살 수 있었다. 교황의 특권 가운데 하나는 이 면죄부를 발행하는 것이었다.

루터가 비텐베르크에서 섬기고 있을 때, 교황은 재정 마련을 위해 면죄부 판매에 박차를 가했다. 교황은 웅장한 산피에트로 대성당을 완공하는 데 돈이 필요했다. 교황의 대리인들은 "헌금 통에 돈이 딸랑이면 연옥에서 영혼이 풀려난다"는 선전 문구를 전하며 면죄부를 판매하러 돌아다녔다. 그들이 루터가 사는 마을에 왔을 때, 그는 심기가 매우 불편했다. 그는 주민들이 의식주에 써야 할 돈으로 면죄부를 사는 모습을 보았다. 그는 면죄부에 반대하는 설교를 했고, 하나님이 주신 구원이라는 선물은 그리스도의 십자가로 이미 대가가 지불되었다고 말했다.

1517년, 루터는 토론을 요구하는 문서를 작성했다. 그는 그 문서에 95가지 주장을 써서 전통을 따라 비텐베르크 교회 정문에 못 박았다.[6] 루터의 95개조 반박문은 면죄부 판매 외에도 회개, 죄 사함, 교회 지도자의 탐욕, 교회의 세속화에 대해 다루었다. 루터는 질서 있고 전문가적인 토론을 의도했다. 그러나 그의 문서는 걷잡을 수 없는 논쟁에 불을 붙였다. 95개조 반박문은 라틴 어에서 독일어로 번역되었고, 인쇄술이라는 놀라운 최신 기술을 통해 전파되었다. 95개조 반박문은 2주 만에 독일 전역에 퍼졌고, 한 달 안에 유럽 전역으로 전파되었다.[7]

### 숨어서 성경을 번역하다

교회는 교황의 권위에 직접적으로 도전한 루터의 행동에 즉시 반응했다. 그들은 루터를 이단으로 낙인찍고, 로마로 와서 자신의 행동을 해명할 것을 명했다. 그때 그가 로마로 갔다면, 아마 다른 종교개혁가들처럼 죽었을 것이다. 다행히도 독일 제후가 개입해서 그를 숨겨 주었다. 루터는 숨어 지내면서 그의 삶에서 가장 위대한 업적을 이루었다. 그것은 바로 라틴 어 성경을 일반인들의 언어로 번역한 일이었다. 그때까지 성경은 라틴 어로 되어 있어서 상류층만 읽을 수 있었다. 그러나 성경이 일반인들에게 보급되자 독일과 세계 여러 나라가 변하기 시작했다. 우리는 다음 장에서 그가 번역한 독일어 성경이 역사상 가장 큰 혁명의 불을 지핀 과정을 살펴볼 것이다.

루터는 교회를 떠날 의도가 없었다. 그는 이전 시대의 종교개혁가들처럼 교회를 올바른 신앙의 기초로 돌아오게 하고, 교회의 잘못을 바로잡고 싶은 마음뿐이었다. 하지만 교회의 분열을 막을 수는 없었다.

1521년, 보름스 국회에 출두한 루터는 교황이 보낸 사절단 앞에서 하나님 말씀을 해석할 권리를 포기하지 않겠다고 선언했다.

"나는 포기하지 않을 것이고, 포기할 수도 없다. 양심에 거스르는 행동은 안전하지도 않으며 지혜롭지도 않다. 나는 여기 서 있고, 다른 일은 할 수 없다. 하나님, 날 도우소서. 아멘."[8]

이것을 계기로 교황은 그를 파문했다. 교회가 개인을 구원할 능력을 지닌 시대에서, 그것은 최악의 처벌이었다. 사람들은 루터가 교황의 결정대로 지옥에 가리라고 생각했다.

### 진정한 혁명

이 모든 사건은 당사자들이 인식한 것보다 훨씬 더 중요한 사건이었다. 루터가 교황의 권위를 거부한 것은 교회의 본질에 관한 그의 믿음 때문이었다. 대부분의 사람들은 '교회'를 종교 체계, 특히 주교와 교황의 모임이라고 생각했다. 평신도들은 그냥 구경하는 역할일 뿐이었다. 그들은 사제에 의존하고 주교의 가르침과 권위에 순종해야 했다.

당시 교회가 사람들의 삶을 얼마나 많이 지배했는지는 지금의 우리로서는 상상하기 힘들다. 교회 지도자는 오늘날 정부의 역할을 담당했고, 마치 군주처럼 백성을 다스렸다. 교황은 군대를 일으켜 전쟁을 일으킬 수 있었고, 주교는 백성을 옥에 가두거나 처형할 수 있었다. 교회는 왕을 위협하여 굴복을 강요하기도 했다.

루터가 그 절대적인 권위에 도전했을 때, 그는 교회가 사제와 주교만의 모임이 아니라고 말한 셈이었다. 그리스도를 믿는 모든 사람은 제사장이고, 교회의 주인이다. 루터와 종교개혁가들은 구약과 신약에서 왕 같은 제사장의 개념을 찾았고, 하나님이 인간과 직접 관계를 맺기 원하신다는 진리를 발견했다(출 19:5-6; 벧전 2:9-10).

그리스도를 믿는 자는 인간의 권위나 종교 의식을 통하지 않고 하나님께 직접 나아갈 수 있다는 '만인 제사장론'은 종교개혁의 중심 사상이다. 유대인이나 헬라인, 종이나 자유인, 남자나 여자의 구분이 없다는 갈라디아서 3장 28절의 말씀을 포함하여 신약의 여러 구절이 하나님 앞에서 모든 인간은 평등하다는 믿음을 뒷받침한다. 모든 사람은 그리스도 안에서 하나다.

모든 사람은 성경을 읽고 양심을 따라 살 자유를 누린다. 루터의 말을 빌자면, "그리스도인은 모든 것의 주인으로서 자유롭고, 누구에게도 구속되지 않는다."[9] 이것은 진정으로 혁명적인 사고였고, 하나님 말씀에서 나온 진리였다.

# 12
# 부유의 창조 –독일

**종교개혁이 사회개혁으로 이어지다**

루터의 혁신적인 사상은 즉시 교회의 모습을 바꿔 놓았다. 많은 사람들이 개신교를 받아들였고, 많은 나라들이 로마로부터 독립했다. 그러자 가톨릭교회는 반종교개혁(Counter-Reformation)을 통해 교회의 문제를 바로잡으려고 노력했다. 결국 몇 세기에 걸친 노력 끝에, 젊은 루터에게 충격을 주었던 면죄부 판매는 사라졌다. 그러나 개신교와 가톨릭의 분열은 많은 폭력과 전쟁을 낳았고, 북아일랜드 같은 곳에서는 최근까지도 이런 갈등이 계속되고 있다.

몇 년 전, 멕시코에서 온 로마 가톨릭 신부가 하와이 코나를 방문했다. 그는 참된 믿음의 형제였다. 그는 여러 나라를 돌아다니며 8백 개가 넘는 교구에서 개인의 구원과 거룩한 삶을 강조하는 부흥회를 인도했다. 내 동생 제니스가 마르틴 루터에 대해 어떻게 생각하느냐고 그에게 물었을 때, 그는 대단히 인상 깊은 답변을 했다.

"하나님이 마르틴 루터를 통해 교회에게 회개하라고 말씀하셨는데, 교회는 듣지 않았습니다."

멕시코에서 온 그 신부는 가톨릭 신자들이 그리스도를 개인적으로 영접하도록 이끌기 위해 모든 노력을 다하고 있다.

개신교도와 가톨릭교도가 조금이나마 협력하기까지는 여러 세기가 걸렸다. 종교개혁 시대에 발생한 폭력 사태는 대단히 잔혹했다. 루터는 피 흘림을 보고 충격을 받았다. 그러나 그의 가르침은 교회의 울타리를 넘어서서 폭넓은 영향력을 미쳤다. 시간이 지나면서 종교개혁가들과 일반 성도들이 사회의 개혁을 이끌었고, 정부에 대한 국민의 이해도 변했다. 민주주의, 보편 교육, 인권 개념은 모두 종교개혁에 그 뿌리를 둔다. 그리고 역사상 가장 큰 부와 지식의 폭발도 여기서 기인한다.

### 모든 사람이 성경을 읽다

몇 가지 예외적인 경우를 빼면, 종교개혁 이전에는 학자와 사제만 성경을 공부했다. 그들은 자신의 판단에 따라 성경 내용을 일반인들과 나누기도 했고 나누지 않기도 했다. 사실 많은 교회 지도자들은 평신도들이 성경을 자유롭게 읽는 것이 위험하다고 생각했다. (물론 대부분의 평신도가 글을 몰랐기 때문에 성경을 읽을 수도 없었다) 그들이 신앙에 대해 잘못 생각하거나 교회 지도자들에게 의문을 던질지도 모르기 때문이었다.

그러나 종교개혁가들은 모든 사람이 하나님 앞에서 평등하고, 하나님께 직접 나아갈 수 있다고 믿었다. 성도들은 왕 같은 제사장이다. 따라서 그들은 모두 하나님의 말씀을 들어야 한다. 하나님 말씀을 모르고서 어떻게 하나님이 그들에게 원하시는 삶의 방법을 알 수 있겠는가?

당시에 쉽게 구할 수 있는 성경책은 5세기에 제롬이 라틴 어로 옮긴 번역본뿐이었다. 학자와 사제를 제외하면 라틴 어를 아는 사람은 흔치 않았다.

성경책을 대중 언어로 옮겨서 보급하는 것은 교회 지도자들에게 매우 위험한 일이었다. 영국에서는 일반인을 위해 성경을 번역하던 많은 사람들이 생명을 잃거나 추방을 당했다. 성경 번역을 마쳤다 하더라도 교회 지도자들이 성경을 압수해 불태워 버렸다. 1384년에 성경을 영어로 번역한 위클리프가 사망한 후 약 100년 동안, 많은 그리스도인들이 위클리프의 성경을 보거나 소지했다는 이유로 성경을 목에 매단 채 화형당했다.

마르틴 루터는 독일어 성경이 꼭 필요하다고 판단했다. 그가 숨어 지내는 동안 완성한 독일어 성경은 평신도들이 하나님 말씀을 쉽게 이해할 수 있는 바탕이 되었다. 그의 번역은 독일어를 바꿔 놓았고, 역사상 가장 급진적인 운동의 밑바탕이 되었다.

그러나 루터보다 앞서서, 이미 혁명의 중요한 기초가 되는 사건이 발생했다. 1437년, 요하네스 구텐베르크가 새로운 인쇄 기술을 발명한 것이다. 더 이상 책은 귀족만을 위한 사치품이 아니었다. 인쇄술의 보급으로 루터의 새로운 독일어 성경과 성경의 가르침을 담은 소책자와 책이 대중에게 전파되었다.

나와 친한 아시아인들은 아시아에서 먼저 인쇄술이 개발되었다고 말한다. 물론 맞는 말이지만, 아시아의 인쇄술은 자유와 번영으로 이어지지 않았다. 유럽에서 대중의 언어로 번역된 성경이 인쇄된 후 유럽 전역, 더 나아가서는 전 세계에 변화의 바람이 불었다.

## 지식의 폭발로 부가 창조되다

성경을 대중의 언어로 번역하자 혁명의 또 다른 중요 요소가 등장했다. 이제는 대중에게 글을 가르쳐야 했다. 종교개혁가들은 독일과 유럽 전역에서 사람들에게 글을 가르치기 시작했다. 시민들은 글을 배우고 나자 성경뿐 아니라 종교서적, 소설, 시, 정치서적, 그리고 시사, 농업, 회계, 건설에 이르기까지 다양한 주제에 관한 책을 읽었다. 유용한 지식을 습득하는 길이 그들에게 열린 것이다. 그 결과 사상이 전파되었고, 창조적 에너지가 솟아났다.

지식의 폭발로 인류 역사가 바뀌었다. 그 전에는 부유한 나라가 거의 없었다. 부유한 왕과 귀족은 있었지만 백성들은 늘 가난했다. 그러나 사람들이 만인 제사장 교리를 듣고 힘을 얻자 개인의 잠재력이 폭발적으로 증가했다. 전례 없이 많은 사람들이 스스로 생각하기 시작했다. 그들은 부를 창조했고, 삶의 질은 향상되었다. 그 과정에서 중산층이 생겨났고, 국민들이 하나님 말씀을 자신의 삶에 적용하기 시작하자 나라는 점점 부유해졌다.

새로운 지식이 증가하는 속도는 점차 빨라졌다. 여러 세기 동안 유럽은 중동과 극동 지역보다 창조적 발전이 더딘 편이었다. 유럽은 그리스와 로마의 유산을 대부분 잃어버렸지만 이슬람 세계는 그 유산을 적극적으로 흡수하고 발전시켰기 때문이다. 아랍 인은 아라비아 숫자와 영(zero)의 개념을 발견했다. 중국인은 종이와 화약을 유럽보다 먼저 발명했다. 그러나 그 발전은 유럽이 곧 이룩할 놀라운 혁신에 비하면 아주 작은 것이었다.

루터가 태어나기 백 년 전쯤, 유럽인들은 그리스와 로마의 저작을 다시 발견했다. 지식의 재탄생과 새로운 개념의 탐구가 시작되면서 유럽은 르네상스 시대를 맞이했다. 그때는 탐험의 시기이기도 했는데, 유럽인들은 배를 타고 새로운 세상을 발견하러 나섰다. 그 시기에는 고대 언어에 대한 지식도 재발견됐는데, 그로 인해 성경을 완전히 새롭게 볼 수 있었다.

르네상스는 사람들의 눈을 열어 주었고 위대한 문학, 예술 작품들을 낳았지만, 일반인들의 삶은 바꾸지 못했다. 일반인들의 삶을 바꾼 것은 종교개혁이었다. 많은 사람들이 글을 깨치자 서구국가에서는 지식이 폭발적으로 증가했고, 그로 인해 다른 지역을 압도하는 비약적인 발전이 이루어졌다. (현재 인간의 지식은 3-5년 사이에 두 배로 증가한다. 생물학이라는 하나의 분야만 해도 지식이 180일마다 두 배로 증가한다고 한다)[1]

사람들은 기독교권과 비기독교권 간의 기술적 지식의 불균형에 대해 잘 이해하지 못한다. 1990년대 후반에 중국이 서양에서 핵 기술을 훔쳐 가고 있다는 보도가 나왔다. 그러나 중국의 주룽지 총리는 이를 부인했다. 그는 CNN 뉴스에서 당당하게 말했다. "우리 중국인들이 당신들만큼 똑똑하지 못하다고 생각하는가?"

물론 중국인들은 똑똑하다. 중국은 인구가 가장 많은 나라이기에 똑똑한 사람의 수도 더 많을 것이다. 인도, 러시아, 중동에도 뛰어난 인재들이 많이 있다. 그러나 과학과 기술을 배우기 위해 중국, 인도, 러시아, 중동으로 가는 젊은 서양인들이 몇 명이나 있는가? 나는 경쟁심이나 교만한 마음으로 이 말을 하는 것이 아니다. 단지 우리가 생각해야 할 중요한 문제가 있기에 이것을 언급할 뿐이다.

과학자, 의사, 전문인들의 '두뇌 유출'은 왜 발생하는가? 왜 그들은 자신의 문화, 종교, 조국을 떠나 낯선 나라로 가는가? 자유와 자신의 잠재력을 실현할 기회를 얻기 위해 가는 것이다. 하지만 그들은 현지에 도착하면 그곳에 모스크와 신전을 짓는다. 그들은 자신이 찾는 자유와 기회가 바로 성경에 있다는 사실을 깨닫지 못한다.

부에노스아이레스 국립대 법학부 행정학 교수인 마리아노 그론도나는 1600년 이전에는 서양에도 동양에도 선진국이 없었다고 말한다. 그의 지적처럼, "종교개혁은 세계 최초로 북유럽과 북아메리카에서 발생한 경제 개발의 원인"[2]이었다. 그는 오늘날 개신교 국가의 경제 성장률이 떨어지는 이유는 부분적으로 종교적 열정이 식었기 때문이라고 덧붙였다.

우리는 우주의 창조주이신 하나님의 진리와 지혜를 적용하는 나라는 반드시 번영한다는 사실을 열방에 알려야 한다. 핏케언같이 작은 나라든, 독일같이 크고 역사가 오래된 나라든 하나님은 성령과 말씀을 통해 불가능을 가능으로 바꾸신다. 우리는 모든 나라를 축복의 길로 인도해야 한다. 하나님 말씀에서 나온 원칙이 보편적 진리라는 사실은 이미 여러 나라에서 증명되었다.

# 13

# 최악의 도시를 최상의 도시로 –존 칼뱅

## 제네바, 완전히 탈바꿈하다

스위스는 성경이 바꾼 나라의 매우 좋은 예다. 이 나라의 오염되지 않은 푸른 숲과 눈 덮인 산은 보는 이들의 감탄을 자아낸다. 계곡이나 언덕 위에 삼각형 지붕과 화분을 매단 창문이 있는 샬레(스위스 산악 지역의 나무로 지은 전통가옥-역자 주)가 자리 잡은 모습은 동화책에서나 나올 법한 풍경이다. 차를 몰고 가다 보면 조밀하고 부유한 도시가 나오는데 그곳에는 정원, 공원, 대저택, 유명 디자이너 상표의 고급 의류 등 각종 고급 제품을 파는 상점이 늘어선 대로가 있다.

적색 바탕 위에 하얀 십자가가 상징인 이 나라가 늘 이런 모습이었을 것 같지만, 스위스는 과거에 끔찍하게 가난했고 늘 주변 강대국의 위협에 시달렸다. 스위스의 개혁 역사에는 많은 사람과 지역이 등장하지만, 그 변화를 이해하기 위해서는 제네바라는 한 도시에 초점을 맞출 필요가 있다.

YWAM에서 사역하고 있는 톰 블루머 박사는 스위스, 특히 제네바의 역사를 연구했다. 나는 곧 출간될 「열방의 변화」(*Transformation for the Nations*)라는 책에서 이야기를 인용하도록 허락한 톰 블루머와 짐 스타이어에게 감사를 전한다.[1] 이 책은 한때 최악의 도시였던 제네바가 어떻게 변화의 길을 걸을 수 있었는지를 잘 보여 주고 있다.

여기 하나님 말씀의 능력이 일으킨 놀라운 변화의 이야기가 있다.

### 악취의 도시

우리가 1530년의 제네바를 방문한다고 상상해 보자. 먼저 거리의 악취가 우리를 맞을 것이다. 당시 제네바는 '유럽에서 악취가 가장 심한 도시'로 알려졌다. 제네바 거리는 무너져 가는 성벽과 쓰레기, 인분으로 뒤덮였고, 토사물과 상한 포도주 냄새로 가득 찼다. 주변에 걸어다니는 사람들을 보면 소지품을 주의해야겠다는 생각이 들 정도였다. 제네바는 범죄자, 정치 난민, 용병, 간첩, 창녀, 빈민들로 넘쳐 났다. 중세에는 모든 도시가 가난하고 악취가 심했지만, 제네바는 특히 더 했다.

### 최악의 도시에서 최상의 도시로

그 끔찍했던 도시가 어떻게 이처럼 번영했을까? 범죄와 부패가 만연했던 그곳이 어떻게 국제 외교계의 십자로이자 인도주의 단체와 국제기구의 본부가 밀집한 곳이 됐을까? 교육의 기회조차 주어지지 않던 그곳이 어떻게 전 세계 상류층 자녀들이 유학 가는 곳으로 바뀌었을까? 어떻게 이 작은 도시가 적들이 만나 중요 조약을 체결하는 장소로 바뀌었을까? 어떻게 이 도시와 이 나라는 지난 3세기 동안 전쟁을 피할 수 있었을까?

물론 이 책에 제네바와 스위스의 모든 역사를 담아낼 수는 없다. 그러나 우리는 어떤 나라가 잘살고 못사는 이유를 알기 위해서 스위스, 특히 제네바를 주목해야 한다.

제네바의 변화는 존 칼뱅(John Calvin)이라는 사람에게서 시작됐다. 그는 다른 종교개혁가들과 함께 그리스도를 개인적으로 영접하고 구원받아야 한다고 주장했다. 그들은 사람들에게 회개하고 하나님을 믿으라고 설교했다. 그러나 그들은 거기서 멈추지 않았다. 그들은 마을을 돌아다니며 사람들을 체계적으로 가르쳤고, 설교를 통해 사회를 개혁하기 시작했다.

### '거룩한 것'과 '세속적인 것'의 구분을 폐하다

여러 세기 동안 제네바에서는 교회와 귀족이 모든 특권을 누렸다. 평민들은 자신의 삶에 대해 결정권이 없었다. 그러나 제네바는 독립하여 도시국가가 되었다. 시민들은 더 이상 교회와 귀족의 지배를 받지 않아도 되었다.

칼뱅과 그의 동역자들은 성경을 연구했고, 사람들에게 그것을 가르치기 시작했다. 그들의 목표는 하나님 말씀에 기초한 나라를 세워 유럽의 다른 도시에 모범을 보이는 것이었다.

칼뱅은 개인의 책임과 직업이 곧 예배라고 가르쳤다. 과거에 교회는 '거룩한 것'과 '세속적인 것'을 구분하면서 교회만이 거룩하고, 따라서 부정한 세속의 일상을 피해야 한다고 가르쳤다. 그런 가르침 때문에 사람들은 세상은 무조건 더러운 곳이고, 깨끗해지려면 주일마다 교회에 가서 '영적인 목욕'을 해야 한다고 생각했다.

그러나 종교개혁가들은 우리가 세계를 하나님 말씀과 기도로 씻어야 한다고 가르쳤다. 바울이 디모데전서 4장 4-5절에서 가르쳤듯이, 하나님이 지으신 모든 것은 선하며 버릴 것이 없다. 칼뱅과 종교개혁가들은 삶을 거룩한 부분과 세속적인 부분으로 나누지 않고 전체로 묶어서 보았다. 모든 직업은 다 하나님의 부르심이다. 예배는 주일에만 드리는 것이 아니다. 평일에 성실하게 일하면 이것 또한 주님께 드리는 예배가 된다(골 3:23). 종교개혁가들은 사적인 영역이든 공적인 영역이든 상관없이 삶의 모든 영역에서 하나님을 삶의 주인으로 모셨다. 하나님의 진정한 제자는 그분의 주권 아래서 일상의 삶을 살아간다.

종교개혁가들의 사상은 빠르게 퍼졌다. 칼뱅이 주일에 설교를 하면 이는 소책자로 제작되어 유럽 전역에 보급됐다. 그의 설교는 삶의 전 영역을 다루었다.

종교개혁가들은 하나님 중심의 가정에 대해서도 가르쳤다. 제네바 남자들은 가장으로서 모범을 보이지 못했고, 부정직하고 무책임한 술주정뱅이들이었다. 가정의 무질서는 가난과 부도덕을 낳았다. 종교개혁가들은 가정을 돌보고, 술 취하지 말고, 열심히 일하며, 재정적으로 책임을 지고, 십일조를 내고, 미래를 위해 저축해야 한다고 가르쳤다. 시의회는 칼뱅의 가르침을 시의 정책으로 받아들였고, 제네바에서 그의 가르침은 법과 같은 권위를 지녔다.

독일의 경제학자 막스 베버는 「프로테스탄티즘의 윤리와 자본주의 정신」(*The Protestant Ethic and the Spirit of Capitalism*, 문예출판사 역간)에서 서구국가의 번영은 제네바에서 시작되었으며, 그 결정적인 원인은 칼뱅이 제네바에서 전한 가르침이라고 말했다.[2]

칼뱅은 하나님 말씀에서 다양한 경제원리를 찾았다. 그는 은행가에게 고리대금업자처럼 높은 이율을 부과하지 말라고 가르쳤다. 그는 이율을 4%로 제한했는데, 이것은 돈을 빌려 주는 사람은 이익을 얻고 빌리는 사람은 이자의 부담 없이 사업을 시작할 수 있는 수준이었다. 칼뱅이 정한 4% 이율은 스위스에서 4세기 동안 유지됐다. 이것은 즉각 경제에 영향을 미쳤고, 제네바와 스위스는 번영하기 시작했다.

# 14

# 자유의 기초를 놓다 –제네바

## 성경이 가르치는 경제원칙

오늘날 정치 지도자들을 포함한 많은 사람들은 이 세상의 부가 유한하다고 믿는다. 그래서 그들은 제한된 자원을 작은 부분으로 쪼개 써야 한다고 말한다.

그러나 성경은 그렇게 말하지 않는다. 부를 재분배한다고 해서 번영이 오는 것은 아니다. 오히려 탐욕, 부패, 불의, 계급간 갈등만 심해질 뿐이다. 소수의 권력자가 자원을 독점하면 가난하고 힘없는 자는 더욱 늘어나고, 중산층은 사라진다. 그런 상황에서 사람들은 적극성을 발휘하지 못하고 무기력에 빠진다.

스위스를 비롯하여 종교개혁에 참여한 나라들은 국민이 자유를 누리면서 성경의 원칙에 따라 새로운 부를 창조한다면 모두가 부유해질 수 있다는 것을 깨달았다. 실제로 그 나라들은 하나님이 주신 잠재력을 활용하여 점차 번영했다.

현대 경제학자들은 성경에서 경제 원칙을 배운 존 칼뱅의 주장에 동의한다. 그들은 국민이 열심히 일하고, 저축하고, 가정을 잘 돌보며,

법을 지키는 사회는 모두 번영한다고 말한다. 국제통화기금(IMF)과 세계은행은 그 원칙을 여러 나라에 가르치고 있다. 하지만 칼뱅은 이미 16세기에 성경에서 그것을 발견했다.

### 누구나 배울 수 있어야 한다

시 원로들과 제네바 개혁을 돕기로 한 칼뱅은 개혁의 일환으로 학교를 세우고 모든 어린이들을 교육하기 위한 자금을 마련해 달라고 요청했다. 그 제안은 혁명적인 것이었다.

종교개혁가들은 모든 어린이는 하나님의 형상을 따라 지어졌고, 따라서 하나님 말씀을 배워야 한다고 믿었다. 고대 이스라엘을 제외하면, 역사상 최초로 귀족뿐 아니라 사회의 모든 계급을 위한 학교가 세워졌다. 고대 이스라엘에서는 남자 아이들만 교육을 받을 수 있었지만, 칼뱅이 세운 학교에서는 여자 아이들도 평등하게 교육의 혜택을 누렸다.

종교개혁으로 더 많은 사람들이 글을 읽고 배울 수 있었다. 그 결과 지식은 폭발적으로 증가했다. 하나님이 모든 사람들에게 재능과 기술을 주셨고 모든 사람들을 축복하기 원하신다는 사실을 생각할 때, 대부분의 아이들이 교육을 받지 못한 것은 얼마나 큰 손실인가! 우리가 아이들에게 자유와 교육의 기회를 주지 않는다면, 새로운 사고와 발명은 나오지 않을 것이다.

나는 아내와 함께 톰 블루머 박사의 안내를 받으며 제네바의 역사적인 장소를 방문했다. 나는 존 칼뱅이 세운 학교 앞에 서서 견고한 석벽을 바라보았다. 바로 그곳이 위대한 변화가 시작된 장소였다. 나는 흥분했고, 수많은 아이들에게 흘러간 교육이라는 강물의 원류를 보고 있는 듯했다.

### 자유 세계의 기초를 놓다

칼뱅을 비롯한 종교 개혁가들이 발견했던 또 다른 개념은 인간의 죄성이다. 그들은 아무도 완벽하지 않다는 사실을 알았기 때문에 지도자와 정부의 권력을 제한해야 한다고 가르쳤다. 그들은 구약 시대에 선지자, 제사장, 왕의 권력을 분리한 것을 따라 견제와 균형의 권력체제를 만들었다. 그들은 통치자가 지나치게 많은 권력을 지니면 자신의 죄성 때문에 부패한 독재자가 된다고 주장하면서 권력의 집중을 막았다.

입법부, 사법부, 행정부로 구성된 정부 형태는 신명기와 이사야 말씀에 근거한다.

> 대저 여호와는 우리 재판장이시요 여호와는 우리에게 율법을 세우신 이요 여호와는 우리의 왕이시니(사 33:22)

스위스의 종교 개혁가들은 여기서 한 걸음 더 나아가 정부의 세 권력을 각각 다른 도시에 두었다. 그들은 또 국가 권력을 캔턴(스위스 연방의 주)과 도시에 나눠 주었다.

유럽은 성경 원칙에 따라 나라를 세운 스위스를 주의 깊게 지켜봤다. 결국 유럽의 많은 나라들은 그 원칙을 따라했다. 수 세기 후 미국 헌법에 입법부, 사법부, 행정부의 분립이 명시된 것도 다 그 원칙에 영향을 받은 것이다.

서유럽과 북미의 자유는 우연히 발생한 것이 아니다. 자유는 성경에서 진리와 원칙을 찾고자 노력했던 성도들이 있었기에 가능했다. 그리고 존 칼뱅과 종교개혁가들의 가르침이 자유 세계의 기초를 세워 놓았다.

### 가난한 자들을 돌보다

스위스의 종교개혁가들은 성경을 통해서 그들이 가난한 자들을 책임져야 한다고 배웠다.

1500년대에 제네바는 영국, 스코틀랜드, 프랑스, 이탈리아의 도시국가에서 핍박을 피해 온 개신교 난민들을 받아들였다. 제네바 사람들은 자기 집을 한 층 더 올려 기꺼이 그들에게 머물 곳을 마련해 주었다.

사실 '난민'(refugee)이라는 말은 제네바의 그리스도인들이 만들어낸 것이다. '외국인'의 유입이 부담스러울 수도 있었지만, 그들은 기꺼이 자신의 집으로 받아들였다.

나는 톰 블루머 박사와 함께 제네바를 여행하면서 언덕 위에 서서 도시의 오래된 건물들을 내려다보았다. 톰은 제네바 시민들이 난민을 받아들이려고 새로 증축한 건물 윗부분이 여러 해가 지난 지금까지도 아랫부분과 색깔이 다르다는 사실을 지적했다. 그것은 난민들을 향한 그들의 넓은 마음과 배려를 보여 준다.

제네바의 난민들은 오늘의 제네바를 만드는 데 많은 기여를 했다. 그들 중에는 예술가, 음악가, 그리고 당시 유럽에서 새로 생겨난 사업가 계층에 속한 사람들이 많았다. 그들은 제네바와 스위스 전체에 새로운 기술과 지식을 전파했다.

가난한 자들에게도 하나님 앞에서 스스로를 돌봐야 할 책임이 있었다. 그들은 자신의 일을 하면서 필요한 부분에서만 도움을 받았다. 유럽의 여러 나라는 제네바를 본받아 가난한 자들을 돌보았고, 바로 여기서 유럽의 많은 자선사업과 개혁운동이 생겨났다.

### 필요는 발명의 어머니가 아니다

많은 학자들은 "사회 변화는 사람들이 어떤 것에 대한 필요성을 느끼고 그것을 찾고자 노력할 때 발생한다"고 가르친다. 그러나 그 말이 정말 사실이라면, 왜 인도나 중국처럼 고아원이나 병원, 각종 구호단체가 가장 절실하게 필요한 나라에서는 그런 것들이 생겨나지 않는 걸까?

필요는 발명의 어머니가 아니다. 변화는 성경의 계시로 일어난다. 성경을 읽는 사람이 문제를 발견하고 필요를 채우기 위해 노력할 때 사회는 발전하는 것이다.

물론 칼뱅을 비난하는 사람들도 있다. 사회를 개혁하려고 했던 그의 노력이 언제나 성경과 일치한 것은 아니었다. 그러나 그는 제네바에 튼튼한 기초를 세워 놓았다. 그가 가르친 성경의 원칙(특히 삶의 모든 영역에서 거룩할 수 있다는 생각)은 사회 개혁, 교육, 정부, 경제 등 여러 분야에서 자유와 번영을 낳았다.

칼뱅의 사상은 스칸디나비아, 스코틀랜드, 영국, 네덜란드로 전해졌고, 청교도들을 통해 신세계에도 퍼졌다. 하나님 말씀에 기초하여 나라를 세우고자 노력했던 칼뱅은 여러 세기 동안 세계 여러 나라에 막대한 영향을 미쳤다.

### 암흑의 시대, 계몽주의

안타깝게도, 제네바는 계속 발전하지 못했다. 다음 세대들이 번영과 자유의 원천인 성경의 원칙에 등을 돌렸기 때문이다.

종교개혁가들이 보편적인 교육을 강조한 결과, 폭발적으로 많은 사람들이 학문을 추구하기 시작했다. 그러나 그 학문적 열정은 1700년대에 '계몽주의'라는 철학적 운동을 낳았다. 그 운동은 '인간은 이성에 의지하여 필요한 모든 진리를 얻을 수 있다'는 합리주의를 기반으로 한다.

학자들은 하나님 말씀을 버리고 인본주의적 가르침, 특히 고대 그리스 사상에 의존했다. 제네바의 대학과 신학교는 성경을 모르는 교수와 학생들로 가득했다. 유럽은 계몽된 것이 아니라 영적 어둠에 빠졌던 것이다.

만일 그런 단절 없이 종교개혁이 계속되었다면 어땠을까? 그랬다면 19세기에 유럽이 경험한 잔혹한 혁명과 끔찍한 전쟁을 피할 수 있지 않았을까? 유럽의 지도자들이 자신과 국가를 위해 성경의 원칙을 계속 따랐다면, 20세기 유럽에 등장한 무솔리니와 히틀러의 파시즘, 레닌과 스탈린의 공산주의를 피할 수 있지 않았을까?

### 다시 불을 붙이다

여러 세기 동안 영적 어둠은 점점 커졌고, 사람들은 하나님 말씀을 무시했다. 그러나 하나님은 여전히 스위스를 부흥케 하고 잘못을 바로잡기 위해 역사하셨다.

19세기 초, 제네바는 나폴레옹의 지배로 한동안 자유를 잃었다. 그러나 그들은 정치적 자유를 되찾았고, 1814년에 스위스 연방에 가입했다.

1815년, 젊은 스코틀랜드 인 선교사 로버트 홀데인이 제네바에 왔다. 그는 사람들이 하나님과 하나님 말씀에 너무나 무지한 것을 보고 충격을 받았다. 그래서 그는 제네바에서 성경공부 모임을 시작했다. 그 모임을 통해 많은 사람들이 예수님을 만났고, 그들 중에는 상류층 사람들도 있었다. 제네바에는 새로운 교회들이 생겨났으며, 많은 선교사들을 해외로 파송했다. 제네바는 종교개혁가들이 가르쳤던 성경의 진리를 다시 되찾았다.

학자들의 성경 이해는 종교개혁 시대의 수준으로 회복되지는 못했다. 그러나 스위스 사람들은 프랜시스 쉐퍼가 경건한 조상의 '열매의 열매의 열매'라고 부른 유산을 즐겼다. 스위스는 작지만 부유한 나라, 모든 나라와 평화를 누리는 유럽의 독특한 나라로 발전했다.

### 한 사람의 긍휼로 태어난 적십자

많은 사람들이 적십자 본부가 제네바에 있다는 사실을 알고 있다. 하지만 적십자가 영적 부흥의 결과로 탄생했다는 사실을 아는 사람은 많지 않다.

이야기는 앙리 뒤낭이라는 스위스 사람으로부터 시작된다. 그는 젊은 시절에 홀데인이 일으킨 부흥으로 세워진 교회에 다녔다. 그는 십대 때부터 다른 젊은이들과 함께 성경을 공부하고 가난한 사람들을 도울 방법을 연구했다.[1]

뒤낭은 돈을 벌기 위해 여기저기 돌아다녔는데, 한 번은 프랑스 군과 오스트리아 군이 잔혹한 전투를 벌이던 솔페리노에 갔다. 그는 그곳에서 부상병들이 바닥에 나뒹굴며 죽어 가는 모습을 보았다. 그는 왜 아무도 돕는 사람이 없냐고 물었지만 사람들은 신경 쓰지 말고 가던 길을 가라고 충고했다. 그들은 만일 그가 부상자들을 도우러 전쟁터에 들어간다면 한쪽 또는 양쪽 군대가 그에게 총을 쏠 것이라고 했다. 부상자는 스스로 걸어 나오든지 아니면 바닥에 누운 채 죽어야 하는 것이 오랜 전쟁의 풍습이었다.

뒤낭은 큰 충격을 받았다. 그가 교회에서 배운 하나님의 방법과 너무나 달랐기 때문이다. 뒤낭은 가난한 사람들에 대한 긍휼함이 마음에서 더 커져 갔다.

1862년, 그는 「솔페리노의 회상」(*Un Souvenir de Solferino*, 대한적십자사 역간)이라는 소책자를 썼다. 그 책은 유럽 각지에 퍼졌고, 수만 명의 사람들이 그의 글을 읽었다. 그 글을 통해 많은 사람들이 양심의 소리를 들었다. 그리고 뒤낭은 여러 나라에 초청받아 왕과 의회 앞에서 부상병 처리에 관한 연설을 했다.

뒤낭의 노력은 5인 위원회로 이어졌고, 후에 국제적십자사로 발전했다. 1863년 10월, 5인 위원회는 제네바에서 최초의 모임을 열었고, 그 모임에서 16개국이 부상병의 권리를 규정하고 전쟁의 잔혹한 풍습을 제한하는 조약에 승인했다. 그것은 아모스서의 원칙에 근거한 것으로, 올바른 방법으로 전쟁하고 포로를 함부로 다루지 않기를 원하시는 하나님의 마음을 보여 주는 것이었다.

칼뱅과 종교개혁가들로 시작된 제네바와 스위스의 개혁은 전 세계로 퍼져 나갔고, 이로써 하나님의 정의와 공의, 긍휼의 원칙이 열방에 전해졌다.

칼뱅, 루터, 헤우게, 카이퍼, 캐리, 웨슬리는 어떤 기준으로 봐도 나라를 세운 위인들이다. 당신도 그들처럼 예수님께 순종하고 예수님 말씀을 삶의 모든 영역과 사회에 적용한다면, 나라를 세우는 사람이 될 수 있다.

당신은 직장에서 예수님을 위해 일하는가? 당신은 직장에서 성경의 원칙과 행동에 따라 일하는가? 만일 당신이 목사나 사역자라면 사람들에게 그렇게 하라고 격려하는가? 당신은 소리 없이 선한 영향력을 행사함으로써 직장에서 하나님나라를 확장하고 있는가?

나라를 세운 사람들은 너무도 위대해 보인다. 그들에 비하면 나의 노력은 보잘것없어 보인다. 당신은 헤우게나 웨슬리처럼 스키나 말을 타고 수십만 마일을 여행하면서 설교할 수는 없을 것이다. 그리고 캐리처럼 사회의 모든 영역에 영향을 미치거나 카이퍼처럼 설교자이면서 언론인이고, 교육자면서 정치가가 되지는 못할 것이다. 그러나 평생 동안 성경의 원칙을 열한 명에게 가르칠 수는 있지 않을까? 이것은 우리 모두가 이룰 수 있는 목표다.

예수님도 그렇게 하셨다. 예수님은 큰 무리를 가르치셨지만 그분을 진심으로 따르는 사람은 그 중 5백 명이었고(고전 15:6), 끝까지 예수님 곁에 남은 자는 120명뿐이었다(행 1:15). 예수님은 열두 명을 훈련시키는 데 가장 큰 노력을 기울이셨고, 그들 중 한 명을 잃으셨다. 하지만 그 열한 명이 이룬 일은 얼마나 위대한가!

예수님은 하나님의 아들의 능력으로 대중을 교육하고 수백만 명의 사람들을 훈련시키실 수도 있었다. 하지만 그분은 제자를 삼는 일이 개인적이고 친밀한 과정임을 보여 주셨다. 예수님은 소수의 사람들에게 그분의 삶을 투자하셨다. 이것이 바로 우리가 따라야 할 삶의 모범이다. 누구나 열한 명을 훈련시킬 수 있고, 그들에게 하나님 원칙을 따라 사는 삶을 보여 줄 수 있다. 우리는 모두 나라를 세우는 사람이 될 수 있다!

# 3부 | 성경이 말하는 변화의 비결

15

# 하나님의 속성과 열방의 변화

성경은 어떻게 민족과 국가를 바꾸는가? 나는 스위스 YWAM에서 프랜시스 쉐퍼 박사의 강의를 들었다. 라브리 펠로십(L'Abri Fellowship)의 설립자인 쉐퍼 박사는 뛰어난 사상가였다.[1] 그는 기독교가 단지 종교가 아니라 진리임을 이해했다.

성경은 우리가 성경을 믿기 때문에 진리가 되는 것이 아니다. 성경은 우리가 믿든 안 믿든 진리다. 나는 쉐퍼 박사의 가르침에서 성경의 네 가지 기본 개념을 배웠다. 그것은 우리가 세계를 바라보는 방식과 살아가는 방식에 큰 영향을 미친다. 그 네 가지는 다음과 같다.

- 하나님의 속성
- 인간의 속성
- 인간이 인식할 수 있는, 변하지 않는 진리의 존재
- 진리를 따라 살아야 할 인간의 책임

이 네 가지 개념에서 출발한다면 당신은 삶의 모든 영역에서 변화를 일으킬 수 있다. 쉐퍼 박사는 이 네 가지 개념은 성경 전체에 걸쳐 나오지만, 성경의 첫 여섯 장만 읽어도 사회를 바꿀 수 있는 모든 개념을 배울 수 있다고 말했다.[2] 이 장에서는 성경을 믿는 사람들에게 축복을 주는 위대한 네 가지 개념 중 가장 근본적인 진리인 하나님의 속성에 대해 다루겠다.

우리가 하나님의 성품과 본성을 알 때, 우리가 변하고 나라가 변한다. 하나님의 속성에는 개인의 삶과 사회의 기반이 되는 특별한 것이 있다. 하나님은 사랑이시고, 의로우시며, 친절하시고, 선하시고, 긍휼이 많으시며, 그 외에도 다양한 성품을 지니신다. 나는 그 중 두 가지 진리에 초점을 맞추겠다.

### 하나님의 속성-통일성과 다양성

성경이 말하는 삼위일체, 즉 하나님은 한 분이시지만 세 인격을 가지신다는 교리는 열방을 바꿀 수 있는 중심 사상이다. 창세기 1장에 나오는 하나님의 이름은 엘로힘(*Elohim*)이다. 이것은 단수도 복수도 아니고, 마치 포도 알갱이가 모인 포도송이처럼 복합적인 단일체다. 하나님은 한 분이시고, 세 인격을 가지신다.

창세기 1장 26절에서 하나님은 말씀하신다. "우리의 형상을 따라 우리의 모양대로 우리가 사람을 만들고."

'하나님은 한 분이시지만 세 인격을 가지신다'는 주제는 성경 전체를 통해 드러나는데, 우리는 여기서 열방을 바꾸기 위한 중요 개념을 배울 수 있다. 그것은 바로 통일성과 다양성이라는 개념이다. 이 개념은 정치 영역에서는 자유, 경제 영역에서는 사업가 정신, 학문 영역에서는 대학 구조의 기초를 제공한다. 사실 대학(university)이라는 단어 자체가 다양성(diverse) 속의 통일성(unified)이라는 개념을 반영한다.

삼위일체에서 나온 통일성과 다양성의 개념은 우리가 건강한 관계를 맺는 데 도움이 된다. 하지만 이 개념은 유한한 인간은 결코 생각해 낼 수 없는 것이고, 오직 하나님이 성경을 통해 계시하셨기 때문에 우리가 알 수 있는 것이다. 삼위일체를 제대로 이해하는 것은 우리에게 여전히 어려운 일이다. 가장 좋은 방법은, 성 패트릭이 켈트 족에게 설교했을 때처럼, 비유를 통해 설명하는 것이다. 그는 토끼풀이 세 잎으로 이루어졌지만 하나인 것을 예로 들면서, 하나님도 한 분이시지만 그분 안에 다양성이 존재한다고 설명했다.

세계는 삼위일체의 비유로 가득 차 있다. 지구는 땅과 바다와 하늘로 구성된다. 과학은 물질을 고체, 액체, 기체로 나눈다. 물은 얼음, 물, 수증기로 변한다. 우리는 길이, 깊이, 넓이를 잰다. 시간은 과거, 현재, 미래를 포함한다. 인간은 영, 혼, 육으로 구성된다. 하나님은 그분 자신이 삼위로 이루어지신 것처럼 세상 곳곳을 세 부분으로 만드신 것 같다. 그러나 우리는 하나님이 세 인격을 가지시면서 동시에 한 분이시라는 삼위일체의 개념을 완전히 설명할 수는 없다. 이것은 논리의 문제가 아니다. 문제는 우리의 이성으로는 무한하신 하나님을 적절하게 설명할 수 없다는 것이다. C. S. 루이스는 인간이 삼위일체를 이해하기 어려운 것은 2차원의 세계에 살면서 3차원의 물체를 상상하기 어려운 것과 마찬가지라고 말했다.[3]

기독교 유산을 물려받은 나라는 비록 제한된 지식이지만 삼위일체에 대한 이해가 있다. 그들은 질서와 자유의 균형을 잡고 복잡한 현대 사회를 다룰 수 있는 능력을 더 많이 갖추고 있다. 통일성과 다양성의 개념은 그들에게 축복이다. 하나님과 성경을 믿지 않는 사람도 그 개념에 근거한 사회에서 살 때는 유익을 얻는다.

유럽에서는 많은 사람들이 삼위일체 하나님에 대한 신앙에서 멀어지고 있다. 그들은 쉐퍼 박사가 '열매의 열매의 열매'라고 부른 이전 세대의 신앙의 유익에서 멀어졌다. 하지만 삼권이 분리된 민주정부, 개인의 자유, 생산성 높은 경제 등을 여전히 즐기고 있다. 그들은 그리스도인들이 여러 세기 전에 세워 놓은 사회의 기초 덕분에 지금의 축복을 누리고 있는 것이다. 서구국가가 다른 나라와 구별되는 점이 바로 이것이다. 하지만 그들이 성경적 가치관에서 계속 멀어진다면 그 축복은 점차 사라질 것이며, 결국은 통일성과 다양성의 이해에서 오는 모든 축복을 잃어버릴 것이다.

몇 년 전, 나는 중앙 아시아에 있는 모스크에서 무슬림 지도자들과 대화를 나눈 적이 있다. 나는 그 모스크의 책임자와 친해졌는데, 그는 나를 초청하여 그의 동료들에게 예수님 이야기를 전하도록 했다. 그 경건한 무슬림들은 내 말을 듣더니 내가 평소에 자주 듣는 반론을 제기했다. "당신은 세 분의 신을 믿는군요!"

무슬림들이 삼위일체의 하나님을 받아들이지 못하는 것은 사실 당연한 일이다. 성경의 하나님만이 통일성과 다양성을 함께 지니시기 때문이다. 대부분의 무슬림들은 하나의 인격을 가진 신(알라)을 믿는다. 그것은 다양성 없는 통일성이다. 반면 힌두교에는 수백만의 신이 있는데, 이것은 통일성 없는 다양성이다. 현대식 힌두교에서는 다양한 신은 모두 한 존재의 표현이라고 말할지도 모르지만 그것은 너무도 비인격적으로 존재하며, 때로는 단지 '존재한다'고만 정의되기 때문에 통일성을 찾기가 힘들다.

우리는 통일성을 유한한 수준으로만 경험한다. 부부관계를 생각해 볼 때, 사실 인간은 부부가 어떻게 하나가 되는지 설명하기조차 힘들다. 우리는 하나님의 세 인격이 이루는 완벽한 통일성을 완벽하게 정의할 수 없다. 그러나 그 개념은 진리다. 통일성의 한 부분인 완벽한 지식에 대해 생각해 보라. 성부 하나님, 성자 하나님, 성령 하나님은 지식이 무한하시며 모든 것을 아신다. 삼위 사이에는 숨겨진 일이 없고, 삼위일체 하나님이 모르시는 일은 하나도 없다. 얼마나 놀라운 통일성인가!

성부 하나님, 성자 하나님, 성령 하나님은 모두 전능하시다. 세 분은 동일한 목표에 헌신하셨고, 동일한 목적을 이루기 위해 협력하시며, 존중과 사랑으로 서로의 뜻을 따르신다. 그리고 세 분은 어느 곳에나 계신다. 이처럼 하나님은 완벽한 한 분이시며, 우리가 상상할 수 없는 다양성을 지니신다. 하나님은 절대적인 통일성과 다양성을 함께 지니신다. 그래서 우리는 놀라운 창조성을 발휘할 수 있다.

### 사람은 자신이 섬기는 신을 닮아 간다

만일 당신이 어떤 나라를 이해하고 싶다면 반드시 그 나라 사람들이 신에 대해 어떻게 생각하는지를 알아야 한다. 인간은 모두 자신이 섬기는 신을 닮기 마련이기 때문이다.

중동과 북아프리카의 민족들을 생각해 보자. 그들은 상명하달식 조직을 당연하게 여기고, 정부는 종교적 율법주의를 국민들에게 강요한다. 지도자의 부정부패는 흔한 일이다. 남과 다른 생각이나 행동은 허용되지 않는다. 그들의 신은 다양성 없는 통일성의 대표적인 예다. 그런 신을 섬긴다면 중동과 북아프리카 같은 문화가 생겨날 수밖에 없다.

그 개념은 환경에도 영향을 미친다. 나는 이스라엘에서 사막에 꽃을 피웠다고 할 만큼 열심히 나무를 가꾼 그들의 노력을 보고 감탄했다. 한 외국인은 터키 인들이 팔레스타인을 지배하던 시절에 대해 이야기했다. 그들은 나무의 수에 따라 재산을 측정해서 세금을 부과했는데, 이 때문에 사람들은 나무를 잘라 버렸다고 한다. 그 지역의 사막과 메마른 황무지는 바로 그들의 세계관을 반영하는 것이다.

가난과 불평등의 문제가 심각하고 자유가 없는 나라에서 살고 싶다면, 힌두교 신들을 섬기면 된다. 힌두교는 통일성 없는 다양성의 독재를 보여 준다. 인도의 지도계층이 누리고 있는 자유는 수억 명의 사람들에게 절망적인 삶을 강요하는 엄격한 카스트 제도 덕분이다. 여기에는 통일성이 없다. 그들의 세계관에는 도덕적인 하나님이 그분의 형상을 따라 인간을 만드신 것에 대한 믿음이 전혀 없다. 힌두교도들은 사람들의 고통을 전생의 죄에 대한 심판이라고 생각하기 때문에 끔찍한 고통을 보고도 아무런 조치를 취하지 않는다. 최고 계급인 브라만은 인구의 5%밖에 안 되지만, 정부 고위 관료직의 70%와 판사직의 78%를 차지한다.[4]

우리는 성경에 계시된 하나님을 섬겨야 한다. 성경의 하나님만이 우리의 예배를 받으시기에 합당하시다. 우리는 하나님을 섬길 때만 국민들이 자유와 번영, 사회의 혜택을 누리는 나라를 세울 수 있다.

# 16

# 하나님의 속성에 대한 믿음의 중요성

삼위일체에 나타난 통일성과 다양성을 이해하지 못하는 나라는 높은 수준의 자유와 창조성을 누릴 수 없다. 그들은 인간이 자신의 잠재력을 실현할 때 나타나는 폭발적인 지식의 증가와 부의 창출을 경험하지 못한다. 사회 지도자들은 통일성과 다양성의 개념을 이해해야 한다. 다양한 사람이 다양한 일을 통해 자신의 생각과 노력으로 사회에 기여할 때, 생산성 높고 부유한 사회를 창조할 수 있다. 지도자가 개인의 창조성을 소중하게 여기지 않으면 나라는 발전할 수 없다.

소련, 나치가 지배하던 독일, 쿠바, 북한 같은 나라들은 국민에게 모두 동일하게 생각하고 행동할 것을 강요했다. 그러나 역사는 이런 국가는 정체되고 결국 무너진다는 사실을 보여 준다. 개인의 삶과 사회의 모든 영역에서 건전하고 생산적인 다양성은 꼭 필요하다.

이집트 인 친구 나빌은 쿠웨이트 공항에서 세 명의 무슬림들이 옆에서 하는 이야기를 우연히 들었다. 그들은 비행기가 이륙하는 것을 보면서 이렇게 말했다. "무슬림은 저런 제트 비행기를 조종은 하면서 왜 만들지는 못할까?"

왜 이슬람에서는 훌륭한 기술이 나오지 않을까? 이슬람에도 다른 지역만큼이나 똑똑하고 재능 있는 사람들이 많은데 말이다. 그들은 편협한 사고, 율법주의, 엄격한 위계질서에 묶여 발전하지 못했다. 이슬람 문화는 그들의 세계관이 진보하지 못하도록 막았고, 사람들이 혁신적인 생각을 하지 못하게 방해했다.

### 다른 사람이 쌓은 탑을 무너뜨리다

알카에다처럼 극단적인 무슬림 테러 조직은 '순수한' 이슬람으로 돌아가 사람들을 통제하기 원한다. 지난 2001년에 있었던 '9.11테러'를 생각해 보라. 그들은 장난감 벽돌로 탑을 쌓지 못해 고민하는 어린아이들 같다. 그들은 자기가 탑을 쌓지 못하자 남이 쌓은 탑을 무너뜨렸다. 이처럼 무슬림 근본주의자들은 세상을 이슬람이 지배하던 9세기처럼 단순한 시대로 바꿔 놓기를 원한다. 9세기에 이슬람은 통치 권력의 기초였다. 통치자들은 절대 권력을 누렸고, 백성들을 마음대로 다스렸다. 통치자가 선정을 베풀면 국가는 제한적으로나마 발전했고, 통치자가 독재자일 때는 백성들이 큰 고통을 받았다. 그 시대에 창조성과 새로운 사상은 찾아보기 힘들었다.

유럽이 암흑시대일 때, 이슬람 도시는 교육과 예술의 중심지였다. 그러나 그들의 세계관이 지닌 한계 때문에 그들은 정체했고, 세계에서 주도권을 잃고 말았다. 이슬람 문화는 현대 사회에서 완전히 고립되어 있다.

### 통일성 없는 다양성은 혼란을 일으킨다

통일성 없는 다양성은 문제를 일으킨다. 통일성이 없다면 무정부 상태가 되고 만다. 나는 다양성이 지나쳐 모든 질서가 무너져 버린 나라에 가 봤다. 그곳의 상황은 끔찍했다. 나는 중앙 아프리카에서 군인이 사람들에게 총을 겨누고 돈을 뺏는 장면을 보았다. 또 여러 파벌들이 도시를 나누어 지배하는 모습도 보았다. 그것은 완전한 혼란이었고, 어느 누구도 안전하지 않았다. 그런 곳에는 다양성은 있지만 통일성이 없다. 통일성과 다양성이 함께 있을 때 우리는 창조적이고 자유로울 수 있다.

### 하나님의 속성에 대한 이해가 국가의 운명을 바꾼다

기독교 전통은 있지만 삼위일체의 통일성과 다양성을 이해하지 못하는 나라는 복음의 축복을 온전히 누릴 수 없다.

러시아는 차르의 가혹한 통치를 받다가 나중에는 그보다 더 가혹한 공산주의자들의 통치를 받았다. 차르 통치 시절에 러시아는 미미한 경제 성장을 보였고, 70년간의 공산주의 통치 후에는 국부와 국력이 모두 소진되었다. 억압적이고 권위주의적인 지도자들은 러시아 민족의 창조성과 주도성을 파괴했다. 공산주의 통치가 끝난 지 16년이 지났지만 러시아는 여전히 혼란 속에 있다.

우리는 과거에서 교훈을 얻어야 한다. 과거는 메말라 버린 죽은 자료가 아니다. 하나님의 속성에 대한 이해는 개인의 삶과 국가에 큰 영향을 미친다. 그것에 따라 운명이 바뀔 수 있는 것이다.

1,500년 전에 삼위일체의 '위계질서'에 대한 의견 차이로 교회가 분열하기 시작했다.[1] 결국 동방 교회와 서방 교회는 11세기에 대분열(the Great Schism)을 겪었다. 동방 교회는 성자와 성령의 위치가 성부보다 낮다고 말했다. 반면 서방 교회는 삼위일체의 각 인격이 평등하며 성부, 성자, 성령이 서로 사랑 안에서 순종한다고 주장했다(요 17장; 빌 2:9-10; 골 1:13-20). 이러한 서방 교회의 관점 때문에 사람들은 성삼위가 절대적으로 평등하면서도 무한한 통일성과 다양성을 지닌다고 믿을 수 있었다(요 5:18-24; 빌 2:6-7).

나는 동방 정교회 안에서 주님을 신실하게 섬기는 사람들을 많이 알고 있다. 동방 교회의 많은 성도들은 겸손하게 헌신하는 삶을 살았고, 하나님께 온전히 충성했으며, 수많은 폭군들의 모진 핍박을 다 이겨 냈다. 그러나 삼위일체에 대한 관점은 동방 교회에 심각한 문제를 야기했다. 그들은 성부, 성자, 성령 하나님이 보이신 '다양성 속의 통일성'이라는 개념에서 나오는 창조적 자유와 조화를 누리지 못했다. 동방 교회 교인들은 삼위일체 안에 상호 순종이 없다고 생각했다. 그들은 자유롭고 다양하면서도 통일된 민족으로 발전하기 위한 개념을 이해하지 못했다.

동방 교회에는 종교개혁이 없었고, 자연히 '만인 제사장론'도 없다. 삼위일체를 위계질서로 보는 관점이 그들의 발전을 방해했다. 그들은 사람들이 자유를 누리고 재능을 발휘하도록 격려하는 대신, 가정에서 정부까지 사회 구조의 모든 부분에서 하나님을 위계질서로 보는 관점을 그대로 반영했다. 동구권 국가들은 절대 군주의 독재와 공산주의의 잔혹한 지배로 고통당했고, 결국 20세기 말에 정치적, 경제적으로 붕괴하고 말았다.

물론 그것은 동방 교회만의 문제는 아니다. 서유럽에도 위계질서 중심의 사고방식에 대한 유혹이 존재했고, 많은 사람들이 그 사고를 받아들임으로써 개인의 자유를 침범했다. 나는 목사나 기독교 단체의 책임자가 마치 왕처럼 행동하면서 사람들에게 순종을 강요하는 모습을 많이 봤다. 그렇게 되면 사람들은 결코 자신의 재능을 발휘하지 못한다. 우리는 '상호 순종'과 '섬기는 지도력'이라는 원칙을 기억하고 실천해야 한다(엡 5:21; 막 10:42-45). 그러나 삼위일체에 관한 정교회의 관점 때문에 동유럽 문화는 왜곡된 권위주의의 위험에 쉽게 노출되었다.

하나님은 동유럽과 러시아 사람들이 재능과 은사를 발휘하기를 원하신다. 우리는 그들에게 섬기는 지도력과 상호 순종, 삼위일체에 기초한 다양성 속의 통일성 개념을 가르쳐야 한다. 그래야만 그들은 나라를 다시 세울 수 있다.

### 찾은 것을 파괴해서는 안 된다

오늘날 서구국가의 자유와 번영은 다양성 속의 통일성 개념에 근거한 것이다. 많은 사람들이 서구국가로 가서 그 축복을 함께 누리기를 원한다. 나는 그들을 비난하지 않는다. 내가 힌두교도였다면 나 역시 내 자녀가 서구국가에 가서 더 나은 삶을 살기를 원했을 것이다. 그러나 힌두교, 불교, 이슬람을 믿는 사람들이 서구국가에 가서 신전과 사찰, 모스크를 짓고 자신의 종교를 퍼뜨린다면, 자유사회이기에 법적으로는 문제가 되지 않는다 해도, 그들은 자신이 찾은 것을 파괴하는 자들이 되고 만다.

예수님은 그분의 삶을 통해 통일성과 다양성, 순종과 섬김의 본을 보여 주셨다. 우리는 그분의 삶을 따라야 한다. 우리가 그리스도께 순종하고, 사람들과 서로 순종하면서 잠재력을 발휘하고, 다른 사람들도 그렇게 하도록 격려한다면 우리 안에 있는 창조성은 전례 없이 증가할 것이다. 고린도전서 12장은 그 진리를 잘 보여 준다. 우리가 사랑 안에서 서로를 존중할 때 역동적인 창조성은 빛을 발할 것이다. 우리는 상상하지 못했던 놀라운 발전을 경험할 것이며, 열방에는 위대한 변화가 일어날 것이다.

### 무한하시며 인격적이신 하나님

우리는 창세기에서 하나님은 무한하시지만 인격적이시라는 진리를 배운다. 하나님의 그 속성은 다른 종교의 신에는 없는, 오직 하나님에게만 있는 특징이다.

우리가 삼위일체를 이해하기 어려운 것처럼 '무한'이라는 개념도 이해하기 힘들다. 하나님은 시작도 끝도 없는 분이시다(계 1:8). 우리가 전능, 전지, 무소부재(無所不在)라는 개념을 온전히 이해할 수 없듯이, 그분이 무한하시다는 사실 또한 온전히 이해할 수 없다. 우리는 창세기에서 하나님이 말씀을 통해 만물을 창조하시는 이야기를 읽을 때 그 사실을 확인한다. 그것은 정말 놀라운 진리다.

하나님이 피조물인 인간과 인격적으로 만나신다는 사실을 깨달을 때, 우리의 마음은 진정 뜨거워지고 우리의 입에서는 탄식이 터진다. 우리는 창세기만 읽어도 하나님이 인격적인 분이심을 알 수 있다. 하나님은 지성, 의지, 감정을 지니고 계신다. 하나님은 하기 원하는 일을 생각하시고, 그 일을 하기로 결정하시며, 그 일에 대해 감정적인 반응을 보이신다. 하나님은 피조 세계를 보며 기쁨과 만족을 느끼셨고, 인간이 하나님께 반항했을 때 슬픔을 보이셨다. 우리는 다음 장에서 하나님이 인간을 그분의 형상을 따라 지으셨다는 진리를 통해 이것에 대해 좀 더 자세히 살펴볼 것이다.

하나님이 자신을 처음 계시하신 책인 창세기는 그분이 무한하시며 인격적이신 분이라는 진리를 보여 준다. 이것은 우리 삶에서 아주 중요한 진리다.

## 오직 성경의 하나님만 무한하시고 인격적이시다

다른 종교는 성경이 말하는 하나님의 모습을 보여 주지 못한다. 성경의 하나님은 인간이 섬기는 모든 신들과 다르다. 1970년대 초, 나는 케임브리지 대학의 트리니티 칼리지에서 신학과 학생들을 만났다. 나는 채플 모임에서 강의를 했는데, 신학과 교수 몇 명도 함께 참석했다. 그날 내 강의를 들으러 모인 학생들은 유쾌하고 총명해 보였지만, 그들 중 많은 학생들이 하나님도 성경도 믿지 않았다. 나는 "하나님의 존재를 어떻게 증명할 것인가?"를 강의 주제로 선택했다.

나는 "성경의 하나님을 예배하는 자만이 무한하시고 인격적이신 하나님을 만날 수 있다"고 말했다. 그리고 말을 멈췄다. 내 강의를 듣는 사람들 중에는 비교 종교 전문가도 있었다. 나는 그들이 나의 담대한 발언에 이의를 제기하리라 생각했다. 그러나 아무도 반박하지 않았다. 모두 조용히 동의할 뿐이었다.

무슬림들은 하루에 다섯 번 기도한다. 그들은 "알라는 위대하시고 무한하시다"라고 반복한다. 그러나 그들은 "알라가 오늘 내게 내려와 말씀하셨다. 나는 그분께 말했고, 그분은 내게 말씀하셨다"라고는 말하지 않는다. 알라와 인격적인 관계를 맺는 것은 신성모독이라고 믿기 때문이다. 나는 세계 모든 나라를 방문하면서 선하고 경건한 무슬림들을 많이 만났다. 그러나 나는 그들이 알라와의 인격적인 관계에 대해 이야기하는 모습은 본 적이 없다.

힌두교에도 무한하고 인격적인 신은 없다. 그들은 무한하고 비인격적인 브라만 신을 믿는다. 하지만 그들은 브라만을 알 수 없다. 힌두교에는 브라만 외에도 유한하고 인격적인 신이 있다. 어떤 사람은 인도에 3천6백만 개의 신이 있다고 하지만, 다른 자료에 따르면 3억 3천만 개의 신이 있다.[2] 그러나 힌두교는 무한하시고 인격적이신 성경의 하나님을 모른다. 그들은 바울이 아레오바고에서 만난 헬라 인들처럼 많은 신을 섬긴다. 고대 헬라 인과 오늘날 힌두교도들이 '알지 못하는 신'은 바로 성경의 하나님이다(행 17:22-28).

불교, 조로아스터교, 도교, 일본의 신도, 정령숭배, 뉴에이지 등 어느 종교를 봐도 신은 무한하고 비인격적이거나, 유한하고 인격적이거나, 유한하고 비인격적이다. 또 어떤 사람은 신은 없고 만물의 원리 또는 물질만 존재한다고 믿는다.

'무한하고 인격적'이라는 개념은 왜 그렇게 중요한가? 사람은 자신이 섬기는 신을 닮아 가기 때문이다. 성경의 하나님만이 우리의 섬김을 받으시기에 합당하시다. 우리가 그분을 섬길 때, 우리는 하나님과 이웃을 향한 사랑을 바탕으로 자유롭고 번영하는 사회를 세울 수 있다. 성경의 하나님은 무한하시기 때문에 우리는 그분이 한없는 창조성, 발전, 계시를 우리에게 주실 것을 신뢰한다. 그리고 성경의 하나님은 인격적이시기 때문에 우리의 삶은 의미가 있고, 우리는 그분과 사랑의 관계를 맺을 수 있다. 성경은 하나님이 우리를 먼저 사랑하셨기 때문에 우리가 하나님을 사랑할 수 있다고 말한다(요일 4:19).

하나님을 향한 우리의 믿음은 사업, 정부, 언론, 예술, 가정, 교회, 교육 등 우리가 하는 모든 일에 영향을 미친다. 그리고 그것은 개인과 국가의 운명을 좌우한다. 우리는 하나님의 형상을 따라 창조되었고 하나님 말씀이 우리를 인도하기 때문에, 우리는 그분이 우리를 창조하신 뜻에 따라 살 수 있다. 우리가 그분의 뜻에 따를 때, 우리는 개인의 삶에서 만족을 경험하고 부유한 사회를 건설할 수 있다.

성경에 나온 하나님의 속성에 관해서는 할 말이 너무 많다. 그러나 나는 여기서 그 모든 것을 다루지는 않겠다. 성경에 나온 그분의 본질과 속성을 이해할 때 우리가 얻는 축복은 다 열거하기도 불가능하다. 나는 이 책에서 그것의 일부를 살짝 소개했을 뿐이다. 나는 당신이 스스로 하나님 말씀을 탐구하여 보물을 발견하기 바란다.

쉐퍼 박사는 열방을 바꾸는 진리에 관해 세 가지를 더 말했다. 이것에 대해서는 다음 장에서 살펴볼 것이다.

# 17

# 인간에 관한 중요한 진리

성경의 유산을 지닌 나라는 축복을 받는다. 성경이 없는 나라는 기반이 흔들리고, 결국 무너진다. 우리는, 우리가 믿든 믿지 않든, 하나님 말씀이 진리라는 것을 보았다. 우리가 성경의 진리를 알 때, 우리는 진리에 따라 살아간다. 우리가 성경을 모르거나 성경 말씀을 거부할 때, 우리는 만물을 창조하시고 유지하시는 창조주의 지혜 없이 살아간다. 이것이 우리가 기억해야 하는 기본 개념이다. 우리는 이미 하나님의 속성에 관한 첫 번째 진리를 살펴보았다.

이제 쉐퍼 박사가 말한 기초적인 진리 세 가지를 더 보도록 하자.

### 인간은 하나님의 형상을 따라 창조되었다

창세기를 보면, 하나님은 그분의 형상을 따라 인간을 만들기로 결정하신다(창 1:27). 하나님은 인격적이시며, 우리를 인격적인 존재로 만드셨다. 그분은 모든 인간을 특별하게 창조하셨다(시 139:13-16). 우리는 그분을 닮았기에 생각하고, 느끼고, 선택할 수 있다.

우리는 모두 인격적인 존재이고, 따라서 창조주와 인격적으로 소통

할 수 있다. 하나님은 인격적이시면서 무한하시기 때문에 60억 인류가 그분과 동시에 인격적으로 관계하더라도 아무런 문제가 없다. 예수 그리스도를 영접한 사람은 영원한 기쁨 가운데 그분에 대해 더 알아 가고, 그분을 더 사랑하고, 그분의 사랑을 영원히 받을 것이다.

인간이 인격적이고 개별적인 존재라는 것은 당연한 소리로 들릴 것이다. 하지만 이렇게 생각하지 않는 사람들도 있다. 불교 같은 동양 종교는 개인의 존재를 부정한다. 그들은 우리가 큰 부분, 즉 비인격적인 생명력의 일부분일 뿐이라고 말한다.

2004년 12월 아시아에 쓰나미가 몰아친 후, 많은 종교 지도자들이 그 비극에 대해 다양한 해석을 내렸다. 어떤 불교 지도자는 사랑하는 가족을 잃은 사람들을 위로하고자 이렇게 말했다고 한다.

"인생은 그저 환상일 뿐입니다. 그러니 가족에게 너무 집착할 필요가 없습니다."

그러나 성경의 가르침은 이와 다르다. 하나님 말씀은 인간이 하나님의 형상을 따라 창조되었고, 따라서 모든 사람이 특별하며 소중하다고 가르친다.

예수님은 나사로의 무덤 앞에서 우셨다(요 11:35). 예수님은 나사로가 곧 부활할 것을 아셨는데 왜 우셨을까? 아마도 죄 많은 세상에서 한 인간이 비극적으로 죽은 사실에 대해 슬퍼하며 우셨을 것이다.

모든 사람은 소중하다. 모든 인간은 측량할 수 없을 만큼 존귀하다. 모든 사람이 소중하다는 진리는 우리가 사람을 대하는 태도에 영향을 준다. 그리고 이것은 인권의 기초가 된다. 우리는 인격적이기 때문에 서로가 의미 있는 방식으로 관계한다. 그리고 하나님이 우리를 사랑하시기 때문에 우리는 서로 사랑할 수 있다.

### 우리는 모두 특별한 존재다

창세기에 나온 창조 기사를 읽다 보면 1장 25절과 26절 사이에 전환이 있는 것을 알 수 있다. 하나님은 먼저 땅과 바다, 식물과 동물을 포함한 모든 자연을 창조하셨다. 그리고 26절에서 또 다른 창조를 진행하셨다. 하나님은 "우리가 우리 형상을 따라"라고 말씀하셨다. 하나님은 그렇게 남자와 여자를 만드셨다. 그리고 그들에게 자연을 다스리는 임무를 맡기셨다.

인간은 특별한 창조물이다. 우리는 생물학적으로 볼 때 동물과 비슷하지만, 성경은 우리가 동물과 구분된다고 분명히 말한다. 우리는 하나님의 형상을 따라 창조되었기 때문이다. 이런 성경적 이해가 없다면 삶에서 우선순위가 뒤집히고, 큰 실수를 저지를 것이다.

### 쥐를 위한 신전

몇 년 전에 나는 인도를 방문하고 돌아온 세계적인 기업가와 대화를 나눈 적이 있다. 그는 인도를 돕고 싶었지만 방법이 없었다고 했다. 바로 힌두교의 세계관 때문이었다.

내가 인도 캘커타에 처음 방문했을 때, 나는 그들이 쥐를 죽이지 않는다는 말을 듣고 깜짝 놀랐다. 그곳의 동물관리 공무원들은 쥐를 잡아서 몇 킬로미터 떨어진 곳에 풀어놓는다고 했다. 쥐는 사람들의 식량을 먹어 버리고, 질병을 퍼뜨리는 해로운 동물이지만, 그들의 세계관에 따르면 해로운 동물조차 인간과 동일하게 보호해야 하는 것이다.

그들은 쥐를 인간보다 더 귀하게 대하기도 한다. 인도 데슈녹에 있는 카르니 마타 신전은 쥐를 숭배하는 곳이다. 사람들은 쥐를 위해 설탕과 코코넛을 담은 그릇을 바닥에 놓는다. 인도에서 수억 명의 사람들이 굶주린 채 살아가는데 쥐를 위해 맛있는 음식을 바치다니, 우선순위가 제대로 잘못되지 않았는가?

힌두교도는 소를 성스럽게 여기고, 심지어 소를 '우리 어머니'라고 부른다. 인도의 어느 도시에서는 운전면허 시험에 이런 질문이 나온다고 한다. "운전을 하다가 사람과 소 중 하나와 부딪혀야 할 때, 어느 쪽을 선택하겠는가?" 소라고 답하는 사람은 시험에서 탈락한다고 한다.

힌두교를 열심히 믿는 사람은 윤회사상 때문에 동물을 죽이지 않는다. 그들은 동물을 인간과 동등한 존재로 본다. 쥐나 소 같은 동물도 전생에는 인간이었을지 모른다는 것이다. 자신의 가족이 동물로 다시 태어났을지도 모르기에 동물을 죽이지 않는다고 한다. 하지만 그들은 인간의 고통에 대해서는 그다지 신경을 쓰지 않는다. 그들은 인간이 하나님의 형상을 따라 창조된 소중하고 존귀한 존재라는 것을 모른다.

인간의 기원과 운명에 대한 오해는 잔인한 무관심을 낳는다. 어떤 힌두교 교사는 테레사 수녀의 사역을 비판했다. 그는 테레사 수녀가 사람들이 고통당하도록 허용하지 않았기 때문에 신의 뜻을 어겼다고 말했다. 그 주장에 따르면 가난한 사람이 고통당하는 것은 전생의 업보 때문이고, 이생에서 그 죄에 대한 대가를 치러야 하는데, 테레사 수녀의 사역 때문에 사람들은 이생에서 고통받을 기회를 잃고 다음 생에서 또 고통당해야 한다는 것이다.

만일 인도인들이 성경적 세계관을 받아들인다면, 그들의 거대한 잠재력이 발휘될 것이다. 세계관은 중요하다. 세계관 때문에 번영과 행복을 얻을 수도 있고 잃을 수도 있다.

### 인간은 유한하다

인간은 하나님 형상을 따라 창조되었지만 신은 아니다. 우리는 창조된 존재이기에 언제나 유한하다. 인간이 천국에 간다고 해도 인간은 시작점이 있기에 무한한 존재가 될 수 없다. 우리는 하나님처럼 모든 것을 알 수도 없다. 성경은 말한다. "하늘이 땅보다 높음같이 내 길은 너희의 길보다 높으며 내 생각은 너희의 생각보다 높음이니라"(사 55:9).

우리는 영원토록 진리를 배워 나갈 것이다.

### 하나님은 포기하지 않으신다

우리는 창세기에서 최초의 인간인 아담이 완벽하게 창조되고, 인간이 하나님과 친밀한 관계를 맺는 것을 본다. 하나님은 그분의 백성들에게 매일 할 일을 주셨고, 그들과 함께 걸으며 대화하셨다. 그러나 아담과 하와는 하나님이 먹지 말라고 명하신 나무의 과실을 먹었고, 죄를 지었다. 그러나 하나님은 그들을 버리지 않으셨다. 창세기 3장에서 하나님은 구원자가 그들과 그들의 자손을 구할 것이라고 약속하셨다(창 3:15).

하나님의 구원 계획은 창세기에 잠깐 나온 후 구약 전체를 통해 점차 명확해지며, 예수님이 이 땅에 오셔서 인간으로 사시고 십자가에서 죽으시고 부활하신 후에, 우리가 용서를 받고 죄 사함을 받아 새로운 피조물이 될 때 완성된다.

## 인간은 창조적인 존재다

하나님은 우리가 일에서 기쁨과 만족을 얻도록 우리를 창조하셨다. 창조주 하나님은 우리를 '작은 창조자'로 만드셨다. 하나님의 창조성은 무한하지만 우리의 창조성은 유한하다. 그러나 하나님은 우리에게 창조할 자유를 주셨다. 우리는 전에 없던 생각이나 사물을 창조할 수 있다.

인간은 에덴 동산에서 살 때부터 창조적이었다. 하나님은 아담에게 동물의 이름을 짓는 일을 맡기셨다. 하나님은 우리가 창조적이기를 원하신다. 하나님은 우리가 일을 할 때 성령으로 우리를 인도하시겠다고 약속하셨다(요 14:26; 요일 2:27). 우리는 우리 안에 계시는 성령의 역사를 종교 영역으로만 제한해서는 안 된다(딤전 4:4). 하나님은 우리가 그분처럼 창조적이기를 원하시고, 우리가 삶의 모든 영역에서 혁신을 일으키기 원하신다.

하나님은 우리가 상상할 수 없는 큰 계획을 우리를 위해 준비해 놓으셨다(고전 2:9). 하나님은 우리를 통해 하나님나라를 이 땅에 창조하기를 원하신다. 하나님은 우리가 새롭고 유익한 제품을 생산하여 모두를 축복하기를 원하신다. 우리가 의학 기술을 개발해 질병을 치료하고, 인간의 마음을 풍요롭게 만드는 다양한 예술 작품을 창조하고, 사람들에게 일자리를 공급해 부를 창조하기를 원하신다. 이 모든 선물은 하나님에게서 온다(약 1:17). 인간이 창조주 하나님과 협력할 때, 인간의 능력은 무한해진다.

# 18

# 진리는 존재하고, 인간은 진리를 알 수 있다

절대 진리의 존재는 쉐퍼 박사가 창세기에서 발견한 세 번째 개념이다. 가장 기본적인 진리는 "태초에 하나님이"라는 첫 번째 구절에서 드러난다. 다른 모든 진리는 하나님이 존재하신다는 그 진리에서 나온다. 태초에 하나님은 창조하셨다. 그분은 물질뿐 아니라 법칙과 원칙, 진리를 창조하셨다. 하나님이 진리를 창조하셨기 때문에 진리가 존재하는 것이다.

## 진리를 알아야 한다

오래전 인기를 끌었던 형사 드라마 〈드라그넷〉(Dragnet)에서 조 프라이데이 경사는 무표정한 얼굴로 "사실만 말하시오. 사실만"이라고 말하곤 했다. 그 형사는 범인을 잡을 때 남의 의견이나 쓸데없는 세부사항, 감정의 표출 같은 건 필요하지 않았다. 그는 무슨 일이 어떻게 벌어졌는지만 알기 원했다. 그는 핵심 진리를 원했던 것이다. 마찬가지로 우리도 핵심적인 절대 진리를 알아야 한다.

다양한 정보가 우리를 둘러싸고 있고, 어떤 것은 상당히 설득력 있어 보인다. 우리는 "그거야 상식이지"라든가 "다 아는 사실이잖아" 같은 말을 자주 듣는다. 우리는 성공한 삶의 모습을 보면서 우리도 그렇게 살도록 압력을 받는다. 전문가들과 지도자들은 우리가 어떻게 문제를 해결할지, 또 국가가 무엇을 해야 할지를 가르치지만 그들의 의견은 각각 다르고, 시간이 지나면 그 의견도 변한다.

우리는 진리에 따라 살아야 한다. 쉐퍼 박사는 절대적이고 영원한 진리가 존재하며, 우리는 그 진리를 알 수 있다고 말한다. 절대적 진리는, 기준이 변하지 않는 성경의 '전제'다.

우리는 하나님의 속성 때문에 진리를 알 수 있다. 하나님은 신실하시고, 우리에게 진리를 계시하신다. 하나님은 자연, 양심, 성경 등 다양한 방법을 통해 진리를 알리신다. 그리고 궁극적으로 우리는 그리스도를 통해 하나님의 진리를 깨닫는다.

우리는 하나님이 피조 세계, 즉 자연 안에 진리를 계시하셨기 때문에 진리를 알 수 있다(롬 1장). 우리는 자연을 보면서 창조주에 대한 진리를 배운다. 우리는 창조주가 아름다움과 질서를 사랑하시고, 무한히 위대하시며, 능력 있는 분임을 안다. 우리는 동물의 행동을 보면서 긍휼히 여기시는 하나님의 마음, 그분의 조건 없는 사랑과 신실하심을 본다.

나는 〈펭귄: 위대한 모험〉(The March of the Penguins)이라는 프랑스 기록영화를 매우 감명 깊게 보았다. 그 영화는 남극에 사는 펭귄이 자신을 희생하며 새끼를 돌보는 모습을 보여 준다. 아버지 펭귄은 시속 160km에 달하는 눈보라와 영하 60℃의 날씨 속에서도 새끼들을 보호하느라 몇 달간 거의 먹지도 못한다. 우리는 펭귄의 행동을 통해서도 펭귄을 창조하신 하나님의 마음을 조금이나마 배울 수 있다.

하나님은 우리 마음에 율법을 새기셨고, 우리에게 옳고 그름을 판단하는 양심을 주셨기 때문에 우리는 진리를 알 수 있다. 아담과 하와가 금지된 열매를 먹었을 때, 어느 누구도 그들의 잘못을 지적하지 않았다. 그러나 그들은 처음으로 부끄러움과 죄책감을 느꼈다. 하나님이 그들에게 다가오셨을 때, 그들은 몸을 숨겼다.

바울은 로마서 2장 14-15절에서 하나님 말씀을 들어 보지 못한 자라도 그 마음에는 하나님의 법이 있다고 말했다. 그들은 양심을 통해서 자신의 행동이 잘못인지 아닌지를 안다.

나는 세계 거의 모든 나라를 방문하면서 사랑, 책임, 옳고 그름, 양심, 도덕률의 개념이 모든 문화에 존재하는 것을 보았다. 성경을 모르는 민족의 언어를 포함해서 모든 언어에는 옳고 그름에 해당하는 단어가 있다.

하나님이 역사를 통해서, 궁극적으로는 예수 그리스도를 통해서 그분을 계시하셨기 때문에 우리는 진리를 알 수 있다. 예수님은 요한복음 14장 6절에서 "내가 곧 길이요 진리요 생명"이라고 말씀하셨다. 하나님은 진리다. 성경은 그 진리를 증언한다.

바울은 모든 성경이 하나님의 감동으로 되었다고 말했다.[2] 성경은 우리 삶의 기준이고, 우리가 갈 길을 제시하는 삶의 지침서다. 성경은 하나님이 우리를 교훈하시고 책망하시고 바르게 의로 교육하시기 위해 영감을 통해 지으신 책이다(딤후 3:16). 성경은 하늘과 땅은 사라지나 하나님 말씀은 영원히 사라지지 않는다고 기록한다(마 24:35).

성경은 모호하거나 불명확한 진리를 말하지 않는다. 성경은 우리에게 절대적인 진리를 보여 준다. 하지만 성경에 나오는 모든 것이 절대 진리인 것은 아니다. 예를 들어, 성경은 교만한 사탄이 사람들을 속이는 내용도 기록한다. 성경이 진리인 이유는, 오직 성경을 기록하신 하나님이 절대적으로 진리이시기 때문이다. 하나님은 진리의 절대적인 기준이시다.

예수님이 본디오 빌라도 앞에 서 계신 장면을 기억하는가? 예수님은 사람들에게 진리를 보이기 위해서 이 땅에 오셨다고 말씀하셨다. 진리를 원하는 사람은 그분의 말씀을 듣는다(요 18:37). 그러나 빌라도는 진리의 화신이신 예수님을 바라보면서 이렇게 물었다.

"진리가 무엇인가?"

빌라도는 결국 진리를 찾지 못했다.

### 진리는 삶에 적용해야 한다

하나님 말씀은 하나님에 대한 진리뿐 아니라 인간에 대한 진리도 계시하고 있다.

> 하나님의 말씀은 살아 있고 활력이 있어 좌우에 날 선 어떤 검보다도 예리하여 혼과 영과 및 관절과 골수를 찔러 쪼개기까지 하며 또 마음의 생각과 뜻을 판단하나니(히 4:12)

하나님 말씀은 우리에게 삶의 방법을 제시한다. 하나님 말씀을 묵상하는 사람은 번영을 누린다(시 1:1-3; 119:97-105, 128).

나는 오래전에 우리 부모님과 같은 교회를 다녔던 프랭크 유베타라는 멕시코 청년을 기억한다. 그는 매우 가난한 집에서 자랐다. 그때는 대공황 시대였고, 우리 부모님은 멕시코 국경 근처에 있는 작은 마을에서 교회를 개척하셨다. 그때 프랭크는 십대 소년이었는데, 우리 부모님이 볕에 말린 벽돌로 손수 교회 건물을 세우실 때 함께 일을 도왔다.

나중에 프랭크는 비올라와 결혼하고 서부 해안으로 이주했다. 그들 부부는 그곳에서 가난한 신혼생활을 시작했다. 2차 세계대전이 끝난 후, 그들은 재활용 목재로 집을 지었다. 그러나 그들은 캘리포니아주 옥스나드에서 배관사업을 일으켰고, 수많은 선교사와 단체를 후원할 만큼 많은 돈을 벌었다. 그들의 아들 프랭크 2세는 "나의 부모님은 잠언을 읽고 또 읽으셨으며, 그 말씀을 사업에서 실천했기에 성공하실 수 있었다"고 말했다.

유베타 가족이 삶에서 발견한 것처럼 진리는 절대적이다. 인간은 진리를 삶의 기반으로 삼을 수 있다. 진리는 변하지 않는다. 진리는 부자나 가난한 자, 지도자나 일반 시민, 사장이나 청소부 등 모든 사회 구성원에게 동일하다. 그리고 인간은 진리를 알 수 있다.

절대적 진리를 부정하는 포스트모더니즘이 우리를 공격하고 있는 요즘, 진리를 아는 것은 너무나 중요하다. 포스트모더니즘은 19세기 서양 철학자들로부터 나왔지만, 동양에서는 이미 수천 년 전부터 절대 진리를 부정해 왔다. 장자는 자신이 나비가 되는 꿈을 꾸고 나서, 자신이 나비의 꿈을 꾼 것인지 나비가 자신의 꿈을 꾼 것인지 알 수 없다고 말했다. 이런 사고는 서양에서도 유행하고 있다. 미국의 많은 사회과학 교수들이 진리는 상대적인 것이라고 가르친다. 이런 철학은 점차 인기가 높아진다. 이런 말을 들어 봤는가?

"그 말이 당신에게는 진리일지 몰라도 나에게는 아니다." "절대 진리 같은 건 없다." "모든 것은 상대적이다."

만일 그런 주장들이 맞다면, 도대체 교육이 무슨 의미가 있는가? 공부는 해서 뭐하는가? 대학은 왜 존재하는가?

21세기 초에 미국 경제는 엔론, 월드컴 등 대기업의 비리 사건 때문에 크게 흔들렸고, 그 결과 수천 명이 전 재산을 잃었다. 은퇴한 노인이 은퇴 연금을 모두 잃고 나서 다시 일자리로 돌아오기도 했다. 엔론과 월드컴은 왜 몰락했는가? '창조적'으로 회계 장부를 작성해서 실제보다 더 많은 돈을 버는 것처럼 조작했고, 이를 통해 주가를 높였기 때문이다.

사람들은 깜짝 놀랐고 언론은 믿을 수 없는 일이 벌어졌다고 보도했다. 하지만 언젠가는 벌어질 일이었다. 최근 캘리포니아 주 벤투라에 있는 바나 연구소가 발표한 설문조사에 따르면, 미국인들은 더 이상 도덕적인 절대 가치에 대해 믿지 않는다. 진리는 개인과 상황에 따라 바뀐다고 응답한 사람이 그렇지 않다고 응답한 사람보다 세 배나 많았다(64% 대 22%). 이런 사고는 사회 모든 영역의 기반을 약하게 만든다. 옳고 그름의 원칙을 믿지 않는다면, 회계 담당자가 정직해야 할 이유가 무엇이겠는가?

### 과학은 절대 진리에 의존한다

서구국가가 최근 대학에서 상대적 진리를 많이 가르친다고 해도, 과학은 절대 진리에 의존한다. 과학은 문제를 인식하여 언어로 표현하고, 가설을 만들고, 가능한 모든 자료를 수집하고, 실험을 하고, 결론을 내리고, 논문을 발표하는 과정을 통해 진리를 발견한다. 과학의 방법은, 진리는 변하지 않고 인간은 진리를 알 수 있다는 전제에 의존한다.

서양의 놀라운 기술 발달은 성경에 근거한 사고 없이는 불가능했다. 샌프란시스코 만에 있는 금문교는 수십만 대의 승용차, 화물차, 기차의 무게를 수십 년간 견뎌 냈는데, 그것은 절대 진리에 따라 다리를 놓았기 때문에 가능했다. 생각해 보라. 물리 법칙이 매일 변한다면 비행기를 탈 용기가 생기겠는가?

### 악의 삼위일체

진리의 상대성은 과학에서 통하지 않을 뿐 아니라 도덕에서도 통하지 않는다. 일상에서 진리의 상대성이 통하지 않는다는 사실을 깨닫는 데는 시간이 좀 걸릴지도 모르지만, 진리를 따라 사는 사람과 거짓을 따라 사는 사람의 삶을 비교하면 그 결과는 분명하다. 현재 서구국가의 생활 수준은 세계에서 가장 높다. 비록 국가 지도자들이 그리스도인은 아니라 할지라도 여전히 부분적으로나마 기독교의 원칙을 따라 나라를 이끌어 가기 때문이다.

서구국가의 헌법, 법률, 언어, 문화는 여전히 미약하나마 성경적 원칙을 반영한다. 서구국가에서 그리스도인들은 부의 50% 이상을 소유한다.[1] 그러나 앞으로 몇 세대만 탐욕, 부패, 불의를 행해도 서구국가는 가난한 나라가 되고 말 것이다.

오늘날 탐욕, 부정부패, 불의라는 악의 삼위일체에 사로잡혀 가난해진 나라들을 보라. 몇 년 전, 나는 당시 자이르라고 불린 콩고를 방문했다. 독재자 모부투는 콩고를 지배하고 착취했다. 그는 부정부패를 통해 엄청난 부를 축적했다. 모부투가 스위스 은행계좌에 쌓아 놓은 돈은 아프리카 모든 나라의 빚을 갚고도 그를 아프리카에서 가장 부유한 사람으로 만들 만큼 많았다. 내가 콩고를 방문했을 때 은행은 파산했다. 나는 환전을 하려고 했으나 은행원은 은행에 돈이 없어서 환전할 수 없다고 말했다.

콩고는 금, 은, 다이아몬드, 동, 석유, 기타 천연자원이 풍부하지만, 세계에서 가장 가난하다. 콩고의 역사는 비극적이다. 제국주의 세력이 여러 해 동안 콩고를 약탈했고, 그 후에는 독재자와 군사 지도자들이 자원을 탈취했다.

오늘날 우리는 부정부패가 서구국가에 널리 퍼지고 있는 것을 본다. 정부, UN, 사업계에서 부정부패는 만연하고 있다. 신흥 시장에서 일하는 다국적 기업의 현지 책임자는 관리에게 뇌물과 리베이트를 주는 오랜 관습을 따르도록 압력을 받는다. 어떤 사람들은 "사업을 하려면 어쩔 수 없다"는 변명으로 스스로를 합리화한다.

국제투명성기구(Transparency International)는 각 나라의 정부 관료와 사업가들의 부정부패와 싸우고 있다. 그들은 뿌리 깊은 악을 세계에 알리고자 부정부패 인식 지수를 발표했다.[2] 악이 퍼지는 것을 막고자 노력하는 그들에게 우리는 박수를 보내야 한다.

그러나 부정부패 인식 지수를 발표하고 기자 회견을 연다고 해서 문제가 해결되는 것은 아니다. 진리의 기준이 없다면, 무엇이 불의이고 무엇이 불의가 아닌지 누가 판단하겠는가? 우리는 성경을 붙잡아야 한다. 우리는 성경에서 절대 진리를 배워야 한다. 절대 진리인 하나님 말씀을 통해서만 진정한 자유를 누릴 수 있기 때문이다.

# 19

# 인간은 진리를 따라 살 책임이 있다

창세기에 나오는 네 번째 기본 개념은 인간은 진리를 따라 살아야 할 책임이 있다는 것이다. 하나님은 아담과 하와에게 동산을 돌볼 책임과 함께 선악과를 먹지 않을 책임을 주셨다. 우리는 그들이 진리를 무시한 채 뱀의 거짓말을 믿고 무책임하게 행동했을 때 어떤 비극이 발생했는지 잘 알고 있다.

인간은 하나님이 계시하신 진리에 대해 책임을 진다(렘 21:8; 겔 33:11). 인간은 진리를 알 수 있기 때문에 진리를 따라 살아야 하며, 더 많은 진리를 추구해야 한다(눅 12:48; 벧후 1:5-8).

인간은 하나님의 존재를 부정하려고 애써도 그 책임을 피할 수 없다. 은퇴한 독일 사업가이자 정치 지도자인 프레드릭 속은 소련이 붕괴하던 시절 베를린에서 열린 모임에 대해 이야기해 주었다. 그 모임에서 속은 소련 문화종교부 장관이 "국민이 도덕성이 없으면 나라를 다스릴 수 없다"고 말하는 것을 들었다. 그 장관은 종교가 없으면 도덕도 없다고 덧붙였다. 그리고 그는 자신이 무신론자며, 왜 인간이 종교 없이는 올바르게 살지 못하는지 이해할 수 없다고 말했다.

그는 공산주의자들의 신념과 상충하는 진리를 말했다. 도덕의 근원은, 언제나 선을 선택하시는 의로우신 하나님이다. 하나님은 인간을 만드실 때 선악을 구분할 수 있고, 자신의 선택에 대해 책임을 질 수 있는 도덕적인 존재로 만드셨다. 우리가 선을 선택하는 것은 진리를 선택하는 것이고, 하나님이 우리를 창조하신 뜻대로 사는 것이다. 바로 그때 우리는 축복을 받는다.

미국을 세운 사람들은 정부 조직이 유지되려면 시민들이 책임감 있고 도덕적이어야 한다고 믿었다. 새뮤얼 애덤스는 이렇게 말했다. "원칙과 예의의 상실은 적군의 무력보다 더 확실히 미국의 자유를 파괴할 것이다. 도덕적인 시민은 항복하지 않는다. 하지만 그들이 도덕을 상실하면 내부 또는 외부의 적에게 쉽게 자유를 내줄 것이다."[1]

미국을 세운 대부분의 사람들은 성경과 신앙의 영향을 받은 사람들이었다.[2] 그들이 쓴 1만 5천여 편의 글에 나오는 인용구 중 94%가 성경을 직접 또는 간접적으로 인용한 것이다.[3]

## 기초가 무너지고 있다

미국은 선조들의 꿈을 잘 지켜 왔는가? 내가 태어난 미국이라는 나라는 선조들에게 물려받은 축복을 지혜롭게 활용하며 책임감 있게 살았는가? 전혀 아니다. 나는 미국이 건국의 기초에서 얼마나 멀어졌는지를 생각하면 가슴이 아프다.

19세기에 세 명의 대통령을 모시며 국무부 장관의 역할을 훌륭하게 해낸 대니얼 웹스터는 이렇게 말했다.

"이 나라의 종교적 기원을 잊지 말자. 우리 선조들은 기독교를 믿었기 때문에 이곳으로 옮겨 왔다. … 그들은 기독교 원칙을 사회 구조에 반영하기를 원했고 민간, 정치, 예술 등 모든 기관을 통해 기독교의 영향력을 전파하려고 노력했다."[4]

미국은 진리를 알고, 진리를 따라야 할 책임이 있다. 우리가 계속해서 그 위대한 전통을 잊는다면, 어떤 재앙이 미국에 닥칠지 알 수 없다.

## 책임은 능력에 대한 반응이다

우리는 책임감 있는 선택과 행동을 의로움이라고 부르고, 무책임을 죄라고 부른다. 성경은 하나님께 순종하면 축복을 받고 불순종하면 저주를 받는다고 반복해서 말한다.

우리가 '축복'이나 '저주'라는 말을 들을 때, 우리는 하나님이 축복이나 저주를 내리기 위해 매 순간 개입하신다고 상상할지도 모른다. 그러나 내가 보기에 이것은 하나님의 직접적인 개입이라기보다는 뿌린 대로 거두는 것뿐이다. 이것은 물리적 법칙과도 같다.

책임은 '진리에 순종할 수 있는 능력에 대한 반응'이다. 사람들은 더 많은 권리, 더 많은 권위를 요구하면서 시위를 벌이기도 한다. 그러나 더 많은 책임을 요구하는 시위를 본 적이 있는가? 이처럼 우리는 좋은 뿌리는 원하지 않으면서 좋은 열매만 원하고 있다.

나라를 나무라고 생각하면, 그 나무는 실체를 보는 관점인 세계관이라는 토양에 뿌리를 둔다. 국민이 공유하는 신념은 나무의 뿌리다. 그 뿌리에서 줄기, 즉 나라의 가치 체계가 자란다. 나무의 가지는 법, 정책, 관행이다. 잎사귀는 다양한 형태의 문화적 표현이다. 열매는 자유와 번영이든지 아니면 속박과 가난이다. 마지막으로, 열매 속에는 씨가 있는데, 그 씨는 씨 뿌리는 자에 의해 전 세계로 퍼져 나무로 자라는 과정을 반복한다.

열매 안에 몇 개의 씨앗이 있는지 셀 수 있는가? 물론 셀 수 있다.

그러나 씨앗 속에 몇 개의 열매를 맺을 잠재력이 있는지는 알 수 없다. 나무의 열매, 즉 축복이나 저주의 배가는 뿌리와 줄기, 즉 신념 체계와 그로 인한 국가의 특성에서 나온다. 국민의 신념 체계에 따라 진리의 유익을 얻기도 하고 거짓의 피해를 입기도 한다.

이제 많은 나라가 민주주의를 받아들이기 원한다. 그러나 민주주의가 성공하려면 책임감 있는 국민이 필요하다. 성경의 진리와 도덕성 없이는 민주주의에서 열매를 맺을 수 없다. 민주주의가 최선의 열매를 맺으려면, 성경을 그 나라의 지침서로 받아들이는 사람들이 많아야 한다.

### 소수가 중요하다

민주주의 국가에서는 과반수로 결정을 내린다. 하지만 성경은 과반수에 대해 말하지 않는다. 오직 의로운 소수에 대해 말할 뿐이다(사 11:10-12; 롬 11:3-5). 성경은 한 가지 목표에 헌신한 소수가 나라의 운명을 바꿀 수 있다고 말한다. 기드온이 바로 그러한 예다. 그는 소수의 용사와 함께 훨씬 더 강하고 악한 적을 이겼고, 이스라엘이 다시 하나님께 순종하도록 백성들을 인도했다(삿 7:7).

우리는 역사를 통해서 그와 비슷한 이야기를 쉽게 찾을 수 있다. 제네바에서는 소수의 그리스도인이 '난민들'에게 도움을 주었다(수 20장). 그 의로운 소수는 성경의 원칙을 제네바에서 실천하기 위해 자기 집을 한 층 더 올려 난민을 수용했다. 그들은 지금까지 스위스에 유산으로 남은 '난민을 긍휼히 여기는 태도'를 창조했다.

당신은 "나는 올바르게 살려고 노력해 왔지만, 결국 평범한 사람일 뿐이다. 경건하지 않게 사는 사람은 너무 많은데, 내가 하는 일이 얼마나 영향력이 있겠는가?"라고 말할지도 모른다. 그러나 예수님은 우리가 세상의 소금이라고 말씀하셨다(마 5:13). 그 말씀에 대해 잠시 생각해 보자. 소금은 아주 하찮은 물질이다. 소금을 음식에 넣으면 소금은 더 이상 눈에 띄지 않는다. 그러나 소금이 음식에 들어가면 맛을 더하고, 방부제 역할을 하면서 큰 변화를 일으킨다.

우리는 크거나 힘이 셀 필요는 없다. 우리는 매일 밤 TV에 나오는 사람이 되거나 한 분야에서 세계 최고의 전문가가 될 필요는 없다. 하나님이 우리에게 맡기신 역할을 수행하기만 하면 된다. 그렇게 하지 않으면, 우리는 마태복음 5장에 나오는 짠맛을 잃은 소금처럼 해결책이 아니라 문젯거리가 되고 말 것이다.

온 우주를 창조하신 하나님이 열방의 제자화를 책임지고 계시다는 것을 기억하라. 그분은 모든 상황을 이해하시고, 무슨 일을 해야 할지, 결과가 어떠해야 할지를 다 아신다. 하나님은 당신을 창조하신 능력의 주님이시다. 하나님은 당신의 삶과 순종을 통해 이 병든 세상을 치유하기 원하신다.

## 20

# 부자 나라와 가난한 나라

하나님 말씀, 특히 창세기에 나오는 기본 진리를 외면하는 나라는 쇠퇴한다. 그 진리를 잊는다면, 자멸의 길로 들어설 수밖에 없다. 여기에 예외는 없다. 지도력, 권력, 경제적 지위, 그 어떤 것도 영원하지 않다.

성경에 나오는 기본 진리를 다시 떠올려 보고, 하나님 말씀을 따르지 않으면 어떤 결과가 발생하는지 살펴보자.

- 하나님의 속성 - 하나님의 속성에 대한 진리를 버리고 거짓말을 선택한다.
- 인간의 속성 - 인간은 하나님의 형상을 따라 창조된 평등한 존재라는 것을 이해하지 못한다.
- 인간이 알 수 있고, 변하지 않는 진리의 존재 - 진리는 존재하고, 진리는 변하지 않으며, 인간은 '진리를 알 수 있다'는 개념을 상실한다.
- 진리를 따라 살아야 할 인간의 책임 - 인간은 자신의 행동에 대해 개인적, 집단적으로 책임을 져야 한다는 사실을 부인한다.

## 나라간 차이는 어디서 오는가?

내가 자주 목격하는 장면을 한번 묘사해 보겠다. 이것은 개발도상국에 있는 미국 대사관 주변에서 쉽게 볼 수 있는 모습이다.

열대의 뜨거운 태양이 길게 줄지어 선 사람들의 머리와 어깨 위에 쏟아진다. 그들은 결혼식장이나 교회에 가는 사람처럼 잘 차려입었다.

가끔 문이 철커덕 열리면서 한 사람 또는 한 쌍의 부부가 안으로 들어가면, 시원한 에어컨 바람이 밖으로 새어 나온다. 남은 사람들은 힘든 표정으로 문밖에 서서 얼굴의 땀을 닦아 낸다. 어머니는 아이들에게 조용히 하라고 타이른다.

대부분 해가 뜨기 전부터 기다린 사람들이다. 점심시간이 다가오자 담을 따라 이어진 줄은 더욱 길어진다. 그러나 아무도 포기하지 않는다. 그들은 더 좋은 나라로 갈 기회를 얻기 위해서 이민을 지원할 순서를 참을성 있게 기다린다. 오늘 들어가지 못하는 사람은 내일 다시 올 것이고, 내일 들어가지 못하는 사람은 다음 날 다시 올 것이다. 어떤 어려움도 그들의 노력을 막지 못한다.

그들은 자신과 자녀의 더 나은 미래를 위해 줄을 선 사람들이다. 그러나 쿠바, 수단, 인도 대사관 주변에서는 그런 사람들을 찾아보기 힘들다. 왜 그런가? 이처럼 나라간에 차이가 생기는 것은 무엇 때문인가?

## 가난의 원인-악의 삼위일체

나는 50년 동안 세계 여러 나라를 돌아다니면서 왜 어떤 나라는 가난하고, 늘 절망에 빠져 있으며, 국민들이 잠재력을 발휘하지 못하는지 그 원인을 발견했다. 우리가 18장에서 악의 삼위일체라고 부른 탐욕,

부정부패, 불의가 바로 그 원인이다. 그 세 가지는 모두 하나님의 성품, 하나님이 계획하신 인간의 삶의 방식, 진리를 따라 살아야 하는 인간의 책임에 어긋난다.

나는 가난한 나라에서 세 가지 악을 보았다. 그렇다고 가난한 나라 사람들은 모두 탐욕스럽고 부패했으며 불의하다는 것은 아니다. 그러나 그런 특징이 자주 눈에 띄는 것은 사실이다. 만일 권력을 지닌 사람 중 상당수가 탐욕스럽다면 거기서 뇌물수수와 독직 같은 부정부패가 발생하고, 결국 큰 불의가 따른다.

'상당수'라는 말은 무슨 의미인가? 그것은 꼭 특정한 비율을 뜻하지는 않지만, 25–35% 정도일 것이다. 사회 구성원의 상당수가 변하면 사회 전체의 문화적 흐름이 갑자기 바뀐다. 그것은 물이 비등점에 다다르면 갑자기 끓어오르는 현상과 비슷하다.

오래전 마닐라에서 택시를 탄 적이 있는데, 그때 현지인 운전사는 내게 마르코스 대통령의 부정부패에 대해 말했다. 나는 그에게 "기사 양반이 그걸 어떻게 압니까?"라고 물었다.

"사람들에게 돈을 주고 선거 때 자신을 찍으라고 하니까요."

"어떻게 확신할 수 있죠?"

"나도 돈을 받고 그 사람을 찍었거든요."

그는 자신도 부정부패에 참여했다는 사실을 깨닫지 못했다. 아무리 불의한 정부 관리라도 사업가와 국민이 그들에게 협력하지 않으면 부정을 저지를 수 없다.

물론 모든 나라에는 탐욕, 부정부패, 불의가 존재한다. 그러나 사회 지도층이 그것을 이용하여 영향을 미칠 때 나라는 몰락하는 것이다. 마찬가지로 모든 국민이 하나님 말씀을 따라야 나라가 발전하는 것은 아니다. 그러나 하나님 말씀으로 바로 선 사람이 사회에 영향력을 미칠 때 나라는 발전한다.

국민이 하나님 말씀을 떠날 때 국가는 망한다. 같은 원칙이 반대 방향으로도 작용한다. 탐욕 대신 후하게 베푸는 나라, 정의로운 정부를 세우는 나라는 부와 자유를 누린다.

### 우리는 왜 가난한가?

"우리는 왜 가난한가요?" 이것은 내가 서아프리카 베냉의 대통령과 각료들을 만났을 때 그들에게 받은 질문이다. 1996년 9월, 나는 베냉의 마티외 케레쿠 대통령 측으로부터 한번 만나고 싶다는 전화를 받았다.

케레쿠 대통령은 베냉의 독재자였다. 그는 공산주의자였고 무신론자였다. 그는 북한 지도자였던 김일성과 친했고, 국가의 모델을 찾기 위해 북한을 방문하기도 했다.

그러나 1990년, 케레쿠는 공산주의가 몰락하는 모습을 봤다. 그는 민주주의가 공산주의보다 낫다고 판단했고, 국민에게 이렇게 선언했다. "국민들이 직접 다음 지도자를 선택하라."

베냉 국민은 자유 투표를 통해 다른 사람을 대통령으로 뽑았고, 케레쿠는 권력을 잃었다.

4년 후, 케레쿠는 예수님을 영접했고 열정적으로 신앙생활을 했다. 극단적인 무신론자이자 공산주의자였던 그가 이제는 신실한 그리스도인이 된 것이다. 그는 사람들에게 그리스도를 전하기 시작했다. 그리고 1996년에 베냉 국민은 그를 다시 대통령으로 뽑았다.

케레쿠는 대리인을 통해 하나님 말씀을 따르는 지도자가 되는 법을 가르쳐 달라고 나에게 부탁했다. 그 나라 국민의 대부분은 이슬람

교나 부두교를 믿었는데, 그는 그런 상황을 바꾸고 싶어 했다. 그는 장관과 차관 모임에서 연설해 달라고 내게 부탁했고, 나는 기꺼이 그 부탁에 응했다.

나는 연설이 끝나고 질문을 받았는데, 한 장관이 내게 이렇게 물었다. "왜 우리는 이렇게 가난합니까? 우리는 세계에서 가장 가난한 15개국 중 하나입니다."

그리고 그는 스스로 자신의 질문에 답했다. "베냉에는 자원이 다섯 가지밖에 없습니다." 그리고 그는 그 다섯 가지 자원을 열거했다.

"자원이 부족하기 때문에 가난한 것이 아닙니다. 스위스를 보십시오. 스위스는 자원이 매우 적지만 부유합니다."

나는 스위스가 부유한 원인은 사람들이 그들의 제품을 원하기 때문이라고 말했다. 스위스 인들은 뛰어난 품질의 초콜릿이나 시계를 만든다. 그런 고급 제품들은 양심이 없이는 만들 수 없는 것들이다. 스위스 인들은 양심적이다. 그들은 정의와 구제를 중요하게 생각한다. 스위스의 모든 마을은 자선 활동을 벌이고, 특히 난민을 돕는 일에 힘쓴다.

나는 케레쿠와 그의 내각에게 이렇게 말했다. "이 나라에는 양심적이고 성품이 바른 국민이 많이 필요합니다. 베냉 국민의 상당수가 그런 성품을 지닐 때 베냉은 번영할 것입니다."

나는 사람들을 둘러보았다. 그들은 내 말을 귀 기울여 듣고 있었다. 나는 그곳을 떠나면서 나라를 바꿀 수 있는 진리가 그들에게 전해졌음을 느꼈다.

진정한 베냉의 변화는, 다른 나라에서 그러했듯, 더 많은 개인이 하나님 말씀에 순종할 때 일어날 것이다. 진정한 변화를 위해서는 한 세대 이상의 시간이 필요하다. 어떤 나라도 하루아침에 바뀔 수는 없다.

개인이나 나라나 성품을 계발하는 데는 시간이 걸리기 때문이다.

양심은 경제를 개발하는 데 매우 중요한 요소다. 고층 건물을 설계하거나 건축, 항공기를 제조하는 중요한 일을 양심 없는 사람들에게 맡길 수는 없다. 양심은 투자, 금융업에 종사하는 사람들에게도 매우 중요하다. 양심 없는 사람에게 다리를 짓는 일을 맡긴다면 그가 세운 다리는 곧 무너질 것이다. 물론 당신은 양심 없는 사람에게 퇴직 연금을 맡기지도 않을 것이다.

**진정한 자원은 사람이다**

몇 명만 정직하다고 해서 상황이 바뀌는 것은 아니다. 사회에 영향력을 미치려면 많은 사람들이 정직해야 한다. 경제가 발전하려면 정직하고 성실한 사람들이 많아야 한다. 공학이 발달한 나라, 사람들이 아껴서 저축한 돈으로 투자하기를 원하는 나라, 고급 자동차나 기타 고급 정밀제품을 생산하는 나라를 생각해 보라. 그런 나라에는 양심적인 사람들이 많다.

진정한 자원은 사람이다. 모래 한 줌은 얼마나 가치가 있을까? 2페니? 1센트? 아마 그 정도도 못할 것이다. 그러나 이 모래를 반도체 원료로 쓴다면 어떨까? 어떤 사람은 그 아이디어를 가지고 사업을 해서 억만장자가 되었고 수백만 개의 일자리를 만들어 냈다.

민주주의 사회에서 사람들은 하나님이 주신 재능을 따라 부를 창조한다. 천연자원은 그렇게 중요하지 않다. 시에라리온, 콩고, 모잠비크 등은 천연자원이 풍부하지만 세계에서 가장 가난한 나라다. 스위스, 싱가포르, 일본은 자원은 없지만 부유한 나라가 되었다. 그 차이는 어디서 오는가? 왜 어떤 나라는 가난을 벗어나지 못하고, 어떤 나라는 부유해지는가?

**하나님은 모든 나라를 축복하신다**

하나님은 어떤 나라를 다른 나라보다 더 축복하시는가? 아니다. 공평하신 하나님은 어느 한 나라만 편애하지 않으신다. 요한복음 3장 16절은 "하나님이 세상을 이처럼 사랑하사"라고 말한다. 하나님은 모든 사람에게 재능을 주셨다. 개인이든 나라든, 그분이 주신 재능을 올바르게 사용하면 성공한다.

하나님이 우리에게 주신 가장 큰 선물은 우리를 죄에서 구하기 위해 보내신 그분의 아들 예수님이다. 그리고 하나님은 또 다른 선물을 우리에게 주셨는데, 그것은 모든 민족에게 유익을 주는 성경이다. 인간의 모든 문제에 대한 해답, 건강과 행복을 얻기 위한 방법, 사회의 모든 분야를 위대하게 건설하기 위한 근본적인 이해를 담은 성경의 가치는 값으로 따질 수 없다. 성경은 진정 위대한 국보다.

개인이나 국가에 가장 큰 축복은 예수 그리스도를 통한 구원이고, 그 다음은 성경이다. 우리는 성경에서 천국을 얻는 방법을 배우는데, 그것이 큰 유익인 것은 분명하지만 성경은 그것만 설명하는 책이 아니다. 성경은 지상의 모든 문제를 해결하기 위한 원칙을 제시한다. 성경을 알고, 성경의 진리를 사회의 모든 영역에 적용하는 나라는 부와 자유를 얻는다. 물론 당신은 이 원칙이 적용되지 않는 예를 지적할 것이다. 일본은 어떤가? 성경의 진리를 따라야 부유해진다면, 그리스도인이 매우 적은 일본은 왜 부유한가? 일본처럼 예외적인 경우에 대해서는 4부에서 다루겠다. 여기서는 단지 성경이 있다고 충분한 것이 아니라, 성경을 연구하고 적용할 때 비로소 축복을 얻는다는 사실만 말하겠다.

보물은 활용할 때 가치가 있다. 예수님은 달란트의 비유를 통해서 우리가 보물에 투자해야 하며, 그냥 땅에 묻어 두면 안 된다고 말씀하셨다(마 25:14-20).

당신은 평생 먹을 것도 제대로 먹지 못하고 누추한 집에서 살던 사람이 죽은 후, 그의 집에서 엄청난 현금 뭉치가 발견되었다는 식의 이야기들을 한 번쯤 들어 봤을 것이다. 우리도 성경에 대해 똑같은 실수를 할 수 있다. 성경은 우리가 끄집어내어 써야 하는 보물이다. 우리는 성경을 활용해야 하고, 그것을 우리와 이웃의 삶에 적용해야 한다. 성경을 활용하는 사람만이 열방을 바꾸는 성경의 능력을 경험할 수 있다.

# 4부 | 예외는 있는가?

# 21

# 부분적 순종에 따른 부분적 축복 –일본

지금까지 우리는 상당수의 국민이 하나님의 책을 적용할 때 나라가 바뀐다는 기본적인 개념을 배웠다. 이제 이러한 개념에 어긋나는 예를 한번 살펴보자. 이집트, 중국, 아라비아 등 과거의 문화가 이루어 낸 놀라운 업적은 어떻게 설명해야 하는가? 성경을 모르는 사람들이 피라미드를 건설했고, 지금도 따라할 수 없는 시체 보존 기술을 개발했으며, 화약과 종이를 발명했고, 수학에서 영의 개념을 도입했다.

하나님이 주신 재능을 활용할 때 지식은 증가한다. 중요한 것은, 지식과 부가 전파되는 정도다. 성경을 모르는 사람들이 하나님이 창조세계에 숨겨 두신 진리를 발견하여 수학을 발전시키고 피라미드를 건설한다고 해도, 소수만 이득을 보기 때문에 대부분의 사람들은 여전히 가난하고 무지하며, 사회는 바뀌지 않는다. 부와 지식의 폭발적 증가는 사람들 손에 성경을 쥐어 줄 때만 가능하다.

## 일본은 어떤가?

인구의 6%만이 그리스도를 믿는 일본이 부유한 것은 어떻게 설명해야 하는가?[1] 일본은 부유하고 창조적이지만, 일본의 문화는 성경에 근거하지 않았다. 어떻게 그럴 수 있는가? 이것은 우리의 생각이 틀렸다는 것을 증명하는가? 일본 경제는 세계 최고 수준이다. 그들은 전자 산업을 주도하고, 세이코 같은 고급 시계와 도요타나 혼다 같은 고급 자동차를 생산한다. 고베에 있는 다리는 건설 공학의 결정체로서, 세계에서 가장 정교하다.

일본이 앞서 가는 이유는, 그들의 문화가 정직하게 재물을 다뤄야 한다는 성경의 원칙을 따르고 있기 때문이다. 그 정직성은 문화적 관습 때문이기도 하고, 일본 역사의 결정적인 순간에 눈에 보이지 않는 곳에서 작용한 기독교의 영향이기도 하다.

나는 1970년대 초에 오사카 중앙역의 커다란 지하상가 안에 서 있었다. 선교사의 아들로 일본에서 자란 조나단이 나와 함께 있었다. 수많은 일본인들이 우리 곁으로 바쁘게 지나갔다. 그 역에는 매일 백만 명의 사람들이 거쳐 갔다.

나는 바닥을 내려다봤다. 놀랍게도 이 젊은 친구는 바닥에 내려놓은 여행용 가방 위에 자신의 지갑을 올려놓은 채 전혀 신경을 쓰지 않고 있었다. 나는 누가 그 지갑을 가져갈까봐 주의 깊게 가방 위를 지켜봤다.

"로렌 목사님, 이리 오세요. 뭔가 보여 드릴 게 있어요." 그는 가게를 향해 걸어가며 말했다.

"조나단! 지갑하고 가방은 어쩌고?"

"아, 괜찮아요." 그는 말했다. "여기는 일본이잖아요."

나는 걱정이 됐지만, 지갑과 가방을 두고 가게에 들어갔다. 10분쯤 후에 우리가 돌아왔을 때 지갑과 가방은 그대로였다.

도쿄에서 어느 선교사에게 이 이야기를 했더니 그는 이렇게 말했다. "거기다가 돈다발을 놔뒀어도 안 가져갔을 걸요. 물론 외국인이 봤다면 집어 갔을지도 모르지만."

물론 일본은 지금 마약 문제 등으로 사회적 혼란을 겪고 있다. 그러나 일본인들은 여전히 물질에 대해 정직하다.

**부분적 순종, 부분적 축복**

내가 일본 목사들에게 오사카 역에서 있었던 일을 말해 줬을 때, 한 목사는 내게 이렇게 말했다. "목사님! 우리는 그렇게 정직하지 않습니다. 우리는 자주 거짓말을 합니다. 단지 체면을 잃지 않기 위해서 정직한 척할 뿐입니다."

나는 대답했다. "그렇습니다. 그리고 일본이 세계 2위의 경제 대국이기는 하지만 자살, 알코올 중독, 역기능 가정의 비율은 어느 나라보다 높습니다. 일본은 경제에서는 축복을 받았지만, 인간관계에서는 축복을 받지 못했습니다."[2]

하나님 말씀에 부분적으로 순종하면 부분적인 축복을 받는다. 일본은 물질에 대해 정직했기 때문에 경제적으로 축복을 받았다. 그러나 그들은 사생활에서 정직하지 않았다. 그래서 일본에는 사회적인 문제가 많다.

일본 경제가 성공한 데는 또 다른 원인이 있었다. 바로 일본에 큰 영향을 미쳤지만 잘 알려지지 않은 한 명의 그리스도인이다.

많이 알려지지는 않았지만 일본 사회에 큰 영향을 미쳤고, 일본의 경제적 성공에도 크게 기여한 사람이 있었다.

예수님은 사람들 안에 존재하는 하나님나라를 누룩에 비유하여 말씀하셨다(마 13:33; 눅 17:21). 나는 어릴 때 어머니가 롤빵을 만드시는 모습을 자주 보았다. 어머니는 누룩을 내게 보여 주시며 반죽에 그것을 조금만 넣어도 반죽 전체가 부풀어 오른다고 설명해 주셨다. 누룩은 아무도 알아차리지 못하는 사이에 반죽 전체에 퍼져 반죽을 바꾼다. 바로 이것 때문에 예수님은 조용히 그러나 크게 사회를 바꾸는 소수의 사람을 누룩에 비유하셨다.

20세기에 일본의 누룩이었던 윌리엄 메럴 보리스(William Merrell Vories)는 세상에 드러나지는 않았지만 일본을 크게 바꾸어 놓았다. 나는 일본을 여러 번 방문했지만, 최근에야 그에 대해 알게 되었다.

몇 년 전 스위스에 갔을 때, 우리 부부는 출타 중인 친구의 빈 집에 머물렀다. 책이 빽빽이 꽂힌 책장 앞에 섰을 때, 내 시선은 오른쪽 선반 위에 꽂혔다. 거기에는 「하나님을 위한 모험가들」(*Adventurers for God*)이라는 오래된 책이 있었다. 나는 제목이 마음에 들어서 그 책을 꺼내 보았다. 책을 펼치자 일본에서 활동한 윌리엄 메럴 보리스에 대한 이야기가 나왔다. 그 책의 저자는 〈리더스 다이제스트〉 지의 편집장을 지낸 클래런스 홀이었고, 그는 2차 세계대전이 끝난 후 그 책을 썼다.[3] 나는 그것을 읽기 시작했다.

보리스는 1905년에 일본에 도착했다. 그는 건축가였지만 사람들에게 그리스도를 전하고자 일본에 갔다. 그는 고전적인 부류의 선교사는 아니었지만, 삶을 통해서 일본인들에게 예수님을 전하기 원했다.

그는 "다른 선교사들에게 가장 덜 매력적으로 보이는 곳을 찾기 위해서" 일본 내륙의 가장 외딴 곳으로 갔다.[4]

그는 오미하치만(현재 시가현)에 정착해 사람들에게 영어를 가르쳤고, 일과가 끝나면 성경 공부를 인도했다. 그 성경 공부를 통해서 많은 일본 젊은이들이 그리스도를 영접했다. 그러나 그들은 가족에게 쫓겨났다. 보리스는 그의 작은 집에 젊은이들을 받아들였다. 그리고 자금을 마련해 기숙사와 성경공부 교실, 휴게실을 갖춘 건물을 지었다.

외딴 곳에서 조용히 일하던 그에게 곧 문제가 생겼다. 그로 인해 개종하는 젊은이들의 숫자가 늘자 승려들이 긴장한 것이다. 그들은 폭력배를 동원해 새신자들을 야구방망이로 공격했고, 지역 신문사에게 기독교와 보리스를 공격하는 일련의 기사를 쓰도록 종용했다. 결국 그들은 보리스가 교사로 근무하던 학교에 그를 해고하도록 압력을 넣었다.

일을 시작한 지 2년 만에 보리스는 도와줄 사람 하나 없는 낯선 나라에서 젊은이들을 혼자 이끌어야 할 처지에 놓였다.

### 극단적인 실험을 시도하다

막막한 마음으로 하나님께 매달려 기도하던 중, 보리스는 문득 자신의 건축 기술에 대해 생각해 보았다. '회사를 세우면 어떨까?' 그렇게 외진 시골에 설계사무소를 차린다는 것은 매우 무모한 일처럼 보였다. 그러나 결국 그는 회사를 세웠고, 새신자들에게 건축 기술을 가르쳤다.

오래지 않아 보리스와 새신자들이 운영하는 설계사무소는 일본에서 가장 설계를 잘하는 곳으로 유명해졌다. 보리스는 일본에 자주 발생하는 지진을 견딜 수 있는 건물 설계술을 개발했다. 1950년대까지 그들은 전국에 2천8백여 채의 건물을 설계했다. 그들이 개인의 삶과 직장 생활을 통해 보여 준 헌신적인 신앙의 모습은 일본 사회에 큰 영향을 미쳤다.

그들은 BWAM(Business With A Mission, 선교하는 사업) 오미 형제단을 설립했다. 그들은 설계사로서 많은 돈을 벌었지만, 꼭 필요한 생활비만 썼다. 보리스와 직원들은 직급에 상관없이 평균 한 달에 62달러만 쓰며 살았다.[5]

그들은 그렇게 아낀 돈으로 전도부터 구제 사역에 이르기까지 다양한 활동을 했고, 그 결과 많은 교회와 설교 처소, 주일학교를 세울 수 있었다. 오미 형제단은 수많은 목회자들의 신학 교육비와 사역을 후원했고, 결핵요양원과 학교도 세웠다. 그들은 평일 저녁과 주말에는 제도용 책상을 떠나 마을에서 설교하고 가르쳤다. 그들은 일본 내 모든 주소에 복음을 담은 엽서를 보내기도 했다.

### 멘소래담으로 전도하다

오미 형제단은 교육, 산업, 종교, 구제 등 다양한 영역으로 활동을 넓혔다. 보리스는 멘소래담 연고의 일본 제조권을 얻어 냈다. 그는 멘소래담 제조를 위해 공장을 건설한 후, 수백 명의 직원을 고용했다. 곧 그들은 매해 일본에서 8백만 개의 멘소래담을 판매했다. 오미 형제단은 기독교에 대해 더 알고 싶은 사람은 성경공부 통신과정에 등록하라는 내용을 담은 라벨을 제작해 연고 병에 붙였다. 그 결과 수천 명의 일본인들이 예수님을 믿었다. 심지어 시골에서는 멘소래담을 '예수약'으로 부르기까지 했다.

보리스는 오미 형제단 사업을 통해 '현대 세계를 위한 기독교 경제

의 실제'를 보여 주기 원했다.[6]

### 새로운 경영 모델을 보여 주다

그들이 일본에 미친 가장 큰 영향은 새로운 경영 모델을 선보인 것이다. 당시 일본인들은 부패와 뇌물 수수가 사업의 정상적인 관습이라고 생각했다. 하지만 보리스는 "우리는 제도용 책상에서 완성된 건물까지 모든 과정에서 기독교 원칙을 적용해야 한다"고 명백히 밝혔다.[7] 그는 뇌물 수수를 용납하지 않았다. 오미 형제단은 뇌물을 주는 사람과는 관계를 끊었고, 사람들은 유명한 설계 사무소를 놓치고 싶지 않았기 때문에 더 이상 뇌물을 주지 않았다.

그들은 주당 48시간 노동을 선포했고, 안식일에는 노동을 금했다. 그들은 사원 복지를 우선순위로 삼았고, 임원들에게 지나치게 많은 월급을 주지 않았으며, 좋은 품질의 생필품을 적절한 가격에 생산하여 국가를 섬기기 위해 노력했다. 그 결과 오미 형제단이 운영하는 공장에는 파업이나 조업 중단이 없었다.

수많은 사업가들이 보리스의 경영 원칙을 배우고자 그의 현대식 공장을 방문했다. 보리스는 그들에게 경제, 지도력, 사업에 관한 기독교 원칙을 가르쳤다.

오미 형제단은 내부에서도 양심적인 행동을 강조했다. 1918년에 젊은 회원 네 명의 도덕성 해이가 드러났을 때, 보리스는 공개적으로 통회의 심정을 표현하기 위해 사흘간 사무실을 닫고 모든 작업을 멈췄다. 그는 "원칙을 위해 스스로 죽을 수 있는 조직만이 살 가치가 있다"고 말했다.[8]

보리스는 1919년에 귀족 집안의 딸과 결혼했다. 일부에서는 마키라는 이름의 그 가냘픈 여성 때문에 그가 절제와 헌신의 삶을 계속할 수 없을 것이라고 말했다. 그러나 마키는 보리스가 사는 누추하고 작은 집에 들어가 살았고 현대식 학교, 놀이터, 유아원, 야간 학교를 세우고 노동자를 위한 평생학습 프로그램을 개발하는 등 다양한 활동을 펼쳤다.

1940년에 도쿄의 한 유력지는 보리스를 "오미하치만의 일등 시민일 뿐 아니라 일본 전체의 일등 시민"이라고 격찬했다.[9] 그는 1941년 1월에 마침내 일본 시민이 되었다. 그러나 11개월 후에 일본은 진주만을 공격했고, 그는 커다란 절망에 빠졌다.

# 22

## 일본의 극단적 변화

전쟁 중에 오미 형제단의 사업은 부진해졌고, 학교는 다른 곳에 인수되었으며, 종교 활동은 방해를 받았다. 젊은 회원들은 군대에 징집되었고, 그 중 많은 사람이 죽었다. 군사 지도자들은 그들의 사업 시설 대부분을 징발했다. 그들은 일본군이 멘소래담을 필요로 했기 때문에 그나마 사업을 유지할 수 있었다.

군사 지도자들은 보리스가 미국의 첩자라는 소문을 퍼뜨렸다. 그 때 히로히토 국왕은 그의 동생을 오미하치만으로 보내 보리스에 대한 공격을 막아 주었다.

전쟁의 마지막 일곱 달 동안 보리스와 그의 아내는 산으로 피신했다. 그들은 산속을 돌아다니며 풀뿌리와 잡초를 캐 먹으면서 연명했다.

그러나 미국이 일본을 이기고 점령군으로 오자 상황은 순식간에 바뀌었다. 보리스는 미국에서 태어났지만 일본 사회에 정통한 사업가였고 일본인들이 신뢰하는 인물이었기에 매우 특별한 위치에 있었다. 그는 새로운 일본 정부와 미국 점령 당국 사이의 연락책이 되어 왕궁과 연합군 본부 사이를 오갔다.

### 적국을 돕다

일본 재건의 시기에 보리스는 복음과 성경의 원칙을 전했다. 연합군 총사령관인 더글러스 맥아더 장군은 지금까지 적국이었던 나라를 재건하는 일에 앞장섰고, 다양한 선의의 개혁을 진행했다. 맥아더 장군이 만 명의 선교사를 초청해 일본인들에게 새로운 삶의 방식을 가르치려 했다는 일화는 유명하지만, 실제로 일본에 간 선교사는 몇 백 명에 불과했다.[1]

다른 연합국은 맥아더 장군에게 일본의 지도자와 시민을 처벌하도록 요구했다. 러시아는 일본의 전쟁 범죄를 처벌하기 위해 일본의 일부를 점령하겠다고 위협했다. 그러나 결국 맥아더 장군의 의견이 우세했다. 맥아더 장군은 미국 재무부 장관 헨리 모건도에게 편지를 보내 자신은 "기독교 도덕의 위로와 소망과 신앙을 패배한 적국에게 전달하고 싶다"[2]고 말했다.

맥아더 장군은 일본을 개혁하기 위해 의욕적인 계획을 세웠다. 그는 정치, 민간, 종교 활동의 제약을 모두 없앴다. 그는 일본 전범 중 가장 죄가 심한 자들을 법정에 세웠고, 정치범을 석방했다. 또한 전쟁 기간 동안 전쟁터에서 싸워야 했고 끔찍하게 많은 세금을 내야 했던 농민들을 돕고자 식량공급제도를 만들었다. 그는 군인들에게 시민의 식량을 뺏지 말도록 명했고, 미국 정부에 더 많은 식량을 보내 달라고 요청하기도 했다.

### 한 학급에 모인 경제 거물들

일본인들은 미국이 일본을 돕기 원한다는 사실을 믿기 시작했다.[3] 맥아더 장군은 성경에 근거한 미국 헌법을 따라 일본의 새 헌법을 만들었다. 여성은 투표권을 얻었고, 일본 최초로 민주적으로 선출된 국회는 여성에게 동일한 권리를 주는 법을 제정했다. 여성을 위한 대학이 세워졌고, 여성이 투표를 통해 관직에 진출하기도 했다.

맥아더 장군은 교육 체계를 세웠고, 미국인 사업가들을 초청해 일본에 새로운 경제의 기틀을 세웠다. 나는 당시에 젊은 일본인들이 미국인 교사와 함께 찍은 사진을 〈포브스〉 지에서 봤다. 그 사진의 주인공들은 지금 세계적으로 유명한 기업가가 되었다.

일본은 매우 중요한 반성의 시기를 맞았다. 그들은 민족주의뿐 아니라 종교적 이유 때문에 2차 대전을 일으켰다. 그들은 일본 국왕이 신이라고 믿었고, 자신들이 다른 민족보다 우월하다고 생각했다. 그것이 거짓임이 드러났을 때, 그들은 새로운 사고를 받아들일 준비를 했다.

일본이 기독교를 받아들이도록 길을 열어 준 사람은 바로 일본에서 수십 년간 신뢰를 쌓아 온 보리스였다. 클래런스 홀은 「하나님의 모험가들」에서 "맥아더가 기독교 신앙을 바탕으로 선의의 개혁을 진행하자 일본인들은 기독교에 큰 관심을 보였고, 보리스는 그들에게 반응했다"[4]고 말한다.

사람들은 보리스에게 대학에서 강의를 하고, 전도 집회를 열고, 정부 관리와 만나 '민주주의의 영적인 성격'에 대해 논해 달라고 요청했다. 왕실은 그와 '기독교 민주주의'에 대해 토론하기 위해 그를 여러 번 초청했다.[5]

변화는 계속 일어났다. 새 헌법은 모든 사람이 평등하다고 규정했다. 보리스의 노력으로 여러 세기 동안 차별을 당했던 에타(*eta*, '부정한 계급'이라는 뜻)가 평등한 대우를 받았다.

하나님은 전쟁의 아픔을 겪은 일본인들에게 축복을 주셨다. 하나님은 선교사와 장군, 그리고 하나님을 찾는 사람들을 통하여 일본 땅을 변화시키셨다.

미국이 일본의 재건을 도왔을 때, 성경에 근거한 미국 문화도 함께 전해졌다. 그러나 일본 문화의 기본 원칙인 물질에 대한 정직성은 전후 미국에게 배운 것이 아니고, 그보다 훨씬 오래된 일본 전통이다. 그 정직한 문화적 가치관에 윌리엄 보리스와 오미 형제단 같은 숨겨진 누룩이 더해졌을 때, 일본은 경제 대국으로 발전할 수 있었다.

모든 사람과 모든 나라는 하나님 말씀에 순종할 책임을 지닌다. 신명기 28장은 인간이 하나님 말씀의 원칙을 따르면 축복을 받고, 그렇지 않으면 저주를 받는다고 말한다. 하나님이 말씀하신 것을 행하면 성경을 모르는 사람도, 심지어 우리의 가장 큰 축복인 예수님을 알지 못하는 사람도 지상에서 축복을 누린다. 그러나 하나님 말씀에서 나온 원칙을 따르지 않으면, 실패하고 좌절할 수밖에 없다. 이 원칙은 영적인 유산이 풍부한 나라든 그렇지 못한 나라든 상관없이 다 똑같이 적용된다.

# 23

# 큰 도전과 소망의 땅 –아프리카

나는 아프리카의 모든 나라에서 사역했고, 1961년부터 매해 아프리카를 방문하고 있다. 나는 아프리카에서 그곳 사람들과 함께 열정과 기쁨이 넘치는 예배를 드리는 것을 좋아한다. 2002년 12월에는 나이지리아의 야외 행사장에서 백만 명이 넘는 사람들에게 설교하는 영광도 누렸다. 라인하르트 본케는 아프리카에서 2백만 명 규모의 집회를 자주 열었는데, 거기서 많은 사람들이 회심하고 극적인 치유의 기적을 경험했다.

나는 아프리카 사람들의 활기찬 전도와 빠른 교회 성장을 보면서 늘 놀란다. 1900년에는 아프리카 사람들 중 오직 10%만이 자신을 그리스도인으로 고백했다. 그러나 2000년에는 45%가 교회에 다녔다.[1] 사하라 남부의 아프리카에서는 교회에 다니는 사람의 비율이 70%에 육박한다.[2]

그들의 열정은 국경을 넘어선다. 많은 아프리카 사람들이 신앙이 약해진 유럽에 부흥을 일으키고자 선교사로 나갔다. 2000년에는 1만 3천 명의 아프리카 선교사들이 타 문화 지역으로 파송되었다.[3]

그러나 아프리카는 여전히 내 마음을 아프게 한다.

아프리카 대륙의 어디를 가든지 나는 그곳 사람들이 개인적, 경제적으로 어려움을 겪는 모습을 본다. 그들은 지독한 가난과 기근, 가뭄, 부정부패, 내전, 질병으로 고통당하고 있다.[4]

에이즈는 한 세대를 몰살했고, 기근과 가난은 더욱 심해졌다. 어떤 나라에서는 에이즈 감염률이 40%에 이르는데, 이는 세계 평균보다 일곱 배나 높은 수준이다.[5] 사하라 남부에는 아프리카 인구의 10%가 살고 있지만, 아프리카 전체 HIV 보균자 중 3분의 2가 이 지역에 몰려 있다.[6] 아프리카에는 에이즈에 걸린 사람이 2천6백만 명이나 된다. 이런 통계는 받아들이기 힘들 만큼 슬픈 현실을 보여 준다. 구호단체들이 전하는 말에 따르면 어떤 마을에는 아이들만 살고 있는데, 그곳에서는 어린아이들이 자기보다 더 어린 동생들을 먹이려고 농사를 짓는다고 한다. 천2백만 명의 아프리카 어린이들이 부모 중 한 명 이상을 에이즈로 잃었다.[7] 얼마나 엄청난 숫자인가! 뉴욕 인구의 1.5배에 이르는 숫자다.

슬픈 현실은 여기서 끝나지 않는다. 시에라리온, 앙골라, 라이베리아, 콩고, 수단에서 벌어진 내전으로 이웃의 손에 죽은 사람이 6백만 명이나 된다.[8] 1994년 르완다에서는 100일 동안 백만 명 이상이 살해되었다.[9]

에이즈와 내전은 아프리카를 괴롭히는 많은 재앙 중 일부일 뿐이다. 아프리카에는 훨씬 더 많은 재앙이 존재한다. 이것은 우리를 슬프게 할 뿐 아니라 하나님의 마음도 슬프게 한다.

그들은 무엇을 잘못했는가? 어떻게 그렇게 많은 그리스도인들이 사는 대륙에 그렇게 많은 비극이 발생할 수 있는가? 우선 우리는 아프리카에 사는 그리스도인들 중 몇 명이나 진정으로 하나님께 충성하는지를 물어야 한다. 정령숭배, 조상숭배, 주물(呪物)에 대한 집착 때문에 교회에 다니는 많은 사람들이 영적 불구가 되었다.[10] 이방 풍습은 아프리카 사람들의 부족에 대한 절대적인 충성심과 연결된다. 부족주의는 많은 생명을 앗아간 내전의 핵심이다.

부족이 본질적으로 나쁜 것은 아니다. 사도행전 17장 26절은 하나님이 모든 족속을 만드셨다고 말한다. 여기서 '족속'으로 번역한 말은 에트네(*ethné*)이고, 이것은 부족이라는 뜻에 가깝다. 성경은 하나님 말씀에 따라 살면서 정령숭배를 하지 않는 부족은 하나님의 축복을 받는다고 말한다.[11]

이제 아프리카의 부족들은 오랜 시간 그들의 발목을 잡은 잘못된 신념에서 벗어나야 한다. 부족에 대한 충성과 하나님 말씀이 상충할 때, 그들은 하나님 말씀을 따라야 한다. 그렇게 할 때 아프리카는 진정한 자유를 누릴 수 있다.

## 우리도 책임이 있다

나는 아프리카의 고통은 서구 교회에도 책임이 있다고 생각한다. 서구 교회는 마가복음 16장 15절에서 구원의 복음을 모든 사람에게 전하라고 하신 예수님의 명령은 잘 따랐지만, 마태복음 28장 19-20절에서 열방을 가르치라고 하신 예수님의 명령은 잘 따르지 않았다.

여러 세대 동안 수많은 선교사들이 아프리카 사람들에게 복음을 전했다. 그러나 그들은 어떻게 가정을 돌보고, 사업을 경영하고, 정부를 운영할지에 대한 성경적 원칙은 가르치지 않았다.

식민 지배는 수백 년간 아프리카 선교를 오염시켰다. 선교사를 보낸 나라들은 동시에 아프리카를 착취할 식민지 지배자를 보냈다. 지금 우리 마음을 아프게 하는 내전의 씨앗은 그때 뿌려진 것이다. 유럽의 열강은 어떤 민족은 쪼개고 어떤 민족은 뭉쳐서 자국의 이익에 따라 국경을 정했다.

아마도 우리의 가장 큰 잘못은 아프리카 사람들을 무능하게 보는 태도일 것이다. 너무도 오랫동안 선교사들은 회심한 사람을 영원한 어린아이로 보았고, 그들이 지도자로 자랄 수 있도록 훈련하지 않았다. 동아프리카에서 만난 한 젊은이는 내게 이렇게 말했다. "선교사들은 우리에게 글을 읽도록 가르치지만, 공산주의자들은 우리에게 읽을 책을 줍니다."

나는 세계적으로 식민지 통치가 끝나 가던 1961년에 들은 이야기를 기억한다. 어떤 사람들이 콩고 강가에 앉아서 '자유'가 오기를 기다렸다고 한다. 그들은 자유가 배를 타고 오는 물건이라고 생각했던 것이다. 그들은 '자유'라는 단어는 배웠지만 정작 그 실체에 대해서는 배우지 못한 것이다.

만일 19세기에 칼뱅이나 헤우게 같은 사람이 아프리카에 있었다면, 그래서 성경을 연구하면서 다른 사람들에게 경건한 나라를 세우도록 가르쳤다면, 아프리카는 지금과는 매우 다른 모습이지 않았을까?

선교사들이 현지인들을 의존적인 존재로 바라보는 태도는 그 뿌리가 깊다. 나는 1961년에 나이지리아에서 열린 청소년 집회에서 그들도 선교사로 나가야 한다고 설교했는데, 설교를 마친 후 한 선교사가 나를 꾸짖었다.

"하나님은 아프리카 사람이 선교사가 되는 것을 원하지 않으십니다. 우리가 선교사고, 그들은 원주민일 뿐입니다."

나는 그 말에 너무 놀랐고, 이렇게 대답했다. "그들도 우리와 동일한 성경을 믿지 않습니까?"

오늘날에도 이런 인종차별적 태도가 존재한다. 인종차별은 다른 인종을 무능하다고 보는 태도뿐 아니라 그들을 특별하게 대하는 태도도 포함한다.

TV에서 고위 성직자들이 당시 언론의 관심을 끈 성 스캔들에 대해 토론하는 모습을 본 적이 있다. 그 토론회에 나온 복음주의 목사는 혼외정사와 간음에 관한 우리의 엄격한 태도는 문화에 근거한 것일지도 모른다고 말했다. 도덕적 죄에 대해 백인과 흑인에게 적용하는 잣대가 다르다는 말이었다. 나는 그 말을 듣고 내 귀를 의심했다. 그의 말은 백인에게는 십계명을 적용할 수 있고 흑인에게는 적용할 수 없다는 뜻이었다. 나이지리아에서 내가 들은 말과 TV에서 토론자가 한 말은 분명한 인종차별적 발언이었다.

나는 인종을 차별하는 사람들을 보면, "세상에는 오직 하나의 인종만 있으며, 그 인종은 바로 인류 전체다"라고 말한다. 우리는 모두 아담과 하와의 후손이다. 그리고 성경은 오직 하나의 인종을 위한 책이다. 성경의 진리는 우리 모두에게 적용된다. 우리는 모두 하나님의 형상을 따라 창조되었다. 우리는 모두 진리를 알 수 있다. 그리고 우리는 모두 진리를 삶의 모든 영역에 적용할 책임을 진다.

인격은 올바른 결정을 내릴수록 더 성숙해진다. 구원과 기적은 즉시 임하지만, 인격을 가꾸는 데는 시간이 걸린다. 우리는 모든 나라와 족속에게 성경의 원칙을 가르쳐야 한다. 헤우게가 말한 것처럼 "성경은 하나님의 책이고, 삶의 모든 영역을 위한 책이다." 헤우게는 성경을 믿었고, 그것을 삶에 적용했다. 노르웨이의 역사는 성경이 나라를 얼마나 빨리 변화시킬 수 있는지를 보여 주는 산 증거다.

나는 아프리카에 대해 큰 소망을 품고 있다. 나는 아프리카가 치유되고 변화되리라 믿는다. 그리고 지금 아프리카 곳곳에서 그 징조가 보이고 있다.

### 아프리카의 영웅들

나는 지난 몇 년간 흑인들이 중요한 사회적 위치에 올라선 모습을 자주 보았다. 2007년까지 유엔 사무총장을 지낸 코피 아난은 아프리카 출신이다. 미국에서 가장 힘 있는 지도자 중 한 명인 콘돌리자 라이스도 흑인이다. 그리고 그의 선임자 콜린 파월도 흑인이다. 연예계에서 가장 많은 출연료를 받는 사람은 흑인 억만장자이자 자선사업가인 오프라 윈프리다. 그녀는 수억 달러 규모의 출판사와 방송 기업을 운영하고 있다.

흑인이 없다면 체육계는 어떻게 되겠는가? 농구, 야구, 축구, 미식축구, 육상, 필드 경기, 테니스, 권투 등 모든 스포츠를 흑인이 주도하고 있다. 펠레, 마이클 조던, 타이거 우즈, 윌리엄 자매 등 아프리카는 최고의 운동선수를 낳았다.

연예계, TV, 영화에서 흑인들은 대단한 성공을 거두었다. 빌 코스비같이 재능 있는 흑인 코미디언들은 많은 사람들에게 웃음을 선사했다. 핼리 베리, 덴젤 워싱턴, 제이미 폭스, 모건 프리먼은 모두 뛰어난 연기로 오스카상을 받은 흑인들이다. 흑인들은 재즈, 가스펠, 블루스, 록, 레게, 랩 등 새로운 음악 장르를 낳았다. 그들의 음률과 박자 감각은 전 세계로 퍼졌다.

나는 여기에서 큰 흐름을 본다. 하나님은 아프리카를 향해 위대한 계획을 갖고 계신다. 나는 아프리카를 여행하면서 그 땅을 향한 하나님의 꿈이 어떤 것인지 조금씩 깨닫는다. 하나님은 그 대륙에 아름다움과 부를 허락하셨다.

## 가장 아름다운 땅, 아프리카

나와 함께 아프리카로 떠나 보자.

아침에 세계에서 가장 큰 사막인 사하라를 보면 금빛의 완만한 모래 언덕이 숨을 멎게 할 만큼 아름답다. 칼라하리 사막과 세렌게티 국립공원의 초원을 뛰어가는 수천 마리의 얼룩말이 일으키는 흙먼지를 보고 나면, 동물원이 보잘것없이 느껴질 것이다. 케냐의 산에 올라 멀리 보이는 푸른 호수와 호수 가장자리를 걸어 다니는 분홍빛 플라밍고 무리를 보라. 그 아름다움에 할 말을 잃을 것이다. 평야로 내려가면 천천히 걷다가 나뭇잎을 따먹기 위해 멈추는 코끼리와 기린이 보일 것이다. 사자의 포효하는 소리와 악어가 강으로 미끄러져 들어가는 소리를 들으면 등에 식은땀이 흐른다. 대륙 서쪽의 짙푸른 정글과 동쪽의 광활한 대지구대에 가면 마치 에덴 동산에 온 것 같은 느낌이 든다. 평야에 서서 만년설이 덮인 킬리만자로의 정상을 보라. 주변을 살펴보면 거대한 바위와 2층 건물 높이의 개미 언덕이 보인다. 햇빛에 반짝이는 거대한 호수에는 사람이 사는 섬도 있다. 우간다의 빅토리아 호에서 저 멀리 이집트까지 흘러 지중해에 이르는 나일 강을 보라. 콩고 강은 서쪽으로 흘러 대서양에 이른다. 잠베지 강은 동쪽으로 흘러 세계에서 가장 아름다운 폭포인 빅토리아 폭포로 이어지고, 모잠비크 해안에서 인도양과 합쳐진다.

### 하나님은 그들을 잊지 않으셨다

가장 위대한 예술가인 하나님은 아프리카 땅에 아름다운 자연을 허락하셨다. 그렇다면 아프리카 대륙과 아프리카 사람들을 향한 하나님의 계획은 무엇일까? 하나님은 다른 어떤 곳보다도 많은 금, 다이아몬드, 플루토늄, 동을 아프리카 땅에 감춰 두셨다. 아프리카는 전 세계에 식량을 공급할 수 있을 만큼 비옥한 농토가 많다. 아프리카의 수력 발전 잠재력은 다른 모든 대륙을 합한 것보다 크다. 거기다가 석탄과 석유도 풍부하다.[12]

아프리카 사람들이 자원을 지혜롭게 쓴다면 아프리카는 건강하고 부유한 대륙으로 거듭날 수 있다. 안타깝게도 너무 오랫동안 다른 대륙 사람들은 아름다운 아프리카 사람들을 노예로 팔았고, 착취했고, 무시했다. 다른 대륙 사람들은 아프리카의 풍부한 자원을 헐값에 가져가거나 아예 훔쳐 가기도 했다. 아프리카는 자원의 혜택을 거의 누리지 못했다. 아프리카에서 외국인은 약탈을 자행했고, 독재자는 자기 재산을 늘렸으며, 군사 지도자는 전쟁을 일으켰다. 그 결과 사람들은 굶주렸고, 도덕심이 사라져 흑인이 흑인을 노예로 삼는 일까지 발생했다.

그러나 하나님은 그들을 잊지 않으셨다. 아프리카에서 그리스도인들의 수는 놀라운 속도로 증가하고 있다.[13] 이제 아프리카는 선교사들과 영적 지도자들을 모든 대륙으로 보내는 파송지가 되었다. 나이지리아 출신의 선데이 목사는 동유럽에서 가장 큰 교회를 맡고 있다. 나는 우크라이나의 키예프에 있는 그의 교회에서 설교한 적이 있는데, 수천 명의 성도들이 모이는 그 교회는 세계 곳곳에 지교회까지 두고 있었다. 나이지리아의 애드보이 박사는 저녁 여섯 시부터 새벽 여섯 시까지 계속되는 기도 집회를 사흘간 열어서 약 7백만 명의 사람들을 모았고, 교회 역사상 가장 많은 그리스도인들이 한곳에 모인 기록을 남겼다.[14] 그는 세계 59개국에 수천 개의 교회를 개척했다. 미국에서 가장 큰 교회 가운데 하나인 댈러스의 옹기장이의 집 교회에는 3만 5천 명의 성도들이 모이는데, 그 교회의 담임목사 T. D. 제익스는 흑인이다.[15]

최근에 나는 아랍 노예상들이 수천 명의 아프리카 노예를 아랍 인, 유럽인, 미국인에게 팔았던 잔지바르의 노예수용소를 방문했다. 나는 노예들이 치욕스럽게 맞으며 동물처럼 팔렸던 경매장을 보면서, 얼마 전까지 착취의 대상이던 아프리카인들이 이제 사회 곳곳에서 많은 업적을 이루고 있는 것을 생각하며 감격하지 않을 수 없었다.

나는 아프리카에 대해 소망이 크다. 내게 소망을 주는 사람 중 한 명은 나이로비 대학의 동물학 교수 조지 키노티이다. 그는 아프리카의 헤우게 또는 캐리라고 할 만하다. 그는 자신의 조국 케냐를 바꾸기 위해 헌신하고 있다.[16] 키노티 같은 사람들이 아프리카 땅에서 수많은 그리스도인들을 제자 삼는다면, 앞으로 무슨 일이 일어날지 누가 알겠는가?

나는 아프리카가 하나님과 그분의 말씀이 지닌 구속의 능력을 세계에 보이며 큰 빛을 발하는 대륙이 될 수 있다고 믿는다. 아프리카인들이 성경을 읽고 삶에 적용할 때, 아프리카는 위대한 변화를 경험할 것이다.

# 24

# 아직 이루어지지 않은 소망 —라틴 아메리카

나는 오래전부터 라틴 아메리카를 사랑해 왔다. 어린 시절 내가 살았던 마을은 멕시코 국경과 맞닿은 지역이었다. 작고 가난한 그 마을에서 나는 햇살을 받으며 멕시코 아이들과 놀곤 했다. 로스앤젤레스에서 보냈던 청소년기에는 멕시코에서 방송하는 스페인 어 라디오 프로를 들으며 스페인 어를 배웠다. 나는 열일곱 살에 멕시코로 가서 내 생애 최초의 선교 여행을 시작했다. 그리고 성인이 되어서는 라틴 아메리카의 모든 나라를 방문했다.

라틴 아메리카는 성경과 어떤 관계가 있을까? 언뜻 보면 이곳은 여러 세기 동안 기독교가 지배한 지역인 것처럼 보인다. 하나님이 허락하신 천연자원도 풍부한 곳이다. 그러나 라틴 아메리카에는 오랫동안 부정부패가 만연했고, 불안정한 정부 덕에 중산층은 없고 소수의 부자와 다수의 빈민만 존재했다. 왜 라틴 아메리카는 그렇게 오랜 시간 하나님을 믿었으면서도 성경에 나온 축복을 누리지 못했을까?

라틴 아메리카가 축복을 누리지 못하는 첫 번째 원인은 라틴 문화에 스며든 이슬람 정신과 세계관에 있다. 스페인과 포르투갈이 위치한 이베리아 반도는 이슬람을 믿는 무어 족이 수백 년간 다스린 지역이다. 그들은 8세기에 무력으로 그 땅을 정복하고 자신들의 종교를 전했다. 그들은 1492년 이사벨라 여왕과 페르디난트 국왕에 의해 쫓겨났다. 스페인에는 기독교 정부가 새로 들어섰고, 얼마 지나지 않아 스페인은 신세계로 진출했다.

이슬람 문화의 영향은 언어에서도 드러난다. 스페인 어로 셔츠는 '카미사'(*camisa*)인데, 아랍 어로는 '카미스'(*kamis*)다. 바지를 뜻하는 단어는 거의 똑같아서 스페인 어로는 '판탈로네스'(*pantalones*)이고 아랍 어로는 '반탈론'(*bantalon*)이다. 스페인 특유의 감탄사 '올레!'(*Ojalá*)는 '인샬라'(*inshallah*), 곧 '알라의 뜻대로 될지어다'라는 단어에서 나왔다.

우리는 언어의 유사성을 통해 사상과 세계관의 유사성을 볼 수 있다. 스페인과 포르투갈은 이슬람 정신을 물려받았다. 그들은 운명론을 믿는다. '알라의 뜻대로'라는 개념은 스페인에서 말하는 '케세라세라'(*que será ssera*), 곧 '운명대로 될지어다'라는 개념과 일치한다. 이 말에는 미래는 이미 결정되었기 때문에 우리의 결정은 중요하지 않다는 뜻이 담겨 있다.

라틴 문화의 남자다움(*machismo*)이라는 개념에는 여자를 무시하는 이슬람 문화가 반영되어 있다. 두 문화 모두 남자가 여자 위에 군림하는 것은 당연하고, 여자는 특별한 가치가 없다고 생각한다. 그들은 남자는 방탕하게 살아도 되고, 여자는 순결해야 한다는 이중 잣대를 가지고 있다. 이슬람 종교법에 따르면 무슬림 남자는 아내를 네 명까지 둘 수 있다. 라틴 문화에서도 남자는 아내 외에 정부를 여러 명 둘 수 있다.

### 무슬림보다 더 잔혹하게

이슬람 문화와 라틴 문화의 또 다른 유사성은 칼을 통해 개종시키는 풍습이다. 무슬림이 무력을 통해 종교를 전파한다는 사실은 유명하다. 그들은 이베리아 반도 사람들을 개종시키기 위해 칼을 사용했다. 어떤 역사학자는 콘스탄티누스 대제 시대부터 기독교가 무력으로 종교를 강요했기 때문에 무슬림이 그것을 보고 배웠다고 말하기도 한다. 어쨌든 그 잔혹한 전도는 이베리아에 전해졌고, 하나님의 이름으로 많은 피를 흘렸다.

이베리아 사람들은 무어 족을 몰아낸 후, 새로운 땅에 가서 무슬림처럼 무력을 써서 개종을 강요했다. 사실 그들은 무어 족보다 더 잔혹했다. 이사벨라 여왕은 콘키스타도르(Conquistador, 16세기에 중남미를 정복한 스페인의 군사 지도자-역자 주)들이 칼을 차고 정복하러 나갈 때 선교사를 데리고 갈 것을 요구했다.[1] 그들은 야만인들에게 복음을 전하기 위해 정복하는 것이라고 말했다. 그러나 그들은 여자를 강간하고 금을 빼앗아 갔다. 어느 기록에 따르면 발보아의 군인들은 마치 "푸주한이 시장에 팔려고 소나 양을 잡듯" 인디오들을 잡아 죽였다고 한다.[2] 스페인 군인들은 그 '야만인들'과 싸우기 위해 개들을 풀었고, 개들은 그들을 갈기갈기 찢어 놓았다.[3]

그런 상황에서 복음을 듣는다고 생각해 보라. 스페인 법은 가톨릭 교도를 노예로 삼는 것을 금지했다. 스페인 정복자들은 선택의 기회를 주기 위해 원주민들에게 물었다. "그리스도인이 되고 싶은가?"

"싫다."

"이 자를 끌고 가서 광산에서 노예로 써라."

그리고 다음 사람에게 물었다. "너도 그리스도인이 되고 싶은가?"

"그렇다. 나는 늘 그리스도인이 되고 싶었다."

그러면 그들은 그 '개종자'를 무릎 꿇게 하고 선교사에게 넘겨 세례를 받도록 했다. 원주민들은 그렇게 '복음화'되었다.

토머스 S. 자일스는 "아메리카 원주민들이 어떻게 복음에 반응했는가?"라는 기사에서 한 일화를 기록했다.

> 1514년, 중앙 아메리카에서 스페인 장교들은 갑옷을 입고 마을에서 마을로 다녔다. 그들은 마을에 들어가기 전에 크게 소리쳤다. "인디오들이여! 하나님은 한 분, 교황도 한 분, 그리고 이 나라의 주인인 카스티야 국왕도 한 분이다. 즉시 와서 그분께 순종하라. 그렇지 않으면 우리는 전쟁을 일으켜서 당신들을 죽이거나 노예로 삼을 것이다."[4]

### 성경이 없었다

원주민들을 '복음화'하려는 명목으로 잔혹한 행위를 저지른 것은 중남미만의 역사가 아니라고 지적하는 사람들이 있다. 물론 맞는 말이다. 그러나 라틴 아메리카의 가장 큰 문제는, 그 땅에 종교개혁이 없었다는 것이다. 그래서 라틴 아메리카는 수 세기 동안 제대로 발전하지 못했다.

라틴 아메리카가 축복과 자유를 누리지 못한 가장 큰 원인은 하나님 말씀이 없었기 때문이다. 중남미로 간 선교사들은 대중이 성경을 읽도록 독려하지 않았다. 심지어 트렌트 공의회는 성경을 대중들 손에서 뺏어 버렸고, '성경의 진정한 의미와 해석'을 판단하는 일은 교회와 교회 지도자들에게 맡겨야 한다고 공식적으로 선포했다.[5]

물론 영화 〈미션〉에서도 나오는 것처럼 수많은 선교사들이 원주민들을 위해 헌신했다. 프란체스코회, 도미니크회 선교사들과 바르톨로메 데 라스카사스 같은 사람은 인디오들을 사랑했고, 헌신적으로 그들을 섬겼다. 그러나 초기 정복자들의 잔혹 행위는 라틴 아메리카에 증오라는 유산을 남겼다.

라스카사스는 쿠바 총독이 산 채로 불태우도록 명한 아투에이라는 인디오 추장에 대해 이렇게 기록했다.

> 그들은 아투에이 추장이 죽기 전, 그에게 기독교를 받아들이겠냐고 물었다. 아투에이는 이렇게 되물었다. "천국에 가면 백인을 만나는가?" 그들이 그렇다고 말하자, 추장이 대답했다. "그렇다면 나는 그리스도인이 되지 않겠다. 나는 그렇게 잔인한 사람들과 함께 살고 싶지 않다."[6]

### 기독교와 이방 종교의 혼합

이렇게 가슴 아픈 이야기를 듣고 나면 그들이 옛 신앙을 완전히 포기하지 않은 것이 별로 놀랍지 않다. 그들의 혼합주의, 즉 기독교와 이방 종교의 혼합은 라틴 아메리카가 발전하지 못한 두 번째 원인이다.

라틴 아메리카 사람들은 기독교식 이방 종교, 즉 정령숭배 전통과 혼합된 기독교를 믿는다. 그들은 전통 종교의 귀신과 예수님을 같은 날짜에, 심지어 같은 장소에서 함께 숭배한다. 많은 사람들이 목사보다 무당이나 신비치유술사를 더 의지한다. 해마다 리우데자네이루에서는 수만 명의 사람들이 해변에 모여 귀신에게 제사를 지낸다. 과일, 음식, 향, 술, 돈을 작은 배에 띄워 보내는 그들의 송년 풍습은 혼합된 종교의 대표적인 예다. 기독교와 마쿰바(브라질 흑인들이 행하는 흑마술-역자 주), 기타 신비주의 풍습을 혼합하는 목사도 있다. 브라질에는 저녁에 마귀가 자기 몸속에 들어오도록 초청하는 모임에 갔다가 다음 날 아침에는 미사에 참석하는 사람도 많다. 브라질 신부와 수녀들은 그런 행동에 넌더리를 낸다. 성경은 어둠에 속한 풍습을 금하기 때문이다. 진리는 사람을 자유롭게 하지만 영적 속임은 언제나 사람을 묶고, 계속되는 가난과 두려움, 무지를 낳는다.

그러나 라틴 아메리카는 지금 매우 빠르게 변하고 있다. 성령은 영적 어둠에 묶여 있던 라틴 아메리카 땅에 자유를 가져오고 계신다.

# 25

# 라틴 아메리카에 성령의 바람이 불고 있다

지난 몇 십 년간 세계에서 기독교가 가장 빠르게 성장한 곳은 바로 라틴 아메리카다. 통계상의 수치는 믿기 힘들 정도여서 우리가 충분히 흥분할 만하다. 나는 라틴 아메리카 곳곳에서 교회가 성장하는 모습을 목격했다.

브라질을 예로 들어 보자. 20세기 초, 군나르 빙그런과 대니얼 베르겐은 아마존 강 하구에 위치한 벨렝 시에 도착했다. 그 두 명의 스웨덴 젊은이는 '아주사 거리 운동'에 큰 영향을 받았다.[1] 그들이 그 도시의 무지하고 가난한 사람들에게 복음을 전하자 수천 명의 사람들이 반응했다. 1910년 11월 19일, 38℃의 기온과 95%의 습도에도 불구하고 5만 명이 넘는 사람들이 뜨거운 햇볕이 내리쬐는 가운데 세례를 받았다.[2] 얼마나 많은 숫자인지 생각해 보라! 이는 오순절에 세례를 받았던 사람들보다 열다섯 배나 많은 숫자다(행 2:41). 그때 시작된 운동으로 천7백만 명 이상의 교인들이 모이는 '브라질 하나님의 성회'[3]를 포함하여 다양한 오순절 교단과 독립 은사주의 교회가 탄생했다.

칠레의 예를 보자. 1961년, 나는 산티아고에 있는 감리교 오순절

교회에 갔다. 교인이 16만 명인 그 교회는 당시 세계에서 가장 큰 감리교회였다. 나는 예배당에 들어갔는데, 그곳에는 600대의 기타가 다음 예배를 기다리며 세워져 있었다.

라틴 아메리카에 복음주의자, 오순절파, 은사주의자의 숫자는 계속 증가하여 1990년에는 1억 5천1백만 명에 이르렀고, 2000년에는 1억 8천1백만 명까지 증가했다.[4]

## 성경에 눈이 열리다

라틴 아메리카 교회는 어떻게 성장할 수 있었을까? 교회 지도자들이 하나님 말씀을 읽고 그것을 교인들에게 가르쳤기 때문에 가능했다.

나는 최근 멕시코에 방문해서 베가 목사님이 세운 큰 교회에서 설교했다. 그 교회 지도자 800명을 대상으로 강의한 후, 주일 아침 예배에 참석하기 위해 본당에 들어가려고 기다렸다. 나는 기다리는 동안 베가 목사님에게 어떻게 목회를 하게 되었는지 물어보았다.

"아, 간단합니다. 저는 이 교회의 평신도 지도자였습니다."

그는 자신은 책을 아주 좋아하며, 매주 여러 권의 책을 읽는다고 말했다.

"어떤 분이 제게 성경책을 줬습니다. 그때 처음 성경을 봤습니다."

그는 성경을 읽기 시작했다. 그가 성경을 다 읽었을 때, 그는 성경을 잘 이해하지 못했다. 그래서 그는 천천히 성경을 다시 읽었다

"그러자 눈이 열리기 시작했습니다."

그는 친구들과 함께 모여 성경을 읽었다. 그들은 성경을 공부하고, 그것을 삶에 적용했다.

"우리는 하나님 말씀을 듣고, 그 말씀에 따랐습니다. 그 노력이 열

매를 맺어서 이제 우리 교회에는 교인이 만 천 명이나 됩니다."

라틴 아메리카에는 성장하는 교회가 수없이 많다. 대부분의 교회는 다른 대륙으로 선교사를 보내고 있다. 1987년, 브라질 상파울루에서 처음 열린 리베로 아메리카 선교연합(COMIBAM) 회의에서 그들은 "이곳은 이제 선교지가 아니라 선교사를 파송하는 지역이다"라고 선포했다.[5] 당시 타 문화권에서 사역하는 라틴 아메리카 선교사들은 천6백35명이었는데, 지금은 세계 150개국에서 8천여 명의 라틴 아메리카 선교사들이 사역하고 있다.[6]

### 척박한 곳에서 사역하는 그리스도인

YWAM에는 젊은 라틴계 간사가 수천 명에 이른다. 그들은 매우 힘든 지역도 주저하지 않는다. 척박한 환경 가운데서 위험을 무릅쓰고 사역하는 것이다. 그들은 담대하고 용감하며, 전심으로 예수님을 사랑한다.

이렇게 생명력 넘치는 기독교 성장이 사회 구조에도 영향을 미칠까? 물론 그렇다. 라틴 아메리카가 변하고 있다는 것은 명백한 사실이다. 런던 경제 학교의 명예 교수 데이비드 마르틴은 라틴 아메리카에서 복음주의자, 특히 은사주의자와 오순절주의자가 폭발적으로 증가하는 것과 그에 따르는 '진행 중인 변화'에 대한 글을 썼다.[7] 라틴 아메리카의 변화는 아직 완성되지는 않았지만, 지금 활발히 진행 중에 있으며, 새로운 사회 구조가 형성되고 있다.

마르틴은 복음의 메시지가 사회의 소외 계층에게 어떻게 힘을 주는지 잘 설명해 주었다. 헤우게가 이끈 노르웨이의 농민운동에서 그랬던 것처럼, 라틴 아메리카의 가난한 사람들은 나쁜 습관을 끊는 법, 글을 읽고 쓰는 법, 서로 협력하는 법, 자원과 자본을 지혜롭게 사용하는 법을 성경을 통해 배운다. 마르틴은 복음이 라틴 아메리카에 사회적, 경제적 유익을 가져다주었다고 설명한다.[8] 그들은 점차 중산층을 형성하고, 하나님 말씀에서 배운 원칙을 적용하여 삶을 향상시키고 있다.

브라질 선교사였고 지금은 은퇴한 톰 휘톤은 그의 교회에 다니는 한 교인을 변화의 예로 들었다.

그 교인과 그의 가족은 과거에는 먹을 음식도 부족했다. 그는 직장에서 자주 쫓겨났고, 늘 가난에 시달렸다. 그는 매주 축구 도박과 술, 여자에 빠져 얼마 되지도 않는 주급을 다 써 버렸다. 그러나 그가 그리스도를 만나고 나서는 모든 것이 변했다. 하나님 말씀을 배우고 삶에 적용하면서 그는 성실한 사람으로 변했다. 봉급은 많지 않았지만, 그는 그 돈을 가족을 위해 썼다. 결국 그의 가족은 더 좋은 집을 구했다. 그가 하나님 말씀을 따라 사는 법을 배웠기에 가족 전체가 복을 받은 것이다.

휘톤은 자신의 교회에는 이렇게 변한 교인들이 많다고 말했다. 이것은 라틴 아메리카 곳곳에서 벌어지고 있는 일이다. 수많은 그리스도인들이 성실하고 양심적으로 살아가기 시작하면서, 점차 개인의 삶이 나아지고 있다. 그리고 그들이 사는 사회 역시 좀 더 좋은 곳으로 발전해 가고 있다.

나는 지난 50년간 라틴 아메리카를 여러 번 방문하면서 그 변화를 직접 관찰했다. 예전에는 라틴 아메리카에 정부가 불안정한 나라가 많았다. 무능한 독재자는 또 다른 독재자에 의해 대체되었고, 얼마 못 가 다른 독재자가 권력을 잡았다. 권력층의 부정부패가 일상적이었고, 지도자가 된다는 것은 곧 부자가 된다는 뜻이었다. 석유, 귀금속, 보석 같은 자원이 많았지만 라틴 아메리카의 경제는 언제나 불안했고, 소수의 부자와 다수의 빈민만 있을 뿐 중산층은 없었다. 그러나 이제 상황은 변했다.

1992년에 참으로 놀라운 일이 벌어졌다. 브라질의 페르난도 콜로르 데 멜로 대통령과 베네수엘라의 카를로스 안드레스 페레스 대통령이 부정부패 혐의로 대통령직에서 쫓겨난 것이다. 이것은 부정부패가 일상적으로 행해지던 라틴 아메리카가 변했다는 증거다.

칠레에서는 경찰관에게 뇌물을 주는 사람은 체포된다고 한다. 이처럼 라틴 아메리카 사람들은 하나님 말씀을 발견하고, 그것을 삶에 적용하기 시작했다.

물론 라틴 아메리카에서 모든 부정부패가 사라진 것은 아니다. 하지만 국민의 도덕 기준은 분명히 높아졌다. 이제 라틴 아메리카는 한국과 마찬가지로 법이 국가 지도자 위에 군림하고 있다.

라틴 아메리카는 정치 영역에서도 발전한 모습을 보이고 있다. 1993년, 라틴 아메리카에서 독재자는 사라졌다. 이제 쿠바를 제외하면 라틴 아메리카의 모든 나라에서 국민들이 민주적인 선거로 대통령을 뽑는다.

그러나 여전히 라틴 아메리카는 큰 도전에 직면하고 있다. 이 지역의 모든 지도자가 정의롭고 공평한 것은 아니기 때문이다. 베네수엘라 대통령이 수십 명의 선교사를 추방한 예에서 볼 수 있듯이, 안정

과 자유는 한순간에 잃을 수도 있는 것이다.[9]

우리는 작은 전투에 패할 수도 있다. 그러나 승리는 매우 가까이 있다. 라틴 아메리카에서 복음은 아무도 막지 못할 만큼 빠르게 퍼지고 있다. 그 땅의 변화는 완벽하지는 않지만, 잘 진행되고 있다.

# 5부 | 성경을 전 세계에

## 26

# 세계에 시선을 고정하라

어렸을 때 세계에 복음을 전해야 한다는 설교를 들은 적이 있다. 나는 어떻게 그 일을 할 수 있을지 곰곰이 생각해 보다가, 달 표면에 커다란 검은 바위로 성경 구절을 쓰면 된다는 생각이 들었다. 하지만 어떤 구절을 써야 할까? 나는 바위는 대단히 무겁기 때문에 바위를 많이 움직이는 것은 힘들 거라고 생각했다. 그래서 "하나님은 사랑이시다"(요일 4:8)라는 구절을 쓰면 되겠다고 결론지었다. 나는 우리가 이 구절을 달 위에 쓴다면 모든 사람이 읽을 수 있을 것이라고 확신했다.

지금 그때를 생각하면 웃음만 난다. 그러나 전 세계에 복음을 전해야 한다는 생각만큼은 내 마음을 떠나지 않았다. 나는 여전히 같은 일에 대해 생각해 본다. 우리는 어떻게 모든 사람에게 복음을 전할 수 있을까? 우리는 어떻게 일본, 아프리카, 라틴 아메리카 등 세계 모든 나라에 영향을 미칠 수 있을까? 우리는 어떻게 열방을 바꿀 수 있을까? 예수님은 그분을 따르는 모든 사람을 '나라를 세우는 자'로 부르셨다. 예수님은 우리에게 온 세계를 다니며 열방을 제자 삼으라고 말씀하셨다(마 28:19-20). 나라를 세우는 사람은 해외에서 사역하는 선교사일 수도 있고, 일본에서 헌신한 보리스처럼 하나님의 인도하심을 따라 특정한 직업의 영역으로 들어가는 사람일 수도 있다.

많은 사람들은 본국을 떠나지 않고 나라를 세운다. 그들은 경제, 정치, 교육, 언론 등 사회 각 영역에서 직업을 찾고, 일터에서 하나님의 진리를 적용한다. 그리고 사회를 구성하는 최소단위는 가족이기 때문에 나라를 세우는 데 가장 중요한 역할을 하는 사람은 바로 성경 말씀에 따라 가정을 이끄는 부모다. 결국 예수님께 순종하기로 헌신한 자, 그분의 뜻이 하늘에서처럼 땅에서도 이루어지도록 노력하는 자는 모두 열방을 제자 삼는 데 동참하고 있는 것이다. 그러나 우리는 특별히 다른 나라에 선교사로 갈 사람들이 필요하다.[1] 선교사가 필요한 이유는 이 땅에 어둠이 너무나 크기 때문이다. 우리는 18세기 말 캐리가 인도에 도착했을 때, 그 땅에 어둠이 얼마나 컸는지를 보았다. 존 웨슬리가 영국에서 사역을 시작했을 때, 칼뱅이 제네바에 갔을 때도 어둠은 컸다. 그리고 지금도 많은 나라가 어둠 가운데 있다.

#### 전 세계의 의로운 변화를 소망하며

예수님은 모든 사람을 구원하고 모든 나라를 바꾸기 위해 이 땅에 오셨다. 예수님을 따르는 우리는 전 세계를 바라봐야 한다. 최근 많은 사람들이 세계화에 대해 말한다. 그러나 처음으로 세계화를 강조하신 분은, 아브라함에게 그의 후손을 통해 모든 나라를 축복하리라고 말씀하신 하나님이다. 예수님은 제자들에게 땅 끝까지 이르러 모든 나라를 제자 삼으라고 말씀하셨다(막 16:15; 마 28:19-20; 행 1:8). 예수님은 그분의 백성이 성경의 원칙을 온 세계에 실현하기를 기대하셨다.

1974년 빌리 그레이엄이 전 세계 교회 지도자들을 스위스 로잔으로 초청해 세계복음화대회를 연 후, 그리스도인들은 대사명을 이루기 위해 열심히 달려 왔다. 복음이 전해지지 않은 곳을 찾기 위해 자료를 수치화하는 일도 여러 번 했다. 그렇게 30년 이상 노력했지만, 우리의 과업이 얼마나 남았는지는 아직 명확하지 않다. 세계 선교를 위한 미국 센터(U.S. Center for World Mission)의 랄프 윈터 박사는 "우리는 밖에서 무슨 일이 벌어지고 있는지 알아야 한다"라고 말했다.[2]

### 4K 오메가 존

YWAM 열방대학 총장 보좌역을 맡고 있는 데이비드 해밀턴은 우리가 이뤄야 할 과업에 대한 조사를 마쳤다. 그는 글로벌 매핑(Global Mapping International)[3] 같은 전문기술 모임의 도움을 받아 세상의 필요를 파악하기 위한 새로운 틀, 4K를 만들었다. 그것은 세계를 오메가 존(omega zone)으로 나눈다. 4K는 기독교자료 조사기관, 브리태니커 백과사전, 세계기독교 백과사전, UN, 각국의 인구조사 자료 등에서 모은 세계에 대한 자료를 포함한다. 데이비드는 "4K는 복음이 없는 지역을 표시하여 선교단체와 교회가 가장 절실히 필요한 지역을 찾을 수 있도록 돕는다"고 말했다.

왜 4K라는 명칭을 쓰는가? 세계를 인구가 비슷한 4천여 개의 지역, 정확히는 4,379개의 지역으로 나누기 때문이다. 각 지역을 '오메가 존'이라고 부르는데, 이는 '알파와 오메가'이신 예수님을 모든 오메가 존에 알리기를 원하기 때문이다. 또한 오메가는 헬라 어의 마지막 문자인데, 우리는 이 새로운 틀이 대사명을 완수하기 위한 마지막 노력이 되기를 소망한다. 4K는 지정학적 경계에 따라 세계를 나눈다. 세계 238개국 중에서 103개국은 인구가 3백만 명 미만이다. 이런 작은 나라들은 각각 하나의 오메가 존이다. 그러나 큰 나라는 주나 도 또는 그보다 더 작은 오메가 존으로 나눈다. 예를 들어 인도는 653개의 오메가 존으로 나눈다.

오메가 존은 복음이 전파되지 않은 곳, 영적으로 가장 어두운 곳에 주목하기 위한 수단이다. 하나님 말씀을 쉽게 접할 수 있는 지역은 많게는 9백만 명까지 하나의 오메가 존으로 묶었다. 케냐같이 복음을 접하기가 어려운 지역은 6백만 명까지 하나의 오메가 존으로 묶었다. 이란같이 기독교를 접하기가 가장 어려운 지역은 3백만 명까지 하나의 오메가 존으로 묶었다.

4K는 선교할 때 복음이 가장 필요한 곳을 쉽게 찾도록 돕는다. 오메가 존 파일은 각 존의 지도와 함께 물질적, 영적 필요를 통합해서 보여 주도록 수십 개의 통계자료를 포함한다. 그 파일을 통해 그 지역의 문맹률, 깨끗한 물의 존재 여부, 미전도종족 등에 대해 구체적으로 알 수 있다. 그 자료는 기독교 지도자들이 하나님의 성품을 각 지역에 알리기 위해 기도하고 전략을 짜는 데 도움을 줄 것이다. 4K 팀은 전개 상황을 관찰하여 열방을 제자 삼기 위해 일하는 모든 단체에 최신 자료를 제공할 것이다. 이 모든 일은 하나님 말씀을 기다리는 곳을 찾기 위한 것이다.[4]

### 각 오메가 존에 성경을 보급해야 한다

우리는 사람들에게 성경을 전해 줄 때 어떤 일이 일어나는지 노르웨이와 한국의 예에서 보았다. 우리는 성경을 오메가 존으로 전달하기 위해 노력해야 한다. 위클리프는 이미 성경은 세계 인구의 93%가 모국어로 읽을 수 있도록 번역되었다고 말했다.[5] 그러나 선교사들이 그

93%의 사람들 모두에게 성경을 전해 준 것은 아니다. 성경이 창고에 쌓여 있다는 것과 사람들이 성경을 손에 쥐고 성경의 진리로 훈련되고 있다는 것은 전혀 다른 일이다.

### 우리말로 된 성경이 있나요?

나는 모든 사람의 손에 성경을 쥐어 주는 것을 꿈꿔 왔다. 나는 우리가 그분의 말씀을 모든 사람에게 전할 수 있다고 믿었다. 하나님은 극적인 사건을 통해 성경을 사람들에게 전하는 방법을 보여 주셨다.

1967년에 나는 YWAM 호송단과 함께 멕시코를 지나 중앙 아메리카로 여행을 했다. 우리는 구멍 난 타이어를 갈기 위해 먼지 날리는 멕시코 마을에 잠시 머물렀다. 몇 명이 타이어를 가는 동안 나머지 사람들은 모든 가정에 요한복음을 나눠 줬고, 야외 설교집회를 열었다. 모임이 끝나고, 색 바랜 빨간 드레스를 입은 여성이 내게 다가왔다. 나는 스페인 어를 잘 못했지만, "우리 마을에는 성경을 구할 곳이 없어요. 주변 마을도 마찬가지죠. 우리말로 된 성경이 있나요?"라고 묻는 그녀의 말은 알아들었다. 나는 스페인 어 성경을 찾아 그녀에게 주었다. 그녀는 성경을 받아 가슴에 꼭 품고 감사하다고 말했다.

그 마을을 떠나면서, "우리말로 된 성경이 있나요?"라는 말이 머릿속에 맴돌았다. 그때 갑자기 내 눈앞에 어떤 그림이 나타났다. 그것은 성경에서 환상이라고 말하는 현상이었다. 나는 커다란 트럭을 보았는데, 그것은 컨테이너 트럭이 아니라 큰 포장이사용 트럭 같았다. 그 트럭 옆에는 스페인어로 어떤 문장이 쓰여 있었다.

나는 스페인 어로 생각할 정도로 스페인 어를 잘하지는 못하기 때문에 이 구절이 머릿속에 떠오르자 스스로 놀랐다. 나는 천천히 번역을 해 봤다.

"오직 정직하지 않은 사람만이 진리를 두려워한다. 무료 성경."

얼마나 가슴 설레는 말인가! "오직 정직하지 않은 사람만이 진리를 두려워한다"는 구절은 처음 들어 보는 말이었고, 한참을 내 머릿속에서 맴돌았다. 그것은 공산주의자들이 라틴 아메리카에 사회주의를 퍼트리던 당시 상황에 딱 들어맞는 구절이었다. 나는 그 환상 속에서, 젊은이들이 트럭 앞에 서서 사람들에게 성경을 건네주는 모습을 보았다.

그 환상이 완전히 실현되지는 않았지만, 나는 그 후로 여러 가지 성경 배포 프로젝트를 진행했다. 그 마을에서 사역을 마친 후 멕시코시에 도착했을 때, 나는 성서공회에 가서 몇 권의 성경책을 살 수 있는지 확인했다. 그리고 친구들에게 전화를 해서 돈을 모아 신약 성경 5만 권을 샀다. 우리 팀은 그 도시의 대학 캠퍼스마다 찾아가 성경을 배포했다. 그 후로도 몇 년 동안, 우리 팀은 멕시코의 수십 개 마을과 도시에서 신약 성경을 배포했다. 우리는 그 사역이 너무나 뿌듯했다. 하지만 하나님은 우리에게 더 큰 도전과 흥분을 준비해 놓으셨다.

## 27

# 성경을 세계에 전하다

숨 가쁘게 빠른 속도로 이루어졌으며, 많은 열매를 맺은 성경 배포 프로젝트에 대해 이야기를 해야겠다. 그 일의 시작은 이러하다.

우리는 1970년대에 유럽에 있었다. 당시는 베트남전 반대 시위 등으로 사회가 매우 불안정한 때였고, 마약 복용 문제도 심각했다. 유럽에 주둔한 미군들 중에도 마약 중독자가 많았다. 우리 팀은 미 육군 군목들의 초청으로 독일에 가서 미군을 대상으로 사역했다.

1972년, 우리는 스위스 로잔에 있는 YWAM 학교에서 중보 기도를 하기 위해 소그룹으로 모였다. 우리는 하나님께 무엇을 위해 기도해야 하는지 물었다. 우리는 기도하면서 독일 군사 기지에 있는 미군을 위해 기도해야 한다는 확신이 들었다. 우리는 "하나님, 군인들을 축복하시고 그들을 구원하소서"라는 식의 광범위한 기도 대신, 구체적으로 어떤 기도를 해야 할지 하나님께 물었다. 그때 나는 모든 군인들에게 나눠 줄 10만 권의 성경책을 위해 기도해야 한다는 마음이 들었다. 좀 무리한 기도 같았지만 나는 하나님이 10만 권의 성경책을 주시고, 그 성경책이 사람들에게 배포되도록 큰 소리로 기도했다.

나는 5군단(독일 주둔 미군 전체)을 총괄하는 군목을 맡고 있는 짐 애머만 대령을 잘 알았다. 그 부부는 전에 우리를 만나러 로잔에 온 적이 있었다. 나는 어쩌면 그가 기도 응답의 한 부분일지도 모른다는 생각이 들었다. 그래서 우리 소그룹은 애머만 부부가 그 계획의 한 부분이라면 하나님이 그들의 마음을 움직이시도록 기도했다.

나는 기도하면서 케네스 테일러 박사에게 연락해야겠다는 생각이 들었다. 그는 틴데일 출판사 설립자로 「리빙 바이블」(*The Living Bible*)을 번역했다. 나는 그 사람에게 연락할 방법을 찾다가 앤드류 형제가 생각났다. 그는 폐쇄된 나라에 들어가 성경을 배포하는 용감한 네덜란드 인이었고, 나와 친했다. 나는 그에게 연락하기로 마음먹었다.

우리는 먼저 모여 각 모임에서 기도한 내용을 나누었다. 우리가 10만 권의 성경책을 독일 주둔 미군에게 배포하기 위해 기도했다고 말하자 흥분이 고조되었다. 그러나 우리는 어떻게 그 일을 이룰 수 있을지 알지 못했다.

**성경 공수 작전이 시작되다**

그날 저녁, 나는 앤드류 형제에게 전화를 해서 물었다. "어떻게 하면 케네스 테일러 박사를 만날 수 있을까요?"

앤드류 형제는 우리가 그와 만나도록 주선해 주었다. 테일러 박사는 마침 그 주에 유럽을 방문하는 중이었다. 나는 아테네에 있는 그에게 전화했다. 그는 곧 미국으로 돌아가야 했지만 독일에서 비행기를 갈아타는 짧은 시간 동안 나를 만나기로 했다.

나는 프랑크푸르트 공항에서 테일러 박사를 만났다. 나는 그에게 우리가 기도한 내용에 대해 설명했다. 그는 고개를 끄덕이더니 웃으며 말했다. "마침 빌리 그레이엄 목사님이 전도집회를 하고 남은 성경책 10만 권이 있습니다. 미국에서 성경을 실어 올 수만 있다면 가져가서 미군들에게 나눠 주세요."

'와, 10만 권이라니! 그런데 무슨 돈으로 그 많은 성경책을 미국에서 독일까지 운반한단 말인가?' 그러나 나는 하나님이 인도하신다고 느꼈고, 한 걸음씩 그분을 따르기만 하면 된다고 생각했다. 내 마음속에 트럭의 행렬이 미군 기지마다 성경을 운반하는 장면이 떠올랐다. '그렇다. 그 일은 이루어질 것이다!'

그날 저녁 독일에 있는 애머만 대령의 집에 도착했을 때, 그와 그의 아내 샬린은 나를 반갑게 맞아 주었다. 그들은 고맙게도 저녁을 먹고 그곳에서 자고 가라고 말했다. 샬린이 맛있는 식사를 준비하는 동안, 나는 성경 이야기를 꺼냈다. "대령님, 우리는 대령님이 돌보는 군인들에게 성경을 나눠 주기 위해 기도했습니다."

나는 잠시 숨을 가다듬었다. "저는 트럭의 행렬이 미군 기지마다 성경을 운반하는 장면을 보았습니다."

나는 잠시 말을 멈췄다. 대령은 내 말을 침착하게 듣고 있었지만, 그의 눈은 호기심으로 반짝였다. "음, 계속 말씀하세요."

"구약과 신약이 다 있는 성경입니다."

대령은 고개를 끄덕였다. "그래요."

"리빙 바이블 10만 권이죠." 그리고 나는 그에게 테일러 박사의 제안에 대해 말했다.

애머만 대령은 몸을 내 쪽으로 숙이더니 이렇게 말했다. "로렌, 당신은 하나님의 음성을 바로 들었습니다. 나는 우리 군사들을 위해 쉽게 번역한 신구약 성경을 구할 수 있도록 기도해 왔습니다."

애머만 대령은 성경 운반은 자기가 알아서 하겠다고 말했다. 그는 성경책을 두 대의 비행기에 실어 독일로 운반하도록 조치했다. 그 계획을 틴데일 출판사 책임자들에게 소개했을 때, 편집자 중 한 명인 웬들 하울리는 짐 애머만의 이름을 알아보았다. 알고 보니 하울리는 베트남전 때 애머만 밑에서 부책임자로 일했던 것이다. 틴데일 출판사는 성경책을 독일로 운반하는 비용을 지불했다. 트럭은 그 귀한 성경책을 5군단 소속의 모든 부대로 운반했다. 이것은 하나님이 내게 환상으로 보여 주신 그대로였다. 군인들은 모두 성경책을 한 권씩 받았다. 그리고 매달 베트남, 한국 등으로 배치될 수천 명의 군인들이 독일을 거쳐 갔기 때문에 10만 권의 성경책은 금방 동이 났다. 애머만 대령은 성경을 홍보하기 위해 확성기로 성경을 낭독하기도 했다.

몇 년 후, 애머만 부부는 내 아버지의 장례식에 참석했다. 장례식 후에 나는 그들과 이야기를 나눴다. 애머만 대령은 그때 했던 성경 배포는 그가 지금까지 경험한 일 중 가장 큰 하나님의 역사였다고 말했다. 많은 군인들이 그 성경책을 읽고 그리스도인이 되었다. 어떤 군인은 선교사가 되었다. 애머만 부인은 그 전에는 헌신적으로 예수를 따르는 고위 장교를 본 적이 거의 없었다고 말했다. "그런데 지금은 그런 사람이 많습니다. 우리는 이것이 성경 배포의 열매라고 봅니다."

작은 방에 모여 기도한 몇몇 젊은이들이 시작한 일이 얼마나 큰 영향을 미쳤는지를 생각하면 그저 놀라울 뿐이다.

### 하와이를 말씀으로 덮다

성경은 진정 나라를 바꾸는 책이지만, 그 능력은 사람들이 성경을 읽고 그것을 삶에 적용할 때만 나타난다. 그리스도의 복음을 믿는 사람은 성경이 없는 사람에게 성경을 전할 책임이 있다. 그리고 우리는 성경을 잃어버린 곳에 성경을 다시 찾아 주어야 한다. 우리는 사람들에게 하나님 말씀을 듣고 반응할 기회를 주어야 한다.

1983년 로널드 레이건 대통령은 미국에 성경의 해를 선포했다. 대학생선교회의 빌 브라이트 박사는 전국적인 성경 보급 프로그램을 진행했고, 당시 하와이에 살던 나에게 하와이 주의 책임자가 되어 달라고 부탁했다.

하나님은 내게 1983년에는 하와이 제도 밖으로 여행하지 말라고 말씀하셨다. 나는 1954년 이후로 사역을 위한 여행을 자주 다녔는데, 1983년에는 여행을 하면 안 된다는 것이었다. 나는 그 흥분되는 사역의 지역 책임자가 되었을 때, 하나님이 왜 그렇게 말씀하셨는지 이해할 수 있었다. 하와이는 다른 주보다 그리스도인의 비율이 낮았다. 하와이의 아홉 가정 중 한 가정은 불교를 믿었다. 또 하와이 주민들 중에는 모국어가 영어가 아닌 사람이 많았기 때문에 내가 그곳에서 해야 할 일은 거대한 도전이었다.

우리는 성경을 역사적 주제와 연결하여 배포하는 전략을 선택했다. 우리는 표지에 스티브 리가스의 그림을 담은 「하와이 선교기념 신약」을 인쇄했다. 그 표지 그림에는 1820년 코나에 도착한 하와이 최초의 선교사가 타고 온 타데우스 호와 하와이 최초로 집회를 연 모쿠아이카우아 교회가 있었다. 성경책 뒷부분에는 12쪽에 걸쳐 하와이에 최초로 도착한 선교사에 대한 소개와 하와이 기독교의 역사가 나온다. 그 역사는 하와이 초기 선교사들을 비난하고 하와이 역사를 왜곡한 제임스 미치너의 소설이 사실이 아님을 보여 준다.

개신교와 가톨릭 교회 지도자들은 하와이 모든 가정에 신약을 전달하는 사역을 지지했다. 랍비도 유대인 가정에 구약을 전달하는 사역을 시작했다. 하와이에는 15개 언어가 존재한다. 그래서 우리는 각 지역에 어떤 언어로 얼마나 많은 성경을 전달해야 하는지 조사했다. 거의 모든 교단이 그 사역에 참여했고, 6천 명이 넘는 그리스도인들이 17개 언어로 된 신약을 집집마다 전달하는 일을 도왔다. 우리는 하와이 주 전체를 하나님 말씀으로 덮었다. 하와이의 거의 모든 사람들이 기쁜 마음으로 신약을 받았다.

그 결과는 무엇이었을까? 과학적으로 증명할 수는 없지만 20년이 지난 지금, 나는 하와이의 변화를 본다. 1970년대 하와이에는 대형 교회가 없었다. 하와이에서 가장 큰 교회는 호놀룰루에 있는 2백-3백 명 규모의 교회였다. 우리가 머물던 섬에는 복음을 전하는 교회가 얼마 없었고, 그런 교회에는 교인 수가 적었다. 19세기 초 하와이에 큰 부흥이 있었다. 당시 하와이에서 가장 큰 교회는 빅아일랜드에 있었다. 그러나 그 후 부흥의 불길은 식어 버렸고, 사람들은 종교에 대해 무관심해졌다.

내가 이 글을 쓰고 있는 지금, 하와이에는 수천 명의 성도들이 모이는 교회가 여러 개 있다. 성경의 해가 끝나고 5년 만에 코나에서 교회의 숫자는 26개로 늘어났다. 수천 명의 단기 선교사들과 수백 명의 장기 선교사들이 하와이 코나에서 훈련을 받고 전 세계로 나가고 있다. 하와이는 이제 태평양의 등대가 되었다. 나는 1983년에 성경으로 하와이를 덮은 것이 오늘날 일어나고 있는 큰 변화의 열쇠라고 믿는다.

# 28

# 발상의 전환

성경과 성령의 역사가 결합하면 지상의 어떤 나라도 바뀔 수 있다. 우리는 이 신념을 바탕으로 행동해야 한다. 성경을 믿는 사람이 10달러씩만 낸다면 세계 모든 가정에 성경을 보급할 수 있다는 사실을 아는가?[1] 교회는 이미 전 세계에 각 나라의 언어로 된 성경책을 전달할 인력과 돈이 있다. 그렇다면 우리는 무엇을 기다리고 있는가?

물론 그 계획을 진행하기 위해서는 문화적인 민감성이 필요하다. 우리는 각 지역의 필요에 맞는 성경보급 방법을 계발해야 한다. 성경공부를 원하는 사람들을 대상으로 무료 성경강좌를 열 수도 있다.

「야베스의 기도」(*The Prayer of Jabez*, 디모데 역간)의 저자이자 'Walk through the Bible' 사역의 설립자인 브루스 윌킨슨은 세계에서 가장 큰 성경대학인 월드티치를 세웠다. 그 대학은 12만 명의 성경교사를 훈련하는 것을 목표로 하고 있다.

이보다 중요한 일이 무엇인가? 우리는 현지 문화에 맞게 성경을 공부하고 이해하기 위한 방법을 찾아야 한다. 그래야 우리는 삶을 변화시키고 사람들을 세울 수 있다.

### 술집에서 만나는 성경

성경을 전하는 또 다른 방법은 공개적인 성경 읽기다.

토요일 오후, 호주 퍼스에 있는 술집에서의 모습이다. 세 명의 YWAM 학생들이 자리에 앉아 음료수를 마시고 있다. 그 중 한 여학생이 조용히 기도를 한 후 성경을 읽기 시작한다.

"주 여호와의 영이 내게 내리셨으니 이는 여호와께서 내게 기름을 부으사 가난한 자에게 아름다운 소식을 전하게 하려 하심이라."

그녀의 성경 읽는 소리가 술집에 조용히 퍼진다. 마을 주민들과 관광객들은 술을 마시다가 놀란 표정으로 고개를 들고, 점차 그 소리에 귀를 기울인다. "모든 슬픈 자를 위로하되 무릇 시온에서 슬퍼하는 자에게 화관을 주어."

"죄송한데요, 지금 뭐하시는 거죠?" 옆자리에 앉은 남자가 말을 건넨다.

"아, 우리는 성경학교에 다니고 있는 학생이에요. 성경을 소리 내서 읽는 게 교과과정의 일부거든요. 우리는 성경 읽는 걸 좋아하는데, 여러분과 함께 나눴으면 해서요." 그 여학생은 이렇게 설명하고는 계속 성경을 읽는다.

사람들이 공개적인 성경 읽기에 짜증을 낼 거라고 생각하겠지만, 반응은 대부분 긍정적이었다. 호주에서 온 데비 힉스는 공개적인 성경 읽기가 전 세계에서 주말마다 벌어진다고 말했다. 데비는 스웨덴, 네팔, 인도, 스위스, 바베이도스, 일본, 호주, 영국, 프랑스, 남아프리카, 말레이시아, 우크라이나, 미국에서 YWAM 성경연구학교(SBS)를 50

번 이상 인도했다. 그는 토요일마다 성경연구학교 학생들에게 공개적인 장소에 가서 성경을 읽는 것을 과제로 내주었다.

학생들은 카페, 공원, 심지어 동물원에서도 성경을 큰 소리로 읽었다. 그들은 성경을 읽을 때 스피커를 써도 안 되지만, 작은 목소리로 웅얼거리며 읽어서도 안 된다. 그들은 병원에서, 노숙자들 사이에서, 버스에서, 배에서, 때로는 호주 사막에서 관광객들과 낙타를 타면서 성경을 읽었다.

어떤 사람은 성경 읽는 소리를 무시했다. 어떤 사람은 공개적인 장소에서 성경을 큰 소리로 읽는 모습이 믿기지 않는다는 반응을 보였다. 어떤 사람은 앉아서 성경 읽는 소리를 듣거나, 같이 성경을 읽기도 했다. 대학 캠퍼스에서는 거부감을 보이는 학생들이 더러 있었다. 대학에 사상과 연설의 자유가 없고, 남과 다른 의견을 표출하기가 힘들다는 사실은 참 흥미롭다.

그러나 대부분의 사람들은 긍정적인 반응을 보였다. 성경 구절을 다 읽은 학생은 사람들에게 "제가 읽은 내용에 대해 혹시 질문 있나요?"라고 물었다. 사람들은 종종 질문을 했고, 어떤 사람은 그 질문을 통해 주님을 영접하기도 했다.

### 성경 읽기 마라톤

사람들에게 하나님 말씀을 전하는 또 다른 방법은 성경 읽기 마라톤이다. 단, 이를 위해서는 반드시 공적인 장소에 대한 사용 허가를 받아야 한다. 스피커 시설을 설치해도 좋다. 또한 언론에 이 사실을 미리 알려도 좋을 것이다. 성경을 처음부터 끝까지 읽는 데는 72시간밖에 안 걸린다. 주간에 말씀을 읽는 행사를 할 수도 있다. 이렇게 하면 성경 전체를 읽는 데 일주일 정도가 걸린다. 공원에서 성경을 읽는다면 사람들은 점심시간에 나와 하나님 말씀을 들을 수 있다.

성경 읽기 마라톤은 성경에 나오는 전례를 따른 것이다. 유다 왕국이 중요한 갈림길에 섰을 때, 에스라는 이스라엘 사람들이 모인 곳에서 하나님 말씀을 읽었다(느 8장). 그들은 바벨론에서 돌아와 성전과 예루살렘을 재건하기 원했지만, 그들의 삶은 엉망이었다. 에스라는 첫날 새벽부터 정오까지 말씀을 읽었다. 공개적인 말씀 읽기는 6일 더 계속되었다. 그러자 사람들이 회개했고, 영적 부흥이 일어났다. 공개적인 성경 읽기는 신약에도 나오는데, 바울은 디모데에게 공적인 자리에서 성경 읽는 것을 열심히 하라고 권면했다(딤전 4:13).

### 월마트 앞에서 성경 읽기 마라톤을 하다

최근 펜실베이니아 주 에프라타에서 50명의 청소년들이 월마트 앞에서 성경 읽기 마라톤 행사를 하도록 허가를 받았다. 오후 3시에 시작해서 다음 날 자정까지 계속된 성경 읽기 마라톤에서, 청소년들과 교회 자원봉사자들은 확성기를 사용해 쉬지 않고 성경을 읽었다. 하지만 아무도 불평하지 않았고, 오히려 여러 명의 고객들이 월마트 측에 내년에도 이런 행사를 열었으면 좋겠다고 건의했다.[2]

### 백만 권의 성경책을 밀수하다

우리의 임무는 성경을 모든 사람에게 전하는 것이다. 오엠 국제선교회(Operation Mobilization),[3] 성서 유니온(Scripture Union),[4] 연합성서공회(The United Bible Societies),[5] 앤드류 형제의 오픈 도어 선교회(Brother Andrew's Open Doors)[6]는 성경 배포를 위해 많은 일들을 해 왔다. 1981년, 오픈 도어 선교회 자원봉사자들은 진주 프로젝트라는 활동을 통해 하룻밤 만에 백만 권의 성경책을 중국으로 밀수했다.[7] 지하교회 지도자들은 위험을 감수하고 성경책을 받아 중국 전 지역으로 운반했다.

중국 남부 어느 지역에서, 경찰은 진주 프로젝트를 위한 성경책 천 권을 몸에 지니고 가던 사람들을 잡아 체포했다. 경찰은 그들을 감옥에 가두었고, 성경책을 시궁창에 던져 버렸다. 그러나 며칠 후 그들은 곧 풀려났고, 날이 어두워질 때까지 기다렸다가 시궁창에 들어가 냄새나는 성경책을 모두 수거했다. 그들은 조심스럽게 성경책을 물로 씻고 향수를 뿌린 다음 다시 성도들에게 배포했다.

하나님의 책은 '지극히 값진 진주'이며, 위험이나 개인적 희생을 감수하고라도 전달할 만큼 가치가 있다. 우리는 성경책을 사람들에게, 특히 성경을 읽는 것이 금지된 나라의 사람들에게 전달할 새로운 방법을 찾아야 한다. 우리는 하나님께 지혜를 달라고 기도해야 한다.

### 성경과 새로운 기술의 결합

하나님 말씀을 전하는 방법은 점점 다양해지고 있다. 하나님은 창조적인 분이시기 때문에 언제나 새로운 방법을 내놓으신다. 우리가 성경 말씀에 새로운 기술을 결합한다면, 세상을 바꿀 수 있다.

몇 년 전 교회사를 공부하면서, 나는 새로운 기술은 하나님 말씀이 임하기 직전에 등장한다는 사실을 깨달았다. 예를 들어,

- 최초의 문자가 발명된 후 하나님 말씀은 성경으로 기록되었다.

- 적절한 시기에 인쇄술이 등장해서 종교개혁가들이 사람들에게 성경을 전해 줄 수 있었다.
- 복음주의 운동이 시작될 때 라디오와 영화 같은 대중매체가 탄생했다. 그리스도인은 그런 매체를 통하여 하나님 말씀을 전파할 수 있었다.
- TV와 위성방송은 은사주의 운동과 지저스 피플(1970년대 히피 출신으로, 그리스도를 영접한 사람들-역자 주) 부흥이 시작할 때 나타났고, 그 결과 다양한 기독교방송이 세계에 퍼져 나갔다.

인터넷이 등장하면서 그것이 미치는 영향력은 실로 엄청나다. 어떤 사람들은 인터넷으로 끔찍한 범행을 저지르기도 한다. 인터넷은 포르노, 도박, 인종차별 사상, 심지어 테러리즘까지 유포하고 있다. 그러나 나는 하나님이 세계 복음화의 완성을 위해 인터넷을 만드셨다고 믿는다.

인터넷 기술의 발달로 우리는 전에는 상상도 하지 못했던 일들을 하고 있다. 나는 인터넷을 통해 몇 가지 새로운 가능성을 보았다.

2000년 시드니 하계 올림픽과 2002년 솔트레이크 동계 올림픽에서 YWAM은 성경 CD를 배포했다. 한 장의 CD에 40개 이상의 언어로 된 성경이 들어 있다니, 놀랍지 않은가!

여기서 한 발 더 나가면 어떨까? 우리는 성경을 모든 언어로 번역해 인터넷으로 제공할 수 있다. 수십 억 명의 사람들이 그들의 모국어로 성경을 읽도록 다양한 번역본을 모두 인터넷에 올리려면 몇 명의 전문가가 필요할까? 당신은 그 가능성이 눈에 보이는가?

### 아랍어 성경 다운로드

전략 자원 그룹(Strategic Resource Group)이 조사한 바에 따르면, 이미 85개 이상의 복음 사역이 인터넷을 통해 중동, 북아프리카, 아라비아 반도에 전파되고 있다.[8] 기독교 관련 웹사이트를 봉쇄하려는 정부의 노력에도 불구하고, 어떤 웹사이트에는 하루 방문객이 4만 2천 명이나 된다. 다른 보고에 따르면 매달 2천 권의 아랍 어 성경이 다운로드되고 있다.[9] 어떤 단체는 매달 인터넷을 통해 그리스도를 영접하는 사람이 20명이나 된다고 한다.[10] 중동 인구의 절반 이상이 25세 미만이고, 그들은 컴퓨터를 잘 다루기 때문에 기독교로 회심한 아랍 인들 중에는 젊은이가 많다.[11]

### 우리는 매우 좋은 시대에 살고 있다!

우리는 예수님을 따르는 사람이기에 하나님 말씀을 지상의 모든 종족에게 전하고, 그분이 우리에게 가르치신 모든 내용을 그들에게 가르쳐야 할 의무가 있다. 그리고 이미 수많은 그리스도인들이 수 세기에 걸쳐 그 임무에 힘써 왔다. 그 결과 수많은 사람들과 사회가 변화되었다.

이전 세대들이 얼마나 적은 도구로 그 임무를 이루었는지 생각해 보라. 하나님 말씀을 보존하고 전파하기 위해 성경을 한 자 한 자 손으로 옮겨 적어야 했던 시절을 상상해 보라. 복음을 전하기 위해 수천 킬로미터의 거칠고 험한 길을 걸어 새로운 지역에 도착해야 한다고 상상해 보라. 성경을 번역하는 사람은 새로운 언어를 배워야 했고, 때로는 새로운 문자체계를 개발해야 했으며, 그런 후에야 성경을 번역할 수 있었다.

지금 우리 주변에는 활용할 수 있는 도구가 너무 많다. 물론 어떤 곳은 여전히 접근이 어렵다. 큰 위험이 따르기도 한다. 언어는 여전히 큰 고민거리다. 그러나 대부분의 지역에서 우리는 현대식 이동수단을 통해 하나님 말씀이 필요한 사람들에게 빠르게 다가갈 수 있다. 우리는 다양한 통신기술을 쓸 수 있다. 성경을 손으로 옮겨 써서 두껍고 비싸고 구하기 힘든 필사본을 만드는 대신, 하나님 말씀을 작고 휴대하기 편한 크기로 대량생산할 수 있다. 사실상 우리의 사역을 막는 가장 큰 적은, 하나님께 순종하려는 우리 마음의 결핍이다.

우리가 모든 어려움들을 극복하고 복음을 전한다면 수많은 사람들이 새 생명을 얻을 것이고, 그때 하나님의 계획은 이루어질 것이다. 우리가 더 많은 사람들에게 다가갈 때, 각 나라마다 사회를 변화시킬 상당수의 사람들이 그리스도를 영접할 것이다. 그렇게 해서 하나님 나라는 온 땅에 확장될 것이다. 우리는 그것을 목표로 계속 달려가야 한다.

# 29

## 7퍼센트에게 다가가다

성탄절을 며칠 앞두고 접근제한 국가[1]에서 열린 주일예배 시간에, 목사님은 누가복음 2장을 낭독했다. 목사님이 성경을 읽기 시작했을 때, 그 작은 교회는 전류가 흐르는 듯 전율에 휩싸였다. 그 교회 성도들은 그날 처음으로 그 구절을 모국어로 들었다! 위클리프 선교회의 번역자들과 현지 팀이 그들을 위하여 누가복음 일부분을 번역해 제공했던 것이다. 목사님은 크게 감격한 표정으로 고개를 들었다. 그는 성탄절에 관한 그 유명한 구절을 중간에 끊을 수 없었다. 그분은 소리쳤다. "바로 이거야. 바로 이거!"

그분은 계속 읽어 내려갔다. 번역 팀은 훌쩍이기 시작했다. 어린 소녀들은 서로 쳐다보다가 함께 포옹했다. 목사님이 성경을 다 읽었을 때, 사람들은 "아멘!" "할렐루야!" 하고 소리쳤다.

### 말씀이 몸을 덮다

회중 가운데 앉아 있던 한 의사는 목사님이 성경을 읽을 때 눈을 감았다고 고백했다.

"말씀이 제 몸을 덮는 것 같았어요. 평생 처음으로 말씀이 저를 씻는다는 느낌이 들었죠. 마치 성탄절 이야기를 처음 듣는 듯했어요."[2]

모든 사람이 말씀으로 씻어지는 경험을 해야 하지 않을까? 그러나 세계 인구의 7%는 그런 경험을 할 수 없다. 그들에게는 자신의 언어로 된 성경이 없기 때문이다. 위클리프 선교회에서 조사한 바에 따르면, 2,644개의 언어 집단에 자국어로 번역된 성경이 필요하다고 한다.[3] 그들 중에는 외국어로 된 성경을 읽을 수 있는 사람도 있겠지만, 모국어로 성경을 읽는 것이 중요하다. 모국어야말로 그들이 가장 잘 이해하는 언어이기 때문이다. 그 7% 중에는 외국어를 전혀 못하는 사람도 많다. 그들은 성경을 전혀 읽을 수 없다.

### 하나님 말씀을 모든 언어로

나는 몇 년 전 선교책임자 모임에 참석했는데, 그곳에서 언어학 석박사 학위 소지자들이 성경 번역을 위해 모인 단체의 대표를 만났다. 그는 내게 이렇게 물었다. "어떻게 하면 더 많은 젊은이들이 성경 번역에 참여하도록 할 수 있을까요?"

나는 하와이 코나에 있는 열방대학 캠퍼스에서 있었던 일에 대해 함께 나눴다.

인도 마링 부족 출신의 세 명의 학생들이 YWAM 강사 론 스미스에게 다가가 이렇게 물었다. "우리 부족 언어인 코이부 방언으로 된 성경책이 없다는 사실을 아십니까?"

그들은 그 방언을 쓰는 사람이 2만 명밖에 안 된다고 말했다. "우리를 도와주실 수 있습니까?"

스미스 박사와 세 명의 학생은 두 명의 컴퓨터 전문가와 함께 어려운 임무를 맡았다. 그들은 1985년부터 1988년까지 신약을 코이부 어로 번역했다. 스미스 박사는 컴퓨터 전문가들의 도움으로 번역 작업을 10년이나 단축했다고 말했다. 그 신약성경은 인도 나갈랜드에 있는 어느 교회에서 헌정 예배와 함께 공개되었다. 그 책은 마링 부족에서 코이부 어를 사용하는 모든 가정에 보급되었다.

### 작업의 속도를 높이다

코이부 어 신약 번역 작업은 단지 하나의 예일 뿐이다. 우리는 2,644개 언어를 쓰는 사람들이 모두 자신의 언어로 성경을 읽을 수 있도록 다양한 방법을 찾아야 한다.

위클리프 선교회에는 고도의 훈련을 마친 언어학자들뿐 아니라 일반인들도 성경번역에 참여할 수 있다. 예를 들어 사업가 기질이 있는 사람은 성경 번역을 위한 아이디어를 내놓을 수 있다. 당신은 어떤 해결책을 생각해 낼 수 있는가? 어떻게 하면 더 많은 사람들이 성경 번역에 참여하도록 도울 수 있는가? 어떻게 성경번역 과정을 단순화할 수 있는가?

우리는 최근에 일반인들이 창조적인 해결책을 내놓는 모습을 자주 본다. 집이 없는 사람들을 위해 집을 짓는 해비타트 운동이나 가난한 사람들에게 음식을 제공하는 푸드 뱅크 등이 그러한 예다. '성경 번역'이라는 과업을 완수하기 위해 우리는 무엇을 할 수 있는가?

### 당신의 교회가 이 일을 할 수 있다

2,644개의 교회가 각자 한 언어만 입양하면 우리는 대사명의 한 부분

을 쉽게 이룰 수 있다(마 24:14; 벧후 3:12). 교회가 재정을 모아 입양한 부족에게 가서 그들 중 영어를 쓸 수 있는 두세 명을 찾는다면, 우리는 그들에게 성경을 들려줄 수 있다. 그리고 그들이 자신의 모국어로 한 구절씩 번역하여 녹음하면 된다. 교회 봉사자들은 그 과정을 돕고, 기도하고, 섬길 수 있다. 만일 현지 선교사가 그 과정에 참여할 성도를 찾을 수 없다면 불신자에게 부탁할 수도 있다. 바로 그런 기회를 통해서 그들에게 복음을 전할 수 있기 때문이다.

그 일이 끝나고 나면, 같은 언어를 쓰는 다른 사람들을 초청하면 된다. 그러면 그들은 먼저 작업한 사람들이 자신의 언어로 녹음한 내용을 듣고 그것을 영어로 번역할 것이다. 이렇게 하면 교회 봉사자들이 불분명한 표현이나 잘못된 번역을 찾아낼 수 있다. 정확하게 번역을 하기 위해서는 이런 과정을 여러 번 거치는 것이 좋다. 교회 봉사자들은 그 과정을 감독하기 위해 차례로 한 사람당 몇 주씩 현지를 방문하면 된다. 나중에 그 구술 번역을 위클리프 선교회 같은 단체에 제출하여 문자성경 번역사역을 돕도록 한다. 물론 그 과정이 성경번역 선교사의 사역을 대치할 수는 없겠지만, 그들의 사역을 보충하여 성경 번역이 빨라지게 할 수는 있다.

당신의 교회도 그 일을 할 수 있다. YWAM과 글로벌 레코딩스(Global Recordings)는 이미 이와 비슷한 방법으로 아마존에서 구술 번역 사역을 진행 중에 있다. 이것은 힘든 과정이지만 열매가 있다. 다른 곳에서도 각 부족을 위한 구술 성경을 만들기 위해 이런 과정을 진행할 수 있다. 성경을 글로 번역하는 데는 수년이 걸린다. 하지만 구어 성경은 몇 달이면 번역이 가능하다. 우리는 듣는 성경에 익숙하지 않을 수도 있지만, 문자가 없는 문화에서 자란 사람들은 들은 내용을 기억하는 능력이 대단히 뛰어나다. 그들은 구어 성경을 통해 하나님 말씀을 마음의 언어로 듣는다.

### 정글 속 학교

성경번역 과정을 돕는 또 다른 방법은 현지에서 번역가를 훈련시키는 것이다. 브라울리아 히베이루는 정식 교육을 받은 언어학자이며 현장 경험도 풍부하다. 그는 브라질에 있는 그의 센터에서 15개 부족과 함께 일하는데, 그 부족들은 각각 다른 언어를 쓴다. 브라울리아는 정글에 있는 YWAM 베이스에서 기본언어학과 음성학 과정을 가르친다. 원하는 사람은 누구나 와서 배울 수 있다.[4] 물론 그 주제에 대한 개론은 대학에서도 배울 수 있다. 하지만 그 이론을 현장에서, 성경 번역이라는 필요에 맞춰 삶으로 보이고 적용하며 배운다고 상상해 보라! 그 훈련을 마친 젊은이들은 1차 구술 성경을 준비할 수 있다. 나중에 번역 전문가들은 그들이 녹음한 내용을 바탕으로 각 언어에 맞는 문자를 개발한다.

### 과학 기술을 활용하라

구술 번역을 어떻게 사람들에게 들려줄 수 있을까? 구술 번역은 반영구적인 CD나 DVD로 대량 제작할 수 있다. 아니면 이보다 더 기초적인 기술을 응용할 수도 있다. 글로벌 레코딩스는 전기 없이 녹음을 재생할 수 있는 다양한 도구를 생산하는데, 그 중에는 손잡이를 돌려서 작동하는 카세트 플레이어도 있다.[5]

이스라엘의 갈 트로닉스(Gal Tronics) CEO 켄 크로웰은 테이프나 CD가 필요 없는 음향기기 메가 보이스(Mega Voice)를 개발했다. 신용 카드 몇 장을 겹쳐 놓은 두께에, 보조기구가 필요 없을 뿐 아니라 방수도 되고 튼튼하며 고장이 적다. 그 독특한 기계는 내장된 반도체 칩에 기록한 녹음만 재생하며, 기록된 내용은 메가 보이스 보안 메시지 처리 시스템 없이는 지우거나 바꿀 수 없다. 태양전지와 축전지로 작동하는 그 기계는 9볼트 어댑터를 통해서도 사용하거나 충전할 수 있어서 개인이나 소그룹이 쓰기에 적합하다. 메가 보이스 중 하나인 앰배서더(Ambassador)는 개발을 완료하면 성경 전체를 하나의 기기에 담을 수 있다. 현재 메가 보이스 제품을 다양한 용도로 쓰는 방안이 개발 중에 있다.[6]

이 지구상에는 눈보다 귀를 통해 더 잘 배우는 사람들이 수억 명이나 된다. 우리는 그들에게 복음을 전할 방법을 찾아야 한다.

### 이야기를 통해 복음을 전하다

아담과 하와만큼이나 오래된 방법을 새롭게 활용해 복음을 전할 수도 있다. 인류 역사가 시작된 이래로 사람들은 역사, 가치관, 정보를 전달하기 위해 이야기를 사용했다. 예수님이 지상에 오셨을 때, 세계 인구의 93%는 귀로 배우는 사람들이었다. 그래서 예수님은 하나님이 누구시고, 그들이 어떻게 살아야 하는지 이야기를 통해 가르쳐 주셨다.

오늘날 많은 선교사들은 잃어버린 영혼을 구하기 위해 예수님의 방법을 따라 구두학습운동을 펼치고 있다. 복음을 전혀 듣지 못한 사람들 중 70%가 문맹이다.[7] 1970년대에 부족선교회(New Tribes Mission)는 파푸아뉴기니에서 연대기 성경을 '이야기'로 들려주는 방법을 처음 개발했다. 이제 YWAM, 국제대학생선교회, 위클리프/실(Wycliffe/SIL), 트랜스월드 라디오(Transworld Radio), 침례교국제선교위원회(The International Mission Board of the Baptist Church) 등의 선교단체들이 문맹률 높은 마을에 들어가 사람들에게 성경 이야기를 들려주고 있다.[8]

구두학습운동을 설명하기 위해 지금 진행 중인 사역을 간략하게 소개하겠다. YWAM에서 섬기고 있는 사라는 다른 선교단체에서 온 다섯 명의 젊은이들과 함께 유럽에서 사역을 준비하고 있다. 그들은 곧 접근제한 국가에 사는 미전도종족에게 갈 예정이다. 그곳에 가면, 그들은 먼저 영어를 할 수 있는 통역자를 찾을 것이다.

그들은 이미 창세기에서 요한계시록까지의 내용과 하나님 말씀의 기본 진리를 담은 60-80개의 이야기를 암송했다. 그 이야기들은 사람들에게 복음을 전하고 개인과 문화를 바꾸기 위한 원칙들을 담고 있다. 그들은 먼저 그 이야기들이 현지 문화에 맞고 현지인들이 이해할 수 있는 것인지 확인하기 위해 조사를 했다.

그들은 마을 집회 때 오랜 시간 이야기를 들려줄 것이다.[9] 미전도종족은 대부분 집단 중심으로 살기 때문에 그들 모두가 동시에 회심하고 신앙을 이해하는 일도 있다. 그 젊은이들은 미전도종족에 1년 동안 머물 것이다. 그들의 목표는 그곳에서 성도들의 모임을 시작하는 것이다. 그들의 새로운 제자는 이야기를 암송하여 다른 사람에게 전할 것이다.

이러한 사역은 많은 지역에서 이미 벌어지고 있다. 국제 구두학습 네트워크(International Orality Network) 총재 에버리 윌리스는 "이야기는 다리 역할을 하고, 장벽을 제거하고, 틈을 메워서 현지인들에게 살아 있는 복음을 전하도록 돕는다"고 말한다.[10]

구두학습 선교는 미전도종족 전도와 그들이 사는 공동체의 변화를 위해 매우 중요하다. 그러나 그들이 잠재력을 충분히 발휘하기 위해서는 글을 읽는 법을 배워야 한다.

세계 인구의 6분의 1이 문맹자다.[11] 실질적인 문맹자까지 포함한다면 비율은 더욱 높아진다. 그들이 하나님 말씀을 읽고 배울 수 있도록 돕기 위해 우리는 무엇을 할 수 있을까?

### 문맹 퇴치의 길이 열리다

나는 오늘날 다양한 기술의 발전과 개발을 보면서 하나님의 손길을 느낀다. 하나님은 사람들이 새로운 기술을 발명하도록 인도하시면서, 그분의 말씀을 모든 사람에게 전하기 위해 노력하는 우리의 앞길을 평탄하게 하신다. 그 새로운 기술 중 하나는 누구라도 2주 안에 자신의 언어로 읽는 법을 배울 수 있는 단순한 문자체계다.

이 말을 믿기 어려울 수도 있을 것이다. 어떻게 글을 전혀 모르는 사람이 2주 만에 글을 배울 수 있는가? 하지만 이것은 사실이다. 뉴욕 대학에서 언어학 박사 후보생을 가르치는 김석연 박사는 문맹 퇴치를 위하여 보통 음성학보다 수백 배 이해하기 쉬운 특수음성학을 개발했다.[12]

30여 년 전 김 박사는 자신의 인생에서 주님을 위해 할 수 있는 것이 무엇인지 밤새 주님께 물으며 기도했다. 그때 하나님은 선교사가 현지인들에게 성경을 읽는 법을 가르치는 데 쓸 문자체계를 주겠다고 말씀하셨다.

김 박사는 30년간 그 문자체계를 연구한 끝에, 세종대왕이 15세기에 발명한 한글을 바탕으로 '누리글'이라는 보편문자체계를 개발했다.[13] 그는 세종대왕에 대한 연구에서 영감을 얻어 목구멍과 입의 다섯 가지 영역에서 나는 소리에 대한 상징을 개발했다. 그 소리는 지상의 모든 언어의 기초가 된다. 김 박사는 '누리글'이 쉬운 상징을 바탕으로 하기 때문에 누구라도 쉽게 배울 수 있으며, 2주만 배우면 자신의 언어를 읽을 수 있다는 사실을 실험을 통해 입증했다.[14]

김 박사가 'UN 교육, 과학, 문화 기구'(유네스코)에서 누리글을 소개했을 때, 각국 대표는 기립 박수를 보냈다. 누리글에서 각 나라의 발전을 도울 수 있는 잠재력을 본 것이다. 누리글은 각국을 개발하는 데 쓰일 것이다. 그러나 김 박사는 이 문자 체계가 무엇보다 선교사들을 위한 것이며, 전 세계 문맹자들에게 성경을 읽는 법을 가르치기 위한 것임을 명백히 밝혔다.

모든 사람에게 교육의 혜택이 열려 있는 나라에서 자란 사람은 김석연 박사의 누리글이 얼마나 귀중한지 잘 실감하지 못할 것이다.

중국의 예를 보자. UN이 발표한 조사에 따르면 중국인의 70%는 실제적인 문맹자다. 그러나 중국 정부는 중국의 문맹률이 10%밖에 안 된다고 말한다. 김석연 박사는 이처럼 통계가 현실과 다른 이유를 설명해 준다. 중국 정부는 학교에 2년 이상 다닌 사람은 실제로 글을 읽고 쓰는 능력과 상관없이 문맹자가 아니라고 보기 때문이다. 그러나 한자를 배우는 것은 매우 힘든 일이다. 2년 안에 한자를 완전히 배우는 학생은 극히 드물다.

몽골의 경우에도 배우기 쉬운 문자의 중요성이 드러난다. 러시아는 여러 해 동안 외몽골을 지배했고, 그 지역의 사람들은 키릴 문자(러시아 어 문자-역자 주)로 몽골 어를 쓰는 법을 배웠다. 그러나 국경을 건너 내몽골에 가면 그들은 한자로 몽골 어를 쓰는 것을 배운다. 오늘날 외몽골의 문맹률은 20%인 데 비해 내몽골의 문맹률은 90%다.[15]

누리글이 중요한 이유는, 이제 세상 모든 나라와 모든 국민이 읽고 쓸 수 있는 가능성이 열렸기 때문이다. 국민이 글자를 깨치지 못하는 이상, 국가는 빠르게 발전할 수 없다. 그리고 무엇보다 가장 큰 손실은, 그들이 성경을 읽을 수 없다는 것이다.

### 우리 손에 강력한 도구가 있다

내가 하와이 코나에 있을 때, 나와 절친한 정근모 박사가 한국에서 전화를 걸어 왔다. 그는 서울에 있는 명지대학교의 총장이다. 그는 내게 김석연 박사가 개발한 보편문자체계에 대해 소개했고, 나는 김 박사를 코나로 초청했다. 김 박사는 코나에 와서 열방대학 지도자들에게 누리글에 대해 설명했다. 그는 누리글과 한자를 함께 쓴 신약성경도 보여 주었다. 우리는 그것을 보고 감탄했다. 김 박사는 그 성경을 통해 한자를 읽을 줄 모르는 중국인들에게 2주 만에 글 읽는 법을 가르칠 수 있다고 말했다. 그리고 그는 그 문자가 선교사들이 대사명을 이루는 데 도움이 되기를 원한다고 했다.

우리는 지금 놀라운 특권을 누리며 살고 있다. 그리스도인들이 지난 수천 년간 추구해 온 일의 완성을 보는 지점에 서 있는 것이다. 믿음의 선배들은 우리 손에 매우 강력한 도구를 남겨 놓았다.

이제는 우리가 행동할 차례다. 우리는 하나님의 부르심을 들어야 하며, 그분의 인도하심을 구해야 하고, 기회를 포착해야 한다. 하나님은 우리가 의지력뿐 아니라 상상력을 발휘하기를 원하신다. 우리는 옛날 방식으로만 일할 수 없다. 하나님은 우리가 새로운 가능성을 보기 원하시고, 새로운 일을 생각해 내서 그분의 힘으로 그 일을 이루기 원하신다. 우리는 하나님 안에서 모든 일을 할 수 있다![16]

# 6부 | 하나님께 시선을 고정하라

# 30

# 성령과 말씀

지난 30년간 거대한 중보기도운동이 세계를 휩쓸었다. 열방과 각 민족을 위한 중보기도의 힘은 점차 커져서 이 시대에 가장 큰 하나님의 역사가 되었다. 교회는 전례 없이 대규모 전도에 힘쓰고 있고, 가난하고 궁핍한 자들을 위한 구제 사역도 열심히 하고 있다. 그리고 또 하나의 긍정적인 발전은, 하나님의 백성이 예배를 새롭게 발견한 것이다.

그러나 나는 지난 몇 십 년간 세계를 여행하면서 무언가 부족한 것을 발견했다. 우리는 열방을 하나님의 말씀으로 제자화하지 못하고 있다. 작은 교회에서 큰 교회까지 대부분의 교회는 예배 시간에 한 시간 또는 한 시간 반 동안 노래로 찬양을 한다. 우리는 찬양하는 것을 즐긴다. 물론 이것은 좋은 일이다. 하지만 설교자가 20분 이상 설교를 하면 사람들은 불평한다. 많은 사람들이 주일예배 때 듣는 20분의 설교를 제외하면 한 주간 말씀을 전혀 접하지 못하는 데도 말이다. 나는 친구에게 들은 이 한 마디를 잊지 못한다. “짧은 설교를 들은 그리스도인은 신앙도 짧다.”

우리는 균형을 회복해야 한다. 기도와 성령의 인도를 따르는 삶은 온전한 성경의 가르침과 함께 가야 한다. 우리가 찬양하고 예배하며 중보기도를 할지라도 하나님 말씀 안에 있는 진리를 추구하지 않는다면, 우리의 믿음은 성장하지 못한다. 이것은 국가의 경우에도 마찬가지다.

반대편 극단도 생각해 볼 수 있다. 어떤 사람은 성경을 읽고 성경 안에 담긴 보화를 발견하는 것을 좋아한다. 그러나 성령님의 인도하심을 받지 않고 성경만 읽는다면, 또 다른 잘못된 길에 빠지는 것이다. 성경을 문자적으로만 이해한다면 그것은 건강하지 못한 신앙이다. 성경은 율법의 조문(문자)이 사람을 죽이는 것이라고 분명히 말한다(고후 3:6).

### 말씀 속에서 길을 잃다

성경을 문자적으로만 아는 사람은 성경 숭배(biblioatry)에 빠질 위험이 있다. 성경 숭배는 성경을 지은 하나님이 아니라 성경에 모든 소망과 믿음을 두는 것이다. 성경 숭배에 빠진 사람은 신학적으로 순결한 듯 보이지만, 나중에는 완고하고 율법적이며 관용하지 못하는 태도를 보인다. 그들은 하나님이 직접 그들에게 말씀하신다 해도 자신의 의견을 바꾸지 않는다.

바리새인이 그 대표적인 예다. 그들은 말씀의 사람들이었다. 그들은 우리가 흉내 내기도 어려울 만큼 성경에 집중했다. 모든 유대인들은 성경의 첫 다섯 권인 모세오경을 12세가 되기 전에 외워야 했다. 그들은 성경을 너무도 잘 알아서 뒤에서 앞으로 암송할 정도였고, 성경에 대한 랍비의 가르침인 탈무드에 대해서도 잘 알았다. 하지만 그들은 말씀 속에서 길을 잃은 사람들이었다. 예수님은 그들이 소경을 인도하는 소경이라고 말씀하셨다(눅 6:39). 예수님은 그들이 다른 민족에게 유대교를 전하면 자신의 영적 파산 상태를 복제할 뿐이라고 말씀하셨다(마 23:15, 16). 바리새인들은 성경에 대한 지식에 취해, 막상 그들 앞에 성경의 저자가 나타났을 때는 그분을 알아보지도 못했다.

우리는 어떻게 이런 실수를 피할 수 있는가? 어떻게 성경을 사랑하면서도 종교적인 교만, 속임, 율법과 사망의 문자를 피할 수 있는가? 우리는 성령님의 인도하심으로 말씀이 우리 마음에 들어오도록 기도해야 한다. 성령과 말씀이 함께 역사할 때 생명이 임한다(요 4:24).

### 피지-극적으로 소생하다

성령과 말씀이 한 나라에 매우 극적으로 생명을 불어넣은 예를 보도록 하자.

이 책을 출간하기 직전에, 나는 특별한 손님을 만났다. 세 명의 피지 인들이 하와이 코나에 있는 열방대학 캠퍼스를 방문한 것이다. 그들은 피지의 수상, 추장협의회, 그리고 피지의 목사들이 보낸 대표단으로, 중요한 임무를 띠고 우리에게 왔다.

우리는 8백 명의 YWAM 간사와 학생이 모인 자리에서 그 귀빈들을 소개했다. 그들은 피지 인들이 즐겨 입는 술루(치마처럼 허리에 둘러서 입는 옷으로, 주로 인도에서 많이 볼 수 있다-역자 주)에 서양식 셔츠를 입고 왔다. 그들은 매우 근엄하게 가부좌를 하고 앉아 엄숙하게 연설을 했다.

그들은 먼저 내게 존경의 표시로 고래 이빨을 선물했다. 나는 그들이 이런 선물을 하는 일이 극히 드물다는 사실을 나중에 알았다. 고래 이빨은 추장과 왕족에게 대대로 전해진다. 그들이 어떤 사람에게 고래 이빨을 준다는 것은 그들의 역사에 참여하도록 허용한다는 뜻이며, 따라서 그들은 내게 최고의 영예를 준 것이었다.

그들의 연설을 들으면서 우리는 그들이 방문한 목적을 알았다. 그들은 피지를 향한 하나님 뜻을 이루는 데 우리가 도와주기를 원했다.

지난 몇 년간 피지에는 국가적인 영적 각성이 있었고, 사회적으로 큰 변화가 일어났다. 이런 변화는 지난 2000년에 피지가 폭력을 동반한 두 번의 쿠데타를 겪고 난 후 시작됐다. 정부는 반란을 진압하고 주동자들을 감옥에 가뒀지만, 사회의 지도자들은 피지가 세계가 보는 가운데 몰락했다고 느꼈다. 피지의 경제는 어려움에 처했고, 젊은이들은 방황했다. 그 나라는 모든 영역에서 방향을 잃어버렸다.

### 특별한 세족식

피지를 잘 모르는 사람들을 위해 간단히 설명하면, 피지는 남태평양(폴리네시아와 멜라네시아)의 통신, 교육, 상업 중심국이다. 피지 국민 절반은 토착 피지인(대부분 기독교인)이고, 나머지 절반은 영국 식민지 시절 노동자로 섬에 온 인도계 피지인(대부분 힌두교나 이슬람을 믿는다)이다.

최근 일부 토착 피지인들은 인도계 피지인이 상업, 정치의 영역에서 성공을 거두었다는 사실에 분개했다. 2000년에 폭력사태가 발발했을 때, 그들은 인도인들의 상점을 약탈하고 불을 질렀다. 8명이 숨졌고, 인도계 피지인 여성들이 강간당했으며, 많은 사람들이 부상당했다.[1]

피지가 이렇게 끔찍한 비극을 겪자, 라이세니아 가라세 총리는 목사들과 교회 지도자들에게 교단간 분쟁을 끝낼 것을 촉구했다. 그는 나라의 심각한 분열이 부분적으로는 그리스도의 몸에 쓴 뿌리가 있기 때문이라고 느꼈다. 영적 지도자들은 함께 모여 악의를 품고 비방한 것에 대해 서로 용서를 구했다. 가라세 총리는 하나님이 이 나라가 무엇을 하기 원하시는지 목사들에게 물었다. 교회 지도자들은 금식하며 기도했다. 총리와 대통령이 그들과 함께 금식했고, 피지 국민 모두 금식 기도에 동참하도록 촉구했다.

정치가 다시 안정을 찾은 후, 가라세 총리는 수바에 있는 앨버트 공원에서 모임을 열었다. 그는 그 자리에서 국민들에게 사과했다. 거의 모든 교계 지도자들과 정치 지도자들이 그곳에 참석했다. 총리는 공개적인 사과의 표시로 야당 지도자이자 힌두교도인 마헨드라 초드리 앞에 무릎을 꿇고 용서를 구했다. 그리고 총리는 대야와 타월을 가져와 정적(政敵)의 발을 닦아 주었다.[2] 그날 앨버트 공원에서 수백 명의 피지 사람들이 가라세 수상의 본을 따라 서로에게 다가가서 울며 용서를 구했다.

### 땡볕 아래서 회개하다

회개와 회복의 과정은 앨버트 공원에서 끝나지 않았다. 목사들은 어떻게 이 땅을 치유해야 하는지 하나님께 물었다. 목사들은 한 가지 구체적인 계획을 수립했다. 그 계획을 실행하기 위해 순회사역 목회자 팀과 '땅의 치유'(Healing the Land)라는 평신도 자원자 모임이 함께 참여했다. 그들은 추장이 초대하는 마을에 가서 일주일간 금식하며 기도했다. 그리고 집집마다 찾아가서 모든 주민을 만났다. 그들은 매일 밤 성경을 가르쳤다. 그들의 강의는 체계적이면서도 포괄적이었고, 기초적인 내용과 함께 회개, 영적 전쟁에 대한 가르침을 담고 있었다.

최근 빌 에핑거와 YWAM 코나 팀은 '땅의 치유' 팀과 함께 마을을 방문했다. 그들은 5백 명의 주민들이 사는 사우나우카 마을까지 함께 여행했다.

빌은 "매일 밤 마을 전체가 성경의 가르침을 들으러 나왔습니다"라고 말했다. 빌과 사역 팀은 회개와 화해를 위한 조건을 설명한 후, 마을 사람들에게 반응할 시간을 줬다. 마을 사람들은 모두 예수님을 섬기기로 언약했다. 토요일에 그들은 공식적인 회개와 화해의 시간을 위해 모였다. 그들은 땡볕 아래 하루 종일 가부좌를 한 채 바닥에 앉았다. 씨족장, 부족장, 그리고 주민들이 차례로 자신의 죄를 공동체 앞에서 고백했다.

빌은 그때의 상황을 이렇게 설명했다. "그들은 섬의 관습을 따라 근엄한 태도를 보였지만, 우리는 그들의 열정을 느낄 수 있었습니다. 우리는 그들의 말을 듣고서 매우 놀랐습니다. 그들이 너무도 솔직하게 자신의 잘못을 고백하고 용서를 구했기 때문입니다."

한 과부는 남편이 오랜전부터 교회에서 훔친 돈으로 살아가고 있다고 고백했다. 그리고 축구, 럭비, 배구 선수들이 마을 사람들 앞에 섰다. 그 젊은이들은 한 명이 대표로 그들의 반항과 주정과 불효의 죄에 대해 용서를 구하는 동안 조용히 머리를 숙인 채 서 있었다.

조지 오티스 2세는 〈바다여 울릴지어다〉(Let the Sea Resound)라는 다큐멘터리에서 회개를 위한 모임이 피지의 14개 마을에서 진행되고 있다고 말했다.[3] 어떤 마을은 그들의 선조가 영국 선교사를 죽인 일이 있었는데, 이에 대해 죄책감이 들어서 그 죽은 선교사의 자손들을 초청하여 용서를 구하고자 항공료를 모았다.

고산지에서 마리화나를 키우던 젊은이들은 110만 달러어치의 마리화나 만 3,864그루를 뽑아 버렸다. 화해운동 지도자 사베나카 나카

우야카는 "그들은 마리화나를 키우는 것이 땅을 더럽히고 하나님의 저주를 불러오는 일임을 깨닫고 재배를 중단했다"[4]고 말했다.

어떤 사람들은 조상에게 물려받은 주술 행위를 포기했다. 빌 에핑거는 사우나카 마을 사람들이 넓은 들판에서 우상과 주술 행위를 위한 기구를 태우는 장면을 목격했다고 말했다.

그 모든 과정은 성경의 가르침을 바탕으로 이루어졌다. '땅의 치유' 팀은 회심한 마을 사람들에게 개인과 공동체로서 어떻게 살아야 하는지 가르치기 위해 집중적인 성경 공부를 진행했다. 그들이 하나님 앞에서 회개하고 의롭게 살기 시작하면서, 하나님은 그 땅에 새로운 생명을 불어넣으셨다.

#### 기적을 경험하다

루쿠아 마을에 놀라운 일이 일어났다. 그 마을에는 몇 년 전부터 산호초가 죽기 시작했다. 산호초를 먹고 사는 물고기에 마을 사람들의 생계가 달렸기 때문에 마을은 절망에 빠졌다. 하지만 그들이 하나님 앞에서 겸손하게 자신의 잘못을 회개했을 때, 산호초는 다시 살아났다.[5] 생각해 보라! 산호초가 자라는 데는 수백 년이 걸린다. 그러나 하나님은 하룻밤 만에 산호초를 회복하셨다.

같은 일이 나텔레이라에서도 일어났다. 나이타시리 내륙의 누쿠 마을은 지난 40년간 주요 식수의 공급원이었던 시내가 오염되어 물에서 신맛이 났다. 그러나 마을 주민들이 회개의 시간을 가진 후 사흘이 지났을 때, "하나님은 시내를 고치셨다." 시냇물은 다시 깨끗해졌고 불순물이 사라졌다.[6]

비슷한 이야기가 피지 전역에서 들린다. 멧돼지가 작물을 망쳐 놓던 지역에서 멧돼지가 사라진 일도 있었다. 이런 일들이 계속되자 땅의 치유 팀은 섬의 추장과 지도자들에게 계속 초청받았다. 그들이 사역한 마을에서는 주민 모두가 회개하고 예수님께 헌신할 것을 약속했다.

### 대본을 다시 쓰다

놀라운 변화는 섬 내부의 오지에만 국한되지 않는다. 하와이 코나에 있는 상담학교 교장 비니 구아나비나카는 자신이 태어난 피지에 대해 이렇게 말했다. "피지 사람들은 복음에 대해 전보다 더 잘 반응합니다. 기독교 신앙을 삶에 적용하려는 새로운 열망이 보입니다. 대부분 힌두교도인 인도계 피지인들은 점차 복음을 받아들이고 있습니다."

부흥은 개인의 삶에도 열매를 맺고 있다.[7] 칼라라 보소니와일랄라는 사업계에 대해 이렇게 말했다. "피지의 수도 수바에서 거의 모든 사업체는 주 중에 성경공부를 합니다. 사람들은 어떻게 신앙 생활을 해야 하는지 알고 싶어 합니다."[8]

언론계에도 정기적으로 모여 말씀을 연구하는 언론인 모임이 생겼고, 그들은 언론인으로서 어떻게 살아야 하는지 하나님께 물었다. 어느 유명 방송인이 공정한 보도를 위해 대본을 다시 쓴 일도 있었다.[9]

나는 역대하 7장 14절 말씀이 이보다 더 문자 그대로 이루어진 경우를 본 적이 없다. 우리는 도움을 구하러 온 피지 대표단에게 우리가 할 수 있는 한 최선을 다해 돕겠다고 약속했다. 우리는 피지에서 더 많은 훈련을 할 것이다. 그리고 우리는 피지의 변화를 주변국으로 전파할 것이다.

이런 놀라운 변화는 피지만을 위한 것이 아니다. 하나님은 우리 모두에게 약속하셨다.

“내 이름으로 일컫는 내 백성이 그들의 악한 길에서 떠나 스스로 낮추고 기도하여 내 얼굴을 찾으면 내가 하늘에서 듣고 그들의 죄를 사하고 그들의 땅을 고칠지라.”

나는 앞으로의 일을 기대한다. 피지 인들이 선교사로 나가는 나라에서 하나님이 하시는 일들을 볼 날이 곧 올 것이다.

# 31

# 예수, 살아 있는 말씀

**불가능은 없다**

하나님은 모든 나라, 모든 문제에 대한 해답이 되신다. 어떤 나라가 매우 강퍅하고, 믿음이 없고, 도덕적으로 타락했고, 국민을 억압한다고 해도 하나님은 그 나라를 살리시고 회복시키시기 원하신다. 우리에게는 계획이나 전략 이상의 것이 필요하다. 열방을 치유하기 위해서는 성령의 능력과 말씀이 필요하다(슥 4:6).

모든 생명과 치유의 근원은 예수님이시다. 우리는 하나님 말씀을 통해 예수님을 알아야 하고, 성경의 모든 장에서 예수님을 만나야 한다. 성경은 다른 책과 다르다. 성경은 성령님이 인간의 생각에 초자연적으로 역사하셔서 쓴 책이다(딤후 3:16; 벧후 1:20). 우리는 성경을 읽을 때 성령님의 역사를 따라 읽어야 한다. 하나님의 영이 당신의 생각에 기름 부으시는 가운데 성경을 읽어 간다면, 당신은 하나님 말씀 가운데 예수님을 발견할 것이다.

요한복음 1장은 말한다. "태초에 말씀이 계시니라 이 말씀이 하나님과 함께 계셨으니 이 말씀은 곧 하나님이시니라 … 말씀이 육신이

되어 우리 가운데 거하시매."(요 1:1, 14)

우리가 하나님의 성품을 깨닫고, 하나님을 사랑하고, 하나님이 역사하시는 방식을 안다면, 우리는 열방과 민족을 바꿀 기초를 찾을 수 있다.

남아프리카에서 목사로 섬기고 있는 친구가 오럴 로버츠의 설교를 들은 이야기를 내게 해 줬다. 그 위대한 치유 전도자는 예수님을 성경의 모든 책에서 발견할 수 있다고 말했다. 나는 그 말을 들으면서 성경의 각 책마다 즉시 떠오르는 예에 대해 생각해 보았다. 그리고 성경에서 예수님을 찾고자 말씀을 더욱 깊이 연구했다. 나는 당신도 그렇게 하라고 격려하고 싶다.

이제 내가 발견한 성경 속의 예수님을 소개해 보겠다.

### 성경 전체에 나타난 예수님

살아 계신 말씀인 예수님은 창세기의 창조자, 출애굽기의 해방자, 레위기의 대제사장, 민수기의 좋은 정탐꾼, 신명기의 율법을 세우는 자, 여호수아의 정복자, 사사기의 의로운 사사, 룻기의 친척을 돕는 자, 사무엘상하의 두 번째 다윗, 열왕기상하의 왕의 왕, 역대상하의 역사 기록 관리자시다. 예수님은 에스라의 성전 재건자이시고, 느헤미야의 보호벽을 세우는 자이시며, 에스더의 백성을 구하는 왕이시다.

욥기에서 예수님은 살아 계신 구속자요, 사탄이 훔쳐 간 축복을 두 배로 갚는 분이시다. 예수님은 시편에서 우리의 찬송과 예배를 받으시는 분이다. 그분은 잠언의 지혜이시고, 전도서의 위대한 전도자이시며, 아가서의 연인이시다.

예수님은 이사야서에서 높은 왕이시고, 어깨에 정사를 메신 분이며,

우리를 위해 매 맞고 죽으신, 고통당한 종이다. 예수님은 예레미야서에서 자기 백성의 죄 때문에 마음 아파하시는 눈물의 선지자이시다. 예수님은 예레미야애가에서 하나님의 눈물이시다. 에스겔 선지자는 예수님 앞에서 죽은 듯 엎드렸다. 예수님의 얼굴은 광을 낸 구리같이 빛났다. 다니엘서에서는 풀무 속에 나타난 네 번째 사람이셨고, 세상 나라의 기초를 격파하는, 손으로 뜨지 않은 돌이셨다.

예수님은 호세아서에서 아내의 거절로 마음이 상한 남편이셨다. 예수님은 요엘서의 늦은 비이시며 아모스서에 나오는 하수같이 흐르는 정의이시다. 오바댜서에서 예수님은 열방의 통치자이자 재판관이셨다. 예수님은 요나에게 두 번째 기회를 주신 분이다. 미가서에서는 공의를 행하시며 인자를 사랑하시며 겸손히 하나님과 함께 행하시는 분이다.

나훔서에서 예수님은 하나님의 분노이시다. 예수님은 하박국서에서 묵시를 기록하여 판에 명백히 새기도록 명하시고 하나님의 영광, 즉 그분을 아는 지식이 물이 바다를 덮음같이 온 땅에 가득하리라고 약속하셨다.

예수님은 스바냐서에서 우리로 인하여 기쁨을 이기지 못하신다. 학개서에서는 나중 영광이시고 열방을 흔드는 분이시다. 스가랴서에서 예수님은 대제사장의 의복을 정결케 하시고, 우리에게 "힘으로 되지 아니하며 능력으로 되지 아니하고 오직 나의 영으로 되느니라"고 말씀하시는 분이다. 말라기서에서 예수님은 아버지를 아들에게, 아들을 아버지에게 향하게 하여 세대간 화해를 이루게 하시는 분이다.

마태복음에서 예수님은 메시아이시고, 마가복음에서는 총사령관, 누가복음에서는 인자, 요한복음에서는 하나님의 아들이시다. 사도행전에서는 교회를 세우는 교회의 머리시다. 예수님은 로마서에서 우리를 아바 아버지께 인도하여 양자인 우리가 그분과 함께 유업을 얻게 하신 두 번째 아담이셨다. 고린도전서에서 예수님은 믿음과 소망보다 큰 사랑이시다. 고린도후서에서 예수님은 진정한 사도이시다.

예수님은 갈라디아서에서 성령의 아홉 가지 열매를 보이시며, 그분 안에는 유대인도 헬라인도, 노예도 자유인도, 남자도 여자도 없음을 보여 주신다. 우리는 예수님 안에서 하나가 되고, 예수님은 교회가 하나 되게 하신다.

에베소서에서 예수님은 모퉁이 돌이자 우리가 입어야 할 하나님의 전신갑주, 즉 구원의 투구, 의의 호심경, 진리의 허리띠, 평안의 복음의 신발, 믿음의 방패, 그리고 성령의 검이시다. 빌립보서에서 예수님은 자신을 비우시고 하늘의 영광을 떠나 죽으시고 지옥의 밑바닥까지 내려가셨으나 하나님 아버지가 다시 살리신 분이다. 예수님은 모든 이름 위에 뛰어나신 이름이다. 모든 무릎이 그분 앞에 꿇고 모든 입술이 그분을 주님으로 고백하여 하나님 아버지께 영광을 돌릴 것이다. 골로새서에서 예수님은 세상을 만드셨고, 여전히 만물을 붙드시며, 우리의 생명과 가정과 사역이 예수님 손 안에 있다.

데살로니가전서에서 예수님은 어머니가 젖먹이를 돌보듯, 아버지가 자녀를 돌보듯 우리를 돌보신다. 데살로니가후서에서 예수님은 다시 오시는 왕이며, 큰 영광과 위엄 가운데서 재림하시는 분이다. 디모데전서에서 예수님은 하나님과 인간 사이의 유일한 중재자이시고, 장로의 모범이시다. 예수님은 디모데후서에서 세대를 이어 주시는 분이고, 외조모 로이스와 어머니 유니게와 아들 디모데의 믿음을 연결하신다.

예수님은 디도서에서 교회를 정결케 하시는 분이고, 빌레몬서에서 노예를 해방하시는 분이다. 히브리서에서 예수님은 진정한 믿음의 안식이시요, 멜기세덱의 반차를 좇는 제사장이시며, 믿음의 주 되시고, 온전케 하시는 분이다. 예수님은 야고보서에서 살아 있는 믿음을 증명하시는 선행이 되신다. 베드로전서에서 예수님은 핍박과 순교에 직면한 자신의 백성에게 "너희 염려를 내게 맡겨라. 내가 너희를 돌보겠다"고 말씀하신다. 베드로후서에서 예수님은 보배롭고 지극히 큰 약속이시다.

예수님은 요한1서에서 우리가 우리 죄를 고백하면 우리 죄를 사하시고 우리를 깨끗케 하신다고 약속하신다. 우리가 그분을 안다면, 그분을 사랑하고 그분의 계명을 지킬 것이다. 요한2서에서 예수님은 자신의 백성을 돌보는 완벽한 목자이시고, 요한3서에서는 여러 곳을 돌아다니며 사역하는 자를 도우시는 개척의 지도자이시다. 유다서에서 예수님은 살인자 가인, 하나님의 백성을 저주한 발람, 반역을 일으킨 고라 같은 거짓 선지자들을 조심하라고 경고하신다.

예수님은 영원 전부터 지금까지, 그리고 영원토록 영광과 위엄, 주권과 권위를 지니신다. 계시록에서 예수님은 요한에게 자신을 계시하신다. 요한은 영광 중에 계신 주님을 보고 너무 놀라고 두려워서 죽은 자같이 땅에 엎드린다. 모든 나라와 족속, 백성들은 자신의 언어와 전통적인 춤으로 그분께 영광과 찬송을 돌릴 것이다. 예수님은 흰 말을 타고 오셔서 용과 적그리스도를 이기실 것이다. 지금까지 살았던 모든 인간은 그분의 크고 흰 보좌 앞에 설 것이다. 그분은 모두를 심판하시고 의로운 자와 불의한 자를 구분하실 것이다.

요한계시록 21장을 보면 모든 열방이 예수님께 나아가 하나님 말씀에서 배운 영광을 그분의 발 앞에 내려놓는 모습이 나온다. 예수님은 계시록 마지막 장이 말하듯 알파와 오메가이시고, 처음과 나중이시며, 전에도 계셨고 지금도 계시며 장차 오실 전능자이시다. 예수님은 말씀 안에 계시는 말씀이시다. 우리는 성령의 역사로 예수님을 진실하게 느낄 수 있다. 예수님은 개인의 삶, 사회, 그리고 지상의 모든 나라를 위한 하나님의 말씀이시다.

### 함께 말씀을 전하자

우리는 성경을 통해 하나님이 과거에 자신의 백성들에게 어떻게 역사하셨는지를 보고, 거기서 하나님의 방법을 배운다. 그리고 현재 직면한 문제들을 어떻게 풀어 나가야 할지 깨닫는다. 우리는 하나님 말씀에서 이 시대의 가장 중요한 문제들에 대한 해답을 찾는다.

때로는 세계가 직면한 문제들을 결코 해결할 수 없을 것처럼 보인다. 나쁜 관습의 뿌리가 깊고 그로 인해 쓴 열매를 맺는 민족을 바꿔 놓을 방법은 없을까?

하나님이 애굽에서 노예로 살던 이스라엘 백성들을 광야로 이끌어 내셨을 때, 하나님도 동일한 질문을 던지셨다. 그들은 애굽에서 4백 년간 살면서 노예근성이 몸에 배어 있었다. 그들은 유월절 어린양의 피로 구원되었지만 어떻게 가정을 이끌고, 사회를 구성하고, 나라를 세워야 하는지에 대해서 무지했다. 하나님은 그 수백만 명의 백성들을 모아 국가를 형성하시기 위해 모세를 쓰셨다. 결국 그 작은 나라는 성경과 하나님의 아들 예수 그리스도를 세상에 전함으로써 전 세계를 축복했다. 이것은 하나님이 아브라함에게 약속하신 말씀과 맞아떨어진다.

우리는 이제 하나님 말씀을 기다리는 사람들에게 가서 성경과 그리스도를 전할 수 있다. 우리는 세계를 바꿀 수 있다. 우리는 나라를 세우고 무너진 나라를 재건할 수 있다. 수천 년간 말씀을 잃어버린 채 살았던 민족, 최근에 말씀에서 멀어진 민족, 말씀을 듣거나 볼 기회가 전혀 없었던 민족 모두를 말씀으로 새롭게 할 수 있다.

## 문이 열린다

1985년, 내가 핀란드 투스쿨라에서 열린 간사총회에서 연설할 때 매우 특별한 일이 일어났다. 나는 하나님이 소련에서 역사하실 것이라는 음성을 들었다. 그래서 강당에 모인 사람들에게 이렇게 말했다. "하나님이 제게 소련이 열린다고 말씀하십니다."

나는 소련 거리에서 성도들이 자유롭게 설교하고 사람들에게 성경책을 나눠주는 모습과 소련 선교사들이 세계 모든 나라로 나가는 모습을 보았다. 나는 하나님이 내게 보이신 모든 것을 그곳에 모인 사람들에게 말해 주었다. 그때 사람들이 보인 반응을 나는 지금도 기억하고 있다. 그들의 얼굴은 "이 강사가 정신이 나갔구나"라고 말하는 것 같았다.

바로 다음 해인 1986년, 고르바초프는 소련이 개방되었음을 선언했다. 체르노빌의 비극으로 정부가 얼마나 국민을 기만했는지가 드러났고, 그 후 정부는 개방되기 시작했다. 물론 공산통치의 종식은 다양한 이유 때문이고, 그 이유를 여기서 다 설명할 수는 없다. 어쨌든 소련과 동유럽에서 바쁘게 벌어지는 사태를 보면서, 나는 주님이 핀란드 투스쿨라에서 내게 하신 말씀이 기억났다. 하나님은 소련이 열린다고 말씀하셨고, 우리가 준비하기를 원하셨다.

얼마 후, 나는 하나님이 미리 보여 주셨던 것처럼 아무런 방해도 받지 않고 러시아 거리에서 설교할 수 있었다. 내가 러시아 광장에서 설교할 때 경찰관들이 내게 다가와 조용히 성경책을 달라고 말하기도 했다.

1990년에 러시아의 새로운 지도자 옐친은 모든 학생들에게 성경책을 나눠 주기를 원했다. 그래서 그는 1억 2천5백만 권의 성경책을 보내 달라고 교회에 요청했다. 많은 선교단체가 힘을 합하여 약 2천5백만 권의 성경책을 러시아에 보냈다. 하지만 우리는 러시아 정부가 원하는 만큼 성경책을 공급할 준비가 안 되었기에 기회를 최대한 활용하지 못했다. 얼마나 안타까운 일인가!

이제 우리는 또 다른 역사적 도전에 직면했다.

### 성경을 준비하라

몇 년 전 앤드류 형제는 중국에서 비밀리에 성경보급활동을 펼쳤다. 그는 홍콩에서 바지선으로 백만 권의 성경을 실어 날랐다. 나중에 베이징에서 만난 그리스도인 사업가들은 중국 정부에 성경 인쇄를 허가해 달라고 요청했다. 그들은 중국 정부에게 성경을 두려워할 필요가 없음을 설명했다.

정부는 성경을 인쇄하는 데 동의했다. 몇몇 YWAM 사람들은 인쇄팀에서 일하기도 했다. 그 후 매해 백만 권에서 3백만 권의 성경책이 인쇄되었다. 정부의 허가 아래 성경책을 중국으로 가져가 배포하는 사람도 있었다. 지금까지 큰 어려움은 없었다. 그러나 지금 중국의 인구는 12억 8천1백만 명이나 되고, 성도의 숫자가 매일 수천 명씩 증가하기 때문에 중국에는 늘 성경책이 부족하다.

우리는 이런 기회를 놓치면 안 된다. 우리는 하나님 말씀을 모든 사람들에게 전해야 한다. 하나님은 우리가 그렇게 하기를 기대하신다. 우리가 하나님 말씀을 전 세계에 전할 때, 하나님은 우리와 함께하실 것이다.

하나님은 우리가 인류가 직면한 문제의 해답을 성경에서 찾기를 원하신다. 하나님은 그 귀한 보물을 우리 손에 맡기셨다. 이제는 우리가 그 보물을 꺼내 쓸 때다.

나는 다음 예화를 곧 출간될 책 「예수님이 시장이라면」(*If Jesus Were Mayor*)에서 인용했다. 인용을 허락해 준 저자 밥 모핏에게 감사를 전한다.[1] 이 이야기는 이 책이 말하고자 했던 주제를 너무나 잘 보여 주고 있다.

# 후안 이야기

후안은 빠르게 성장하는 도시에 살고 있었다. 어느 날 그는 그 도시에 교회가 없는 지역으로 가서 교회를 세우라는 하나님의 부르심을 느꼈다.

그는 출퇴근할 때마다 라스파바스에 있는 무허가 판자촌을 지나갔는데, 이상하게 그곳에 사는 사람들에게 마음이 끌렸다. 그는 훈련을 많이 받은 사람이 아니었고, 성경학교 통신과정을 조금 들었을 뿐이었다. 하지만 그의 마음은 사람들에게 예수님을 전하려는 열정으로 넘쳤다.

후안은 이에 대해 아내와 나누었고, 그들은 어린 두 딸을 데리고 라스파바스로 이주하기로 결정했다. 라스파바스에는 수도, 전기, 학교, 병원이 없었고 길은 더러웠으며, 사람들은 가난했다. 후안과 그의 아내는 타르 종이, 양철판, 폐타이어, 판지, 낡은 나무판 등 구할 수 있는 모든 재료를 동원해 판잣집을 지었고, 그곳에서 살았다. 삶은 힘들었지만 후안과 그의 아내는 하나님이 그들을 그곳으로 인도하셨다고 믿었다.

후안은 낮에는 직장에서 일했고, 저녁에는 마을을 돌아다니면서 그의 집에서 모이는 성경공부 모임에 참석하도록 사람들을 초청했다. 그는 주말에는 마을 사람들을 돌보는 일만 했다. 몇 달 후, 후안의 판잣집에는 몇몇 여성과 아이들이 매주 모였다. 몇 달이 더 지나고, 그들은 모임 장소로 쓸 방을 세냈다.

그 후 후안의 교회에는 20명 정도의 여성과 아이들이 모였지만, 성인 남자는 없었다. 그 지역 남자들은 후안을 좋아했지만, 종교는 여자와 아이들만을 위한 것이라고 생각했기 때문이다.

후안은 성실하고 사랑이 많은 목사였다. 그는 매일 아침 일찍 일어나 교인들을 위해 기도하고 성경을 공부했다.

첫 해가 지난 후, 후안의 교회는 교제는 풍성해졌지만 사람들은 더 이상 늘지 않았다. 후안과 그의 아내는 열악한 생활환경 때문에 몸이 많이 약해졌다. 어린 딸들은 자주 병에 걸렸는데, 후안은 병원비를 낼 돈이 없었다. 그는 낙담했다.

어느 날 새벽 4시쯤, 후안은 조용히 일어났다. 평소와 마찬가지로 그는 아내와 아이들을 깨우지 않으려고 조심했다. 그는 공간을 구분하기 위해 커튼을 달아 놓았다. 그 커튼이 식탁과 의자 네 개가 놓인 생활공간과 잠자는 공간을 구분해 주었다. 후안은 의자에 앉아 오래된 분유 깡통 속에 있는 심지에 불을 붙였다. 그는 그 깡통을 파라핀으로 채워 등불로 썼다. 그는 성경책을 펴서 읽기 시작했다. 그날 그는 이사야 58장을 읽었다. 하나님이 굶주리고, 벌거벗고, 집 없고, 억압당하는 사람들을 돌보신다는 내용이었다.

후안은 소리 없이 마음속으로 외쳤다. '주님, 성경을 보니 주님이 가난한 자들을 돌보시는 분임을 알겠습니다. 그런데 이곳 라스파바스에서는 왜 그런 모습을 보이지 않으십니까?'

후안은 이곳 사람들의 어려움을 생각할 때마다 마음이 많이 아팠다. 사람들을 위해 기도할 때마다 눈물이 뺨 위로 흘러내렸다.

후안이 자신의 경험과 성경이 말하는 내용 사이의 차이에 대해 생각하고 있을 때, 조용히 문을 두드리는 소리가 들렸다. 후안은 즉시 문 앞으로 다가갔지만 문을 열지는 않았다. 모르는 사람에게 문을 열면 위험하기 때문이었다.

"누구세요?"

후안은 숨죽여 물었다. 부드러운 목소리가 들렸다.

"후안, 나는 예수다."

"누구라고요?"

그 목소리는 다시 말했다.

"후안, 나는 예수다."

그 목소리가 너무도 부드러워서 후안은 정말 예수님일지도 모른다는 생각을 했다. 그는 조용히 빗장을 풀고 문을 살짝 열었다. 그는 어둠 가운데서 있는 사람의 윤곽을 봤다. 위협적으로 보이지는 않았다. 후안은 문을 좀 더 열고 "들어오세요"라고 말했다.

그러나 예수님은 말했다.

"아니다. 후안, 오늘 아침에 네가 우는 소리를 들었다. 나는 이곳 라스파바스에서 네 마음을 아프게 하는 것들을 내게 보여 줄 기회를 주려고 여기에 왔다."

후안은 조용히 그러나 빠르게 밖으로 나갔다. 후안은 자신이 이렇게 순순히 그의 말을 따르는 것에 스스로 놀랐다. 그는 문을 닫으면서 이렇게 말했다. "자, 예수님. 제 곁에 바짝 붙으셔야 합니다. 우기라 물웅덩이가 많으니까요."

"알았다. 너를 따라가겠다." 예수님이 말씀하셨다.

굽은 길을 걸으며 후안이 말했다.

"예수님, 저 판잣집에는 혼자 아이를 키우는 여자가 삽니다. 그 여자는 먹을 것을 살 돈을 벌기 위해 자기 집에서, 그것도 애들이 보는 앞에서 몸을 팝니다."

조금 더 걷다가 후안이 말했다.

"저 타르 종이로 지은 집에는 한 가족이 삽니다. 남편은 술주정뱅이입니다. 그는 술에 취해 돌아와 아내와 아이들을 때립니다. 동네 전체가 그의 고함 소리를 듣습니다. 그 소리를 견디기 힘들지만, 제가 할 수 있는 일이 없습니다."

좀 더 걸어가다가 후안이 말했다.

"여기를 지나갈 때는 코를 막아야 합니다. 사람들이 쓰레기를 버리고 화장실로 쓰는 곳이거든요."

쓰레기더미 사이로 돌아다니는 쥐들의 소리가 들렸다. 후안은 또 다른 집을 가리켰다. 그 집은 다른 집보다 훨씬 컸다. 후안은 말했다.

"여기에는 라스파바스의 대통령이 삽니다. 그는 자신이 거물이라고 생각합니다. 그는 물과 전기사용료 명목으로 사람들에게 돈을 거두지만, 사실은 그 돈으로 술과 여자를 산다는 걸 모르는 사람이 없습니다."

그리고 후안은 가던 방향을 바꿔 언덕 아래 있는 작은 판잣집을 가리키며 말했다.

"예수님, 저 집은 라스파바스에서 가장 불쌍한 사람이 사는 집입니다. 저기 사는 여자는 아이 셋을 낳고 남편에게 버려졌습니다. 침대가 없어서 마룻바닥에서 자는데, 비가 오면 더러운 물이 판잣집에 들이칩니다. 그럴 때면 여자는 아이들이 물에 휩쓸려 가지 않도록 밤새 아이들을 껴안고 있어야 합니다."

후안은 누군가 조용히 우는 소리를 들었다. 그는 뒤를 돌아봤다. 예수님은 어깨를 흔들며 울고 계셨다. 그들을 보면서 후안의 마음이 아팠듯 예수님도 마음이 아프셨던 것이다. 예수님은 돌아서서 슬픔에 찬 목소리로 말씀하셨다.

"후안, 라스파바스를 위한 나의 계획을 보여 주겠다."

그는 자신도 모르는 사이에 예수님과 함께 공중에 떠올라 라스파바스를 내려다보았다. 마을 전체가 한눈에 들어왔다. 예수님은 주거 환경에 대해 말씀하셨다. 갑자기 판잣집들이 작지만 깨끗한 주택으로 변했다. 그 집들은 화려하지는 않았지만 매우 아름다웠다. 예수님은 일자리에 대한 계획을 말씀하셨고, 후안은 라스파바스의 주민들이 일하러 나가는 모습을 봤다. 그들이 받는 봉급은 많지 않았지만, 라스파바스에서 가족을 양육하는 데는 충분했다.

예수님은 물에 대해 말씀하셨다. 갑자기 집집마다 수도관이 들어오더니 깨끗한 물이 공급되었다. 예수님은 교육과 보건에 대해 말씀하셨다. 후안이 보는 앞에서 학교와 보건소가 생겼다. 예수님은 아름다움에 대해 말씀하셨다. 후안은 쓰레기가 사라지는 것을 보았다. 쓰레기더미가 없어진 곳에 나무와 꽃이 있는 공원이 생겼고, 아이들은 그곳에서 뛰어놀았다. 예수님은 사랑이 넘치는 건강한 가정에 대해 말씀하셨다.

예수님은 영적 치유에 대해서도 말씀하셨다. 후안은 그의 작은 교회에 성인 남자를 포함한 많은 가족이 모여 있는 것을 보았다. 그는 흥분했다. 그는 '이곳이 이렇게 바뀐다면 정말 좋겠다'고 생각했다. 물론 예수님은 그의 생각을 아셨고, 이렇게 말씀하셨다.

"후안, 나는 라스파바스가 이렇게 되기를 원한다. 나는 네가 사람들에게 나의 계획에 대해 말하고, 그들을 이런 방향으로 인도하기를 원한다."

후안이 대답했다.

"하지만 예수님, 저는 그럴 능력이 없습니다. 여자와 아이들만 있는 교회가 무슨 일을 하겠습니까? 먹고살기도 벅찹니다."

"후안, 내 말을 들어라. 나는 네가 이 사람들과 나의 계획을 나누고, 교인들이 이웃을 섬기도록 가르치기를 원한다. 아픈 사람들에게 문병을 가라. 혼자서 아이를 키우는 여자를 방문해라. 이웃과 물질을 나누어라. 주일에 교회에 올 때마다 쌀 한 컵, 작은 비누, 설탕이나 소금, 채소, 옷가지 등을 가져오도록 해라. 바구니에 물건을 모아 도움이 필요한 사람들에게 주어라. 매주 그렇게 해라. 그리고 너는 도시 관료들에게 가서 그들과 관계를 맺어야 한다. 라스파바스에 수도와 전기를 공급하려면 어떻게 해야 하는지 조사해라."

후안은 말했다.

"예수님, 현실적으로 보자면 이런 작은 일은 아무것도 바꾸지 못할 겁니다. 저는 …."

"후안, 누가 세상을 창조했느냐?"

"주님이 하셨죠. 하지만 …."

"후안, 이스라엘 백성들이 홍해를 지나도록 바다를 가른 자가 누구냐?"

"주님이 하셨죠. 하지만 …."

"후안, 누가 오천 명을 떡 다섯 개와 물고기 두 마리로 먹였느냐?"

"주님이 하셨죠. 하지만 …."

"후안, 나는 어제나 오늘이나 영원토록 변치 않는다. 네가 맡은 일을 한다면, 나머지는 내가 책임지겠다. 어떤 일은 내가 지상에 돌아오기까지 이루어지지 않겠지만, 나는 네가 이 과정을 지금 시작하기 원한다. 너와 네 양은 나를 대표하는 나의 대사(大使)다. 네가 순종할 때 나는 라스파바스를 치유할 것이다."

후안은 예수님의 말씀에 대해 곰곰이 생각해 보았다. 그러자 갑자기 닭 우는 소리와 아내가 커튼 뒤에서 움직이는 소리가 들렸다. 그는 주변을 둘러봤다. 그는 식탁 앞에 앉아 있었다. 등불은 이미 꺼졌고, 밖은 환했다. 후안은 예수님이 있는지 주위를 둘러봤지만 아무도 없었다.

'무슨 일이었지?' 후안은 생각했다.

'내가 본 게 환상이었나? 꿈이었나?'

후안은 알 수 없었다. 그러나 그는 예수님이 자신을 만나 주셨고, 그에게 교회와 라스파바스를 위한 새로운 비전을 보여 주신 것을 확신했다.

당신이 예수님과 함께 당신의 동네를 걷는다면 어떨까? 당신이 당신의 사역과 사업, 국가에 대해 예수님과 대화를 나눈다면 어떨까? 당신은 그분이 무엇을 원하시는지, 그분이 어떤 일로 눈물을 흘리시는지 알고 싶은가? 당신은 불가능한 일에 도전하겠는가? 오병이어를 배가하신 이가 당신의 노력 또한 배가하시리라고 믿는가? 그분이 당신이 사는 지역을 바꾸실 것을 신뢰하는가?

우리가 예수님 말씀을 듣고, 그 말씀에 순종한다면 우리는 나라 전체를 제자화할 수 있다. 우리는 세상을 바꿀 수 있다. 우리는 물이 바다를 덮듯 그분을 아는 지식이 온 땅을 덮는 모습을 볼 것이다.

| 주 |

각 URL 주소는 최근까지 접속이 가능했고, 우리가 알기로 지금도 접속이 가능한 주소다. 만일 연결이 어렵다면 웹 브라우저 설정이 잘못되었기 때문일지도 모른다. 시간이 오래 지나도 웹페이지 접속이 안 되면 archives.com을 통해서 방문하기 바란다.

●1장

1) Winkie Pratney. *Devil Take the Youngest.* Lafeyette, La.: Hungtington House, 1985, p.63-65.

●2장

1) 2005년 7월 기준, 세계 국가별 인구 순위를 바탕으로 함.
   en.wikipedia.org/wiki/List_of_countries_by_population.
2) 2006년 5월 25일, 코나 열방대학 전체 모임 때 저자가 데이비드 애이크만과 나눈 대화.
3) 중국 정부는 여전히 무허가 가정 교회를 핍박하고 있지만, 유력한 정보에 따르면 중국의 몇몇 정부 관료는 남몰래 그리스도인이 되었다. 그들은 밤에 예수님을 찾아온 니고데모와 같다.
4) www.divorcereform.org/rates.html.
5) news.bbc.co.uk/1/hi/world/2925973.stm.
6) 미국의 마약 중독에 대한 통계는 미국국립보건원, 국립약물중독연구소 사이트를 참조하라.
   www.nida.nih.gov.
   미국의 알코올 중독에 대한 통계는 다음 사이트를 참조하라.
   www.cdc.gov/mmwr/preview/mmwrhtml/00000821.html.
   알코올 중독의 경제적 여파에 대해서는 다음 사이트를 참조하라.
   pubs.niaaa.nih.gov/publications/economic.
   미국의 도박 중독에 관한 정보는 다음 사이트를 참조하라.
   ncfamily.org/NGISC%20Final% 20Report/4.pdf.
   www.ncalg.org.

미국의 포르노에 관한 통계는 다음을 참조하라.

Dick Thornburgh and Herbert S. Lin. Youth, Pornography, and the Internet. Washington D.C.: National Academy Press, 2002; Computer Science and Telecommunications Board. National Research Council.

www.nap.edu/books/0309082749/html/R2.html.

사이버 공간상에서 어린이를 보호하는 것과 관련해서는 다음 사이트를 참조하라.

"Recent Statistics on Internet Dangers." www.protectkids.com/dangers/stats.htm.

www.protectkids.com/dangers/stats.htm#cyberporn.

www.bebroken.com/bbm/resources/articles/stats.shtm.

7) David B. Barrett, George T. Kurion and Todd M. Johnson. *World Christian Encyclopedia,* Vol.1, Oxford Press, 2nd Edition, 2001, p.772.

이 책은 자신이 거듭났다고 주장하는 그리스도인이나 복음주의자가 아닌 대사명 그리스도인(Great Commission Christians: GCC)의 개념을 중요시한다. 대사명 그리스도인에 대한 정의는 1권 28쪽에 이렇게 나온다.

"예수 그리스도를 믿는 자로서 그리스도의 대사명이 뜻하는 바를 알고, 자신의 삶과 사역에서 대사명으로 인한 도전을 받아들이고, 그분의 계명과 명령에 순종하기 위해 노력하고, 그리스도의 몸이 그 사명을 실천하도록 영향을 미치기 위해 노력하는 자."

8) 같은 책, Vol.2, p.224.

9) European Values Study. "The Joint Information Systems Committee." www.jisc.ac.uk /coll eurovaluesurveys.html.

10) 유럽인들의 가치관에 대한 연구 결과에 따르면, 유럽인의 21%만이 종교를 "매우 중요하게" 생각한다고 대답했다.

「크리스천 과학 모니터」(*The Christian Science Monitor*)의 저자 피터 포드가 〈오늘의 미국〉(*USA Today*)에 기고한 글에 따르면, 퓨 포럼 투표 결과 미국인은 유럽인보다 세 배 가까이 많은 59%가 신앙이 "매우 중요하다"고 답했다.

www.usatoday.com/news/world/2005-02-21-god-europe_x.htm?POE= click-refer, accessed.

11) Brian C. Anderson. "Secular Europe, Religious America." *Public Interest*

*Spring*, 2004, p.143.

12) Noelle Knox. "Nordic Family Ties Don't Mean Tying The Knot." *USA Today World December 15*, 2004.
www.usatoday.com/news/world/2004-12-15-marriage_x.htm.

13) Patrick Johnstone and Jason Mandryk. *Operation World.* 21st Century Edition(Waynesboro, Georgia) Paternoster USA, 2001, p.270-271.

14) 같은 책, p.53, 66, 271, 365, 651.

15) pewforum.org/docs/index.php?DocID=60.

16) pewforum.org/docs/index.php?DocID=60.

●3장

1) 미복음화 지역의 인구는 2000년 기준으로 16억 명인데, 이는 세계 인구의 26.9%다(Barrett, Kurion and Johnson. *World Christian Encyclopedia.* Oxford Press, 2nd Edition, 2001, Vol.1, p.849).

2) rejesus.co.uk/the_story/saint/saint4/quotes.html.

●4장

1) 웨일스 부흥에 관해서는 다음을 참조하라.
Rev. Oliver W. Price. "The Welsh Revival of 1904-1905." *Bible Prayer Fellowship.*
bpf.gospelcom.net//welsh.html.

2) 헤브리디스 섬의 부흥에 관해서는 다음을 참조하라.
Duncan Campbell. *The Price and Power of Revival Lessons from the Hebrides Revival.* Fort Washington, Penn.: Christian Literature Crusade.

3) www.pbs.org/wnet/religionandethics/week340/cover.htm.
Steve Beard. "Shake, Rattle, and Repent: The Pensacola Outpouring." www.goodnewsmag.org/library/articles/beard-ja96.htm.
*Good News*, July/August, 1996.

4) Jeff Fountain. *Shapers of Our Modern Age*. www.hfe.org/cms_ images/docs/shapers.pdf.

5) 같은 책.

6) www.ccel.org/ccel/wesley/journal.vi.ii.xvi.html.

7) 같은 책.

8) 같은 책.

9) 같은 책.

10) 같은 책, p.9.

11) 같은 책.

12) 같은 책, p.11.

13) 같은 책.

14) 같은 책, p.12.

15) 같은 책.

16) 같은 책, p.11.

17) Edward Coleson. "English Social Reform from Wesley to the Victorian Era." *Wesley Center for Applied Theology.* wesley.nnu.edu/wesleyan_theology/theojrnl/06-10/07-2.html.

●6장

1) Ruth and Visual Mangalwadi. *The Legacy of William Carey: A Model for Transforming a Culture.* Wheaton: Crossway, 1999.

2) 같은 책, p.23.

3) 같은 책, p.28.

4) 같은 책, p.18.

5) 같은 책, p.31.

6) 같은 책, p.19.

7) 같은 책, p.32-33.

8) 같은 책, p.32-33.

9) 같은 책, p.23.

10) 같은 책, p.92.

11) 같은 책, p.93-94.

12) 같은 책, p.20.

13) 같은 책, p.19.

14) 같은 책, p.19.

15) 같은 책, p.115.

16) 같은 책, p.21.

17) 같은 책, p.17.

18) 같은 책, p.22.

19) Vishal Mangalwadi. *Missionary Conspiracy: Letters to a Postmodern Hindu Mussoorie*. India: Nivedit Good Books, 1996; Vishal Mangalwadi. *India: The Grand Experiment Farnham*. UK, 1997.

20) Ruth and Visual Mangalwadi. *The Legacy of William Carey: A Model for Transforming a Culture*, p.72.

21) 같은 책, p.23.

22) www.dalits.org/default.htm.

23) www.mtholyoke.edu/acad/intrel/caste.htm.
www.sikhspectrum.com/112002/eric_caste.htm.
www.unesco.org/courier/2001_09/uk/doss22.htm.

24) 인도 첸나이에 있는 세계자원개발연구소의 마노카란 목사 말에 따르면, 30만 명 이상의 인도인 목사, 선교사들이 거친 저항에도 불구하고 수천 명의 인도인들에게 그리스도를 전하고 있다.

25) Patrick Johnstone and Jason Mandryk. *Operation World*. 21st Century Edition Waynesboro, Georgia: Paternoster USA, 2001, p.311.

●7장

1) Jeff Fountain. *Shapers of Our Modern Age*.
www.hfe.org/cms_images/docs/shapers.pdf.

2) 아브라함 카이퍼는 '주권 영역'(가정, 정부 등)이라는 권위의 영역과 영향력의 영역(예술)을 구분했다. 하나님은 사람들과 언약을 맺으시고, 그분의 권위를 사람들에게 나눠 주신다. 모든 권위의 영역은 하나님과 언약을 맺었거나 다른 사람과 언약을 맺은 것의 결과다. 이스라엘은 하나님과 언약을 맺어 나라 전체가 복을 받은 언약의 나라였다.

3) Vrije Universiteit. *History and Mission.*
www.english.vu.nl/about_ the_VU/index.cfm.
4) Jeff Fountain. *Shapers of Our Modern Age*, p.33-34.
www.hfe.org/cms_images/docs/shapers.pdf.
5) "Visual Faith: A Christian Recovery of the Arts, A Conversation with Dr. William Dyrness." *Cutting Edge 6*, No.1, Winter, 2002, p.9-11.
이 이야기는 그 대학 총장이 자신이 프로듀서에게 한 말을 학생 모임에서 나눴을 때, 그 자리에 있던 학생이 보낸 편지를 통해 확인되었다.

●8장

1) 저자는 알브 망누스와 대화하면서 한스 닐센 헤우게에 대해 많이 배웠는데, 망누스의 논문은 아직 영어로 번역되지 않았다.
Joseph M. Shaw. *Pulpit Under the Sky: A Life of Hans Nielsen Hauge.* Minneapolis: Augsburg, 1955; Jeff Fountain. *Shapers of Our Modern Age*(www.hfe.org/cms_images/docs/shapers.pdf); Winkie Pratney. "Hans Nielsen Hauge." *The New Testament Church Planting Digest 2*, No.98, June, 4, 2002(www.world-missions.org/digests); "The Life of Hans Nielsen Hauge." *Augsburg Now*, Vol.60, No.1, Augsburg College, Fall, 1997(www.augsburg.edu/now/archives/fall97/hauge.html); Lutheran Calendar 29 March(1824). "Hans Nielsen Hauge, Renewer of the Church." *Anglican Resource Collection*(justus.anglican.org/resources/bio/index.html).
2) Winkie Pratney. *The New Testament Church Planting Digest*, Vol.2, June, 4, 2002, p.98(www.world-missions.org/digests); Joseph M. Shaw. *Pulpit Under the Sky: A Life of Hans Nielsen Hauge*. Minneapolis: Augsburg, 1955, p.12-21.
쇼는 헤우게의 청년기와 초기의 영적 고민에 대해 많이 이야기한다.
3) Jeff Fountain. *Shapers of Our Modern Age*, p.19.
www.hfe.org/cms_images/docs/shapers.pdf.
4) Winkie Pratney. "Hans Nielsen Hauge." *The New Testament Church Planting Digest 2*, No.98, June, 4, 2002.
accessed at www.world-missions.org/digests.

5) Joseph M. Shaw. *Pulpit Under the Sky: A Life of Hans Nielsen Hauge*, p.4.
6) 같은 책, p.162, 221-234.
7) Jeff Fountain. Shapers of Our Modern Age, p.20.
www.hfe.org/cms_images/docs/shapers.pdf.
8) 같은 책, p.21.
9) 같은 책.
10) Joseph M. Shaw. *Pulpit Under the Sky: A Life of Hans Nielsen Hauge*, p.74.
11) Jeff Fountain. *Shapers of Our Modern Age,* p.22.
12) 같은 책.
13) Joseph M. Shaw. *Pulpit Under the Sky: A Life of Hans Nielsen Hauge*, p.4, 102.
14) 같은 책, p.129.
15) 같은 책, p.43.
16) 같은 책, p.10.
17) Winkie Pratney. *The New Testament Church Planting Digest*, Vol.2, June, 4, 2002, p.98(www.world-missions.org/digests); Joseph M. Shaw. *Pulpit Under the Sky: A Life of Hans Nielsen Hauge.* p.4, 10.

●9장

1) "Korean." *Omniglot: A Guide to Written Language.*
www.omniglot.com/writing/korean.htm.
2) Dr. H. Vinson Synan. "The Yoido Full Gospel Church." *Pentecostal-Charismatic Theological Inquiry International Cyberjournal for Pentecostal-Charismatic Research*.
www.pctii.org/cyberj/cyberj2/synan.html.
3) 같은 책.
4) "Information about the Republic of Korea." www.reformiert-online.net/weltweit/75_eng.php.
5) Barrett, Kurian and Johnson. *World Christian Encyclopedia*. Oxford University Press, 2001, p.682.
6) http://www.koreaherald.co.kr. 2000년 6월 20일 기사.

7) en.wikipedia.org/wiki/Yoido_Full_Gospel_Church.

8) CIA, 「2005년 세계자료」(www.cia.gov/cia/publications/factbook/rankorder/2001rank.html).
한국은 구매력 평가에 있어서 세계 16위이며, 대부분의 경제학자들은 나라간 생활 조건을 비교할 때 이 평가기준을 선호한다. 국내총생산으로 평가하면, 한국은 그보다 높은 10위를 기록한다
en.wikipedia.org/wiki/List_of_countries_by_GDP_(nominal).

9) Patrick Johnstone and Jason Mandryk. *Operation World.* 21st Century Edition. Waynesboro, Ga: Paternoster USA, 2001, p.388.

10) Norimitsu Onishi. "Korean Missionaries Carry Word to Hard Places." *Seoul Times*, October, 19, 2005.
www.theseoultimes.com/ST/db/read.php?idx=1193.

11) 같은 책.

12) 인도 교회가 성장하고는 있지만, 인도에서 그리스도인의 비율은 아직 6%밖에 안 된다(Gordon-Conwell. *World Christian Database.* Center for the Study of Global Christianity). 그러나 인도 교회가 계속 성장한다면, 한국에서 그랬던 것처럼 인도인들 중 상당수가 하나님 말씀을 삶에 적용한다면, 인도는 엄청난 잠재력을 발휘할 것이다.
www.worldchristiandatabase.org.

13) 통계는 다양하다. 세계 기독교 데이터베이스는 한국 인구의 41%가 그리스도인이라고 추정한다. 반면 세계 기도 정보는 31.67%라고 추정한다.

14) Patrick Johnstone and Jason Mandryk. *Operation World.* 21st Century Edition. Waynesboro, Ga.: Paternoster USA, 2001, p.388.

15) 전직 대통령 전두환과 노태우는 반란 수괴, 반란 모의 참여, 뇌물 수수 등의 혐의로 유죄를 선고받았다.

16) Learning Enrichment. "South Korea: Shaping a New Era"(www.learningenrichment.org/wc_sou_three.html); John Borland and Michael Kanellos. "Broadband: South Korea leads the way."(C-NET News.com, news.com.com/South+Korea+leads+the+way/2009-1034_3-5261393.html)
Joel Strauch. "Greetings From the Most Connected Place on Earth-South

Korea: Where Broadband is Cheap, and the Gaming is Easy." *PC World*, February, 21, 2005(www.pcworld.com/resource/article/0,aid,119741,pg,1,RSS,RSS,00.asp).

17) www.sejongstudies.org.

● 10장

1) YWAM이 1978년에 머시 십(Mercy Ships) 사역을 시작한 것은 많은 사람들이 알고 있다. 그러나 1990년에 데이비드 코위가 YWAM에서 시작한 마린 리치에 대해서 아는 사람은 많지 않다. 마린 리치는 3백 톤 미만의 구제선을 운영하고 있다.
2) 핏케언 이야기는 저자가 캘리포니아에 있는 태평양연방대학 소속 핏케언 연구 센터의 허버트 포드 교수와 나눈 대화, 1991년에 핏케언 주민과 나눈 대화, 그리고 *Viking Penguin*(Caroline Alexander, New York, 2003)을 바탕으로 한다.
3) Caroline Alexander. *Bounty*, p.355.
4) 같은 책, p.365.
5) 찰스 루카스 경에 대한 소개는 다음을 참조하라.
"The Pitcairn Island Register Book." *Society for Promoting Christian Knowledge*. London, 1929, p.15.
*The Register*는 핏케언에 바운티 호가 도착했던 1790년 1월 23일부터 1853년까지의 탄생, 죽음, 결혼, 가정사 등에 대해 다뤘다.
6) Caroline Alexander. *Bounty*, p.348.
7) Bounty Trilogy. *Charles Nordhoff and James Norman Hall, Little, Brown and Company*. vii. Boston, 1936.
8) Caroline Alexander. *Bounty*, p.354.
9) 최근 영국법에 따라 핏케언에 사는 일곱 명의 성인 남자가 오래전에 미성년 여성들과 육체관계를 맺었다는 죄목으로 고발되면서, 이 섬은 논란의 대상이 되었다. 이런 범법 행위는 45년 전부터 일어났다고 한다. 핏케언 섬 연구 센터에 따르면, 어떤 사람은 유죄 판결을 받고 영국 추밀원에 항소 중이다. 항소 결과는 아직 나오지 않았다. 정말로 그들이 그런 비도덕적인 잘못을 저질렀다면, 그건 너무나 슬픈 일이다(library.puc.edu/pitcairn/news/releases/news31--08-20-03.shtm).

10) 포드 교수는, 폴린 에른스트와 코네티컷 역사학회 등의 조사를 바탕으로 볼 때, 핏케언에서 유리 상자에 보관 중인 성경은 바운티 호의 성경이며 플레처 크리스티안의 성경이 아니라고 말한다. 플레처 크리스천의 성경은 지금 뉴욕 공립도서관에 있다. 핏케언 섬에 있는 성경은 블리그 선장이 쓰던 성경이다.

●11장

1) Paul Mizzi. "Truth for Today." *Biblical Essays.* www.tecmalta.org/tft345.htm.
2) 같은 책.
3) www.tecmalta.org/tft345.htm.
4) www.historyguide.org/earlymod/lecture3c.htm. concise.britannica.com/ebc/article-9370750/Martin-Luther.
5) *Mizzi*. www.tecmalta.org/tft345.htm.
6) Martin Luther. "Disputation of Doctor Martin Luther on the Power and Efficacy of Indulgences," 1517.
7) *Mizzi*. www.tecmalta.org/tft345.htm.
8) 같은 책.
9) 같은 책.

●12장

1) "How Much Information?" *School of Information Management and Systems*. U.C. Berkeley, Oct., 27, 2003; Bob Herbert. "Miracles at Warp Speed." *New York Times*, Dec., 31, 1999.
2) Mariano Grondona. "Cultural Typology of Economic Development." *Culture Matters.* Ed., Lawrence E. Harrison and Samuel P. Huntington. New York, Perseus Books Group, Basic Books, 2000, p.54-55.

●13장

1) 이 정보의 대부분은 1996년 7월 톰 블루머가 제네바의 역사적 장소를 안내하면서 설명했던 내용이다. 짐 스타이어가 곧 출간할 「열방의 변화」(*Transformation*

*for the Nations*)라는 책에서 톰 블루머는 한 장에 걸쳐 제네바의 놀라운 변화에 대해 설명한다.

2) 막스 베버는 "따라서 우리는 전통적인 개신교 윤리와 자본주의 정신과의 관계를 연구할 때, 칼뱅의 가르침 또는 칼뱅주의를 비롯한 청교도 정신을 시작점으로 삼아야 한다"(p.89)고 말한다.

베버는 「법의 정신」(*Esprit des Lois*) 20권 7장에서 "영국인은 세상의 다른 어떤 민족보다 경건, 상업, 자유의 영역에서 발전했다"고 말한 몽테스키외의 말을 인용했다(p.45). 베버는 계속해서 말한다. "그들의 상업적 우월성과 자유로운 정치 체제의 도입은 몽테스키외가 말한 경건과 연관되지 않겠는가?"(p.45)

Max Weber. *The Protestant Ethic and the Spirit of Capitalism, Scribner Library.* New York, 1958.

www.conservativeforum.org/EssaysForm.asp?ID=6062.

www.coe.uga.edu/-rhill/workethic/hist.htm.

bookreviews/library/engerman.shtml.

● 14장

1) en.wikipedia.org/wiki/Jean_Henri_Dunant.

● 15장

1) en.wikipedia.org/wiki/Francis_Schaeffer.

2) 쉐퍼 박사는 내포된 진리를 '전제적 진리'라고 부른다. 그는 선포된 진리에는 더 근본적인 어떤 생각이 들어 있다고 전제한다. 즉, 선포된 진리에 대해 깊이 생각하면 전제가 되는 생각도 찾아낼 수 있다는 말이다. 이 네 가지 개념은 창세기 시작부에 분명하게 나오지는 않는다. 하지만 그 개념들은 창세기 시작부를 이해하는 데 전제가 되는 진리다.

3) C. S. Lewis. *Mere Christianity.* New York: Macmillan, 1952, p.142. 「순전한 기독교」(홍성사).

4) www.theworldforum.org/story/2005/12/20/14636/189.

● 16장

1) 위계질서는 인간 사이에는 서열이 있으며, 아랫사람은 윗사람에게 복종해야 한다는 개념이다.
2) "What is Hinduism, and what do Hindus believe?" www.gotquestions.org/hinduism.html.

● 18장

1) David Barrett and Todd Johnson. *World Christian Trends.* Pasadena: William Carey Library, 2001; *Global Diagram 34*.
2) www.infoplease.com/ipa/A0781359.html.

● 19장

1) Samuel Adams. *The Writings of Samuel Adams.* Ed., Harry Alonzo Cushing. New York: G. P. Putnam's Sons, 1905, Vol.IV, p.124.
   www.wallbuilders.com/resources/search/detail.php?ResourceID=20#25, item #11.
2) www.wallbuilders.com/resources/search/detail.php?ResourceID=29.
3) John Eidsmore. *Christianity and the Constitution.* Baker Book House, 1987, p.51, 53; William J. Federer. *America God and Country, Encyclopedia of Quotations.* Fame Publishing, Coppell, Texas, 1994, p.48-49.
4) *The Works of Daniel Webster.* Boston, Little, Brown and Company, 1853, Vol.1, p.48.

● 21장

1) 이 갤럽 조사는 일본인들 중 특히 청년층에서 그리스도인들이 증가하고 있음을 보여 준다(www.assistnews.net/Stories/s06030105.htm).
2) 일본은 세계에서 네 번째로 경제 규모가 큰 선진국(미국, 유럽 연합, 중국 다음)이다. 2004년에는 국내총생산이 3,745조 달러에 달했다(*The World Factbook*. www.cia.gov/cia/publications/factbook/rankorder/2001rank.html). 그러나 일본의 사회 문제는 심각하다. 2001년에 전국적으로 조사한 바에 따르면, 일본에

는 2백만 명의 알코올 중독자가 있다(alcoholism.about.com/b/a/013857.htm). 일본은 자살률이 세계에서 10위다(en.wikipedia.org/wiki/List_of_countries_by_suicide_rate). 최근 갤럽 조사에 따르면 일본 십대의 85%가 자신이 왜 존재하는지 모른다고 한다(www.assistnews.net/Stories/s06030105.htm). 반면 미국에서 그런 십대의 비율은 22%다. 또 다른 사회 문제는 '히키코모리'인데, 거의 백만 명의 십대들이 저지르고 있는 일종의 '생활 자살'로서 자기 방에 들어가 문을 잠그고 몇 년 동안 나오지 않는 것을 말한다(www.iht.com/bin/print_ipub.php?file=/articles/2006/01/13/news/shutins.php). 예전에는 흔치 않았던 이혼이 1975년 이후 두 배 이상 증가했다(www.cbsnews.com/stories/2004/01/19/world/main594084.shtml). 가정 폭력은 최근에야 수면 위로 드러났고, 얼마 전 실시한 조사에 따르면 여성 20명 중 한 명이 생명의 위협을 느낀다고 한다(wom-jp.org/e/JWOMEN/dv.html). 일본은 병원에 입원한 정신병자가 세계에서 가장 많은 나라지만, 체면을 잃지 않으려는 일본인들의 태도 때문에 최근까지 그 문제를 감춰 왔다(www.worldhealthnews.harvard.edu/gallery/mental.html; www.disabilityworld.org/01-03_02/il/japan.shtml).

3) 홀은 일본에 가서 보리스를 만나 그의 활동을 관찰했다(Clarence W. Hall. *Adventurers for God.* New York: Harper & Brothers, 1959, p.81.).

4) 같은 책, p.83.

5) 같은 책, p.90. 오미 형제단은 적은 봉급을 받았지만 위기가 발생하면 기금에서 돈을 찾아 쓸 수 있었다.

6) 같은 책, p.90.

7) 같은 책, p.88.

8) 같은 책, p.92.

9) Clarence W. Hall. 〈도쿄 신문〉, p.97.

● 22장

1) *The Rising Sun*, Vol.1, Issue 2. The JapanNet, International Student Resource Ministry of Campus Crusade for Christ.
www.thejapannet.com/prod01.htm.

2) Janet and Geoff Benge. *Douglas MacArthur: What Greater Honor.* Seattle:

YWAM Publishing, 2005, p.170.

3) 같은 책, p.170-171.

4) Clarence W. Hall, *Adventurers for God*, p.100.

5) 같은 책, p.100.

●23장

1) 아프리카에서 그리스도인의 비율은 1900년에는 9.2%, 2000년에는 45.9%였다(Barrett, Kurion, Johnson. *World Christian Encyclopedia*, Vol.1, p.13).

2) 사하라 남부 국가(앙골라, 베냉, 보츠와나, 부르키나파소, 카메룬, 콩고 브라자빌, 콩고 자이르, 적도 기니, 가봉, 기니, 기니비사우, 아이보리코스트, 케냐, 레소토, 라이베리아, 마다가스카르, 말라위, 말리, 모리셔스, 모잠비크, 나미비아, 나이지리아, 상투메프린시페, 세네갈, 세이셸, 시에라리온, 남아공, 탄자니아, 토고, 우간다, 잠비아, 짐바브웨)에 사는 그리스도인의 숫자를 더하여 그 나라들의 인구 합계를 나눠 얻은 결과(Barrett, Kurion, Johnson. *World Christian Encyclopedia*, Vol.1, p.827-835).

3) Patrick Johnstone and Jason Mandryk. *Operation World.* 21st Century Edition. Waynesboro, Ga.: Paternoster USA, 2001, p.21, 25.

4) UN 인간 개발 지수(The United Nations' Human Development Index: HDI)는 가난, 예상 수명, 문맹률, 기타 요소에 따라 국가를 평가한다. 지수가 가장 낮은 32개국 중 30개국이 아프리카 국가다(en.wikipedia.org/wiki/Human_Development_Index). 아프가니스탄, 이라크, 라이베리아, 북한, 세르비아, 소말리아 등 몇몇 나라는 조사가 불가능하거나 HDI에 포함되기를 거부했다.

5) United Nations Department of Public Information, Strategic Communications Division. "Tragedy and Hope: Africa's Struggle Against HIV/AIDS." *Africa Recovery*, August, 2005, p.3.

6) Joint United Nations Programme on HIV/AIDS(UNAIDS). "AIDS Epidemic Update 2004; UNAIDS."
www.unaids.org/en/Regions_Countries/Regions/SubSaharanAfrica.asp.

7) World Vision. "Bringing a new perspective to the international AIDS crisis."
domino-201.worldvision.org/Worldvision/appeals.nsf/stable/hope_aidsindex_p

rint2004.

8) BBC 온라인의 다양한 기사에 따르면, 약 6백만 명의 사람들이 죽었다.
시에라리온: 5만 명(news.bbc.co.uk/1/hi/world/africa/3865941.stm).
앙골라: 30만 명(news.bbc.co.uk/1/hi/world/africa/countryprofiles/ 1063073.stm).
라이베리아: 20만 명(news.bbc.co.uk/1/hi/world/africa/country profiles/1043500.stm).
콩고: 3백만 명(news.bbc.co.uk/1/hi/world/africa/country profiles/1076399.stm).
수단: 1백50만 명(학살이 진행 중이라 숫자가 계속 늘어남. news.bbc.co.uk/ 1/hi/world/middle_east/countryprofiles/820864.stm).

9) 정부 통계에 따르면 사망자는 93만 7천 명이지만, 가카카 전쟁 재판에서 더 정확한 실체가 밝혀지면 사망자는 백만 명이 넘을 것으로 추정된다(Reuters Foundation AlertNet. www.alertnet.org/thefacts/reliefresources/108117321274.htm).

10) Johnstone and Mandryk. *Operation World*, p.24.

11) 하나님이 거짓 종교를 떠나 그분에게로 돌아오는 사람을 보고 얼마나 기뻐하시는지 알고 싶다면, 사도행전 15장 19-20절을 보라.

12) 아프리카는 천연자원이 놀랄 만큼 풍부하다. 콩고는 금, 은, 다이아몬드, 동, 코발트, 아연, 우라늄 매장량이 엄청나다(news.bbc.co.uk/2/hi/africa/ 3393157.stm,). 전 세계 백금의 90%가 남아공에 있다("The Pillage of Africa." June, 5, 2005. www.sundayherald.com/50112, www.sundayherald.com/50112). 마다가스카르는 금이 풍부하다(www.smedg.org.au/Premoli.htm). 짐바브웨는 세계에서 백금 매장량이 2위다. 아프리카의 석유 자원은 중동과 필적할 만하다(csmonitor.com/2005/0330/p01s01-woaf.htm From, "The Pillage of Africa." June, 5, 2005. www.sundayherald.com/50112). 지금까지 생산된 금의 40%는 남아공에서 났으며, 5천억 달러 규모의 금이 이 나라에 더 매장되어 있다(www.sciencedaily.com/releases/2002/09/020916064654.htm). 보석용 다이아몬드의 대부분은 아프리카(남아공, 보츠와나, 앙골라, 나미비아, 자이르, 시에라리온, 콩고)와 시베리아에서 난다(www.amonline.net.au/geoscience/earth/gem.htm). 콩고 강은 세계에서 수력발전의 잠재력이 가장 크다. 그 잠재력은 부분적으로 잉

가 댐을 통해 실현되었다. 그 수력발전 시설에는 카이로부터 케이프타운까지 아프리카 전체를 밝힐 잠재력이 있다. 콩고는 열대우림 지역에 12개월 동안 비가 내리고, 적도 남북의 사바나 지역에도 충분한 비가 내리기 때문에 아프리카 전체를 먹여 살릴 수 있는 잠재력이 있다. 그러나 콩고의 경작 가능한 농토 중 실제로 농사를 짓는 땅은 3% 미만이다[Nzongola-Ntalaja, Georges. "The Crisis in the Great Lakes Region, in Makgoba, Malegapuru." published in William Ed.(1999). *African Renaissance: The NewStruggle.* Mafube Publishing Limited and Tafelberg Publishers Limited: Cape Town, p.63-64].

13) Johnstone and Mandryk. *Operation World*, p.21.

14) The Redeemed Christian Church of God. "Story of the Holy Ghost Congress." hgs.rccg.org/story%20of%20HG2.htm.

15) *TIME*, Feb., 7, 2005, p.37-38.

●24장

1) Ruth Tucker. *From Jerusalem to Irian Jaya.* xx: Zondervan, 1993, p.57.

2) Daniel J. Boorstin. *The Discoverers: A History of Man Search To Know His World and Himself.* Random House, 1983, p.257.

3) 같은 책.

4) Thomas S. Giles. "How Did Native Americans Respond to Christianity? A Collection of Eyewitness Accounts." *Christian History,* Issue 35, Vol.11, No.3, 1992, p.203.

5) Philip Schaff. "The Canons and Decrees of the Council of Trent." *Creeds of Christendom*. Christian Classics Ethereal Library edition, Vol.2, p.83.

6) Bartolomé de Las Casas. *Brief Account of the Destruction of the Indies*. quoted by Kay Stacy. "Las Casas, Man Who Made A Difference." historicaltextarchive.com/sections.php?op=viewarticle&artid=444.

●25장

1) 아주사 거리 부흥에 대해 더 알고 싶다면 다음 사이트를 방문하라. www.ag.org/enrichmentjournal/199904/026_azusa.cfm.

2) 브라질 YWAM 대표 브라울리아 히베이루가 저자에게 한 말.
www.jocum.com.br.

3) The Assemblies of God World Congress and 2000 Celebration. "World Report-Latin America/Caribbean." 2000.agcongress.org/cc/issues/000810/000810_31_latinamcar.html.
2000년 통계에 따르면 브라질에는 11만 3천3백 개의 하나님의 성회 교회와 천7백20만 명의 하나님의 성회 교인이 있다. 이 통계는 다른 오순절파 교회, 교단에 속하지 않은 은사주의 교회, 그리고 수많은 비은사주의 복음주의 교회에 다니는 수백만 명의 브라질 성도들을 포함하지 않는다.

4) David Barrett, George Kurian and Todd Johnson. *World Christian Encyclopedia.* 2nd Edition. Vol.1, Table 1-4, New York: Oxford University Press, 2001.

5) Raul Ponce. Translated by Cassie Acevedo. "El Tiempo." *Missions Frontiers,* April, 2000.

6) Justin Long. "Least Reached Peoples." *Mission Frontiers,* Vol.28, No.3, Pasadena, Ca., 8, The U.S. Center for World Mission, May-June, 2006.

7) David Martin. *Tongues of Fire.* Blackwell, U. K., 1990.

8) 같은 책, p.92.

9) news.bbc.co.uk/2/hi/americas/4705740.stm.

●26장

1) 라틴 어 어원으로 보면 선교사는 '보냄을 받은 자'라는 뜻이다.

2) "Great Commission Catalyst." *Transformations*, Vol.1, 2004, p.10.

3) Global Mapping International. www.gmi.org.

4) 보안 문제로 이 자료는 기존 선교단체 지도자들에게만 제공된다. 기초 자료를 보기 원한다면 다음 사이트를 방문하라.
www.ywamconnect.com/sites/4k.

5) 최신 정보를 원한다면 다음 사이트를 방문하라.
www.wycliffe.org.

● 28장

1) 선교 전문가들은 교회에 출석하는 전 세계 그리스도인들의 수를 10억에서 20억 명 사이로 추정한다. 세계 인구 60억 명에서 10억 명의 그리스도인을 제외한다면, 우리는 50억 명에게 성경을 전달해야 한다. 개도국의 경우는 한 가구당 인구 숫자가 많지만, 평균을 잡아서 한 가정당 다섯 명이라고 계산하자. 보급을 위한 성경의 제작 가격은 경우에 따라 매우 다른데, 이는 그 언어에 속한 사람이 몇 명인지에 따라 인쇄 비용이 다르기 때문이다. 어떤 사람은 성경을 한 권당 1달러로 계산한다. 아주 비싸게 책정해서 10달러가 든다고 해도 복음이 없는 10억 가정에 성경을 전하기 위해서는 모든 그리스도인이 각자 10달러씩만 내면 된다.
2) ag.org/top/news.
3) Operation Mobilization(OM). www.om.org.
4) Scripture Union International. www.su-international.org.
5) United Bible Societies. www.biblesociety.org.
6) www.opendoorsusa.org.
7) www.assistnews.net/Stories/s06050104.htm.
8) www.SRGinc.org.
9) www.assistnews.net/Stories/s06020031.htm.
10) www.assistnews.net/Stories/s06020031.htm.
11) www.assistnews.net/Stories/s06020031.htm.

● 29장

1) 접속제한 국가는 정부가 성경을 배포하거나 전도하는 행위를 불법으로 간주하거나 실질적으로 불가능하도록 막는 나라다.
2) Luci Tumas. “Hearing the Christmas Story Again for the First Time.” *In Other Words*. Wycliffe Bible Translators, November, 2002, p.9.
3) www.wycliffe.org/history/wbt.htm.
4) 입양할 종족을 찾고 있는 지역 교회는 위클리프의 에트놀로그에 연락하기 바란다 (www.ethnologue.com).
5) 브라울리아 히베이루의 웹사이트는 www.jocum.com.br이다. 브라울리아는 영어를 매우 잘하지만, 웹사이트는 포르투갈 어로 작성되었다. 연락을 하려면 웹사이

트를 방문하거나 다음 주소로 편지를 쓰기 바란다.

Bráulia Ribeiro Caixa Postal 441 Porto Velho-RO Brazil 78900-970.

6) 과거 명칭이 가스펠 레코딩스였던 글로벌 레코딩스에 대한 정보를 구하고 싶다면 다음 사이트를 참조하라.

globalrecordings.net.

7) www.iaei.org.il/Segment1.asp?id=1&sub_m=1.

8) David Barrett. *Our Globe and How to Reach It.* Birmingham, Alabama: New Hope, 1990.

9) www.chronologicalbiblestorying.com.

10) www.fjseries.org.

11) 2005년 7월 22일에 에버리 윌리스와 전화 통화한 내용. 구두학습운동이나 연대기적 성경 이야기 방법에 관해 더 알고 싶다면 다음 사이트를 방문하라.

chronologicalbiblestorying.com.

12) www.sejongstudies.org.

13) www.sejongstudies.org.

14) www.sejongstudies.org.

15) www.sejongstudies.org.

16) www.sejongstudies.org.

●30장

1) en.wikipedia.org/wiki/Fiji_coup_of_2000:Mutinies.

2) 가라세 총리가 자신이 참여하지도 않은 쿠데타와 인도계 피지인에 대한 폭력사태에 대해 왜 사죄했는지 궁금한 사람도 있을 것이다. 그는 느헤미야(느 1:6-7)와 에스라(스 9:5-7)가 보여 준 성경 원칙을 따랐던 것이다. 자신의 나라나 선조가 지은 죄에 자신이 참여하지 않았다 해도, 하나님께 그 죄에 대해 용서를 구할 수 있다. 바로 그때 하나님은 나라를 치유하신다.

3) *Let the Sea Resound*(video recording). Lynnwood, Wash.: The Sentinel Group, 2004.

4) George Otis, Jr. "Pattern for Blessing." *Explorer Reports*. The Sentinel Group. sentinelgroup.org/explorer.asp.

5) *Let the Sea Resound.*

6) Otis, Jr. "Pattern for Blessing."

7) Lisa Orvis. "Fiji." *Transformations, University of the Nations, Kona, Hawaii.* October, 2003, p.8.

8) 같은 책, p.9.

9) 같은 책.

●후안 이야기

1) Bob Moffitt. *If Jesus Were Mayor: Biblical and Historical Roots of Cultural Transformation Through the Church.* Phoenix: Harvest Foundation, p.4-6.

김성원

서울대학교 미학과를 졸업했고, 1996년부터 프랑스, 이탈리아, 국내에서 YWAM 간사로 섬겼다. 현재는 미국에 있는 SMC(Student Mobilization Centre)와 함께 전 세계를 다니며 대학 사역을 소개하고 대학 사역자들을 훈련하고 있다. 그는 21세기를 지식과 창조성의 시대로 정의하고, 젊은이들이 지식과 창조성을 발휘할 수 있는 새로운 사역을 꿈꾸고 있다. 역서로는 「예배에 숨겨진 비밀」, 「기쁨을 묻다」(이상 예수전도단)이 있다.

열방을 변화시키는 하나님의 책

**지은이** 로렌 커닝햄 · 제니스 로저스
**옮긴이** 김성원

2007년 6월 20일 1판 1쇄 펴냄
2023년 8월 11일 1판 19쇄 펴냄

**펴낸곳** 도서출판 예수전도단
**출판 등록** 1989년 2월 24일(제2-761호)
**주소** 서울특별시 관악구 신림로7나길 14
**전화** 02-6933-9981 · **팩스** 02-6933-9989
**이메일** ywam_publishing@ywam.co.kr
**홈페이지** www.ywampubl.com

ISBN 978-89-5536-252-7
책값은 뒤표지에 있습니다.